웰빙 문화 시대의 행복론

도성달 · 류지한 · 박효종
방영준 · 손용택

景仁文化社

이 책은 2006년도 한국학중앙연구원의
공동연구과제로 수행된 연구 결과물임

우리가 일상적 의미에서 보면 행복은 당사자 본인의 심리적 느낌이라는 점에서 주관적 개념이다. "삶의 질은 체험자의 눈 속에 있다."든지 "행복은 마음먹기에 달렸다."는 말이 뜻하는 것도 이런 의미이다. 이런 의미에서 행복에 대한 최고의 권위자는 자기 자신이라고 할 수 있다. 반면 진정한 행복이 존재한다는 본질주의자들의 관점에서 보면 본인이 행복하다고 말한다고 해서 그것이 진정한 행복이 아니다. 인간으로서 마땅히 가야할 길을 가면서 충만한 삶을 살아갈 때 인간은 행복하다는 것이다. 실제로 행복이란 낱말은 복지, 복리, 삶의 질 등과 유사 개념으로 사용되지만 만족, 복리, 존엄성을 행복의 구성요소로 보기도 하고, 또 경제사회적 조건, 그리고 도덕성 문제까지도 고려하기도 한다. 이렇게 보면 행복의 관념은 우리가 생각하는 것처럼 쉽게 규정할 수 있는 것이 아니다.

'웰빙(well-being)'이란 말의 본래적 의미는 육체적 건강뿐만 아니라 인간의 존재론적 차원에서 도덕적 · 정신적 건강이라는 의미에서 행복이란 뜻을 지니고 있다. 그런데 오늘의 한국사회에서의 웰빙 열풍은 물질적 · 상업적 문화와 영합하여 잘 먹고 잘 입고 잘 사는 육체적 건강과 외양의 번듯함을 행복의 구성조건으로 삼고 있는 것 같다. 이러한 웰빙 열풍은 우리가 물질적, 타산적, 감각적 행복감에 도취해서 웰빙의 본래적 의미를 왜곡하고 진정한 행복을 상실하고 있는 것은 아닌지 하는 우려를 낳게 한다. 최근에 이러한 육체적·물질적 차원의 웰빙 문화에서 벗어나서 정신적 안정과 마음의 평화를 추구하는 '네오 웰빙' 개념이 새롭게 등장하고 있는 것도 이런 우려와 무관하지 않은 것 같다.

일찍이 칸트는 "문화의 법칙은 도덕이어야 한다."는 규제적 이념의 필요성을 강력하게 주장하였다. 오늘의 한국사회야말로 이러한 주장이 가장 절실하게 인식되는 때인 것 같다. 문화의 흐름을 사회운동이나 여론의 향방에만 맡길 수 없는 것도 이런 이유이다. 우리가 진정한 행복을 추구하기 위해서 무엇을 어떻게 해야 할 것인가에 대한 해답을 얻으려면 행복에 대한 이론적 탐색이 선행되어야 한다. 그리고 그에 대한 연구는 학문공동체의 몫이다.

이 책은 이런 문제의식에서 행복의 개념 유형, 행복의 쟁점, 동서양의 행복사상, 한국인의 행복관 등 다양한 주제에 걸쳐 행복론에 관한 이론적 탐색을 시도한다. 먼저, 1장은 이 책의 서론에 해당되는 부분으로서 행복의 개념 유형 분석을 토대로 다음과 같은 행복론의 쟁점 주제들을 다룬다. 행복의 본질이란 것이 과연 있는가? 행복은 심리적·주관적 만족감인가 아니면 객관 사회경제적 지표인가? 세속적 행복과 진정한 행복은 구분되는가?, 그렇다면 진정한 행복은 어떻게 가능한가? 개인적 행복과 사회적 행복은 일치하는가? 일치하지 않으면 왜 그런가? 욕구·욕망의 충족은 행복의 필요충분조건인가?

2장은 고대 서양의 행복사상을 윤리학적 통찰을 통해 정밀하게 분석한다. 이 장에서는 고대 서양의 행복사상을 쾌락주

의 행복론, 에우다이모니즘 행복론, 키닉학파의 행복론, 스토
아학파의 행복론으로 대별하고, 이들 각각의 행복이론이 지니
고 있는 특성과 한계를 다룬다. 3장은 서양의 공리주의 행복
론을 대표하는 벤담과 밀의 사상에 나타난 정치비전에 대한
성찰을 통해 정치와 행복의 의미를 분석한다.

제4장은 동양사상에 나타난 행복관을 삶과 죽음의 의미에
서 성찰한다. 이장에서는 유교, 불교, 도교의 장소 개념과 연
관해서 나타난 풍수사상, 친환경 주거 입지의 행복개념을 다
룬다. 5장은 정치의 목적에서 본 정치와 행복의 관계를 다룬
다. 이 장에서는 특히 정치의 관점에서 한국인의 행복개념을
분석하고 한국사회에서 바람직한 정치의 양태를 제시한다. 그
리고 6장에서는 한국인의 행복관념을 지표와 데이터를 중심
으로 분석하고, 한국인이 행복하지 못한 원인 분석을 통해 한
국사회의 행복을 위한 방안을 제시한다.

우리가 행복의 의미와 행복한 삶의 방식을 성찰하는 데 이
책이 작은 도움이 되었으면 하는 것이 필자들의 바람이다. 끝
으로 열과 성의를 다해 집필해주신 필자들에게 진심으로 감사
드리며, 아울러 좋은 책을 만들기 위해 애쓰신 출판관계자 여
러분에게도 깊은 감사를 드린다.

2008년 10월 22일
글쓴이들을 대표하여
도성달 씀

목
차

1장 행복의 개념과 논점

도성달(한국학중앙연구원, 윤리학)

I. 머리글

모든 학문이 다 그렇지만 특히 윤리학은 인간의 삶의 의미와 목표를 행복에 두고 행복의 본질과 가치를 탐구하는 행복학이다. 행복은 인간 본성의 일부이지만 본능만으로 부족하고 행복에 대한 지혜를 필요로 하기 때문에 학문적 탐구와 노력을 필요로 한다. 인간은 3,000여 년의 역사 속에서 종교적, 철학적 통찰과 과학적 발견을 통해 행복을 추구하고 탐구해왔다. 동서고금의 대철학자나 종교적 스승들은 세속적 의미의 행복 개념과 달리 진정한 행복을 위해서는 자신의 영혼을 좀 더 깊이 들여다보라고 권고한다. 그것은 어떤 인생길이 더 존중받을 가치가 있는지를 성찰하라는 가르침이다. 그러나 수천 년이 지났는데도 선철들이 가리키는 그 행복의 길은 여전히 지도에 잘 나타나지 않고 있다. 그렇다면 우리는 진정한 행복을 찾을 수 없는 것일까? 과연 진정한 행복이란 게 있기는 한 것인가?

이러한 학문적 물음에서 벗어난 일상적 의미의 행복은 행운과 같은 것이다. 우리는 운이 좋거나 축복받은 사람을 행복한 사람이라고 말한다. 이 경우 행복은 본인의 의지나 노력보다는 다른 요인에 의해 결정되는 경우가 대부분이다. 한자말의 '福'이라는 말이 '행운' 또는 '신들과의 화합'이라는 의미를 담고 있는 것이나, 웰빙이라는 뜻을 지닌 그리스어의 '에우다이모니아(eudaimonia)'가 '신들의 총애를 받는'이라는 의미를 담고 있는 것도 이런 행복 개념과 무관하지 않다. 이 경우 최고의 행운은 행복한 기질을 타고나는 것이다. 우리가 행복을 심리적 만족감이라는 주관적 느낌으로 규정하는 경우 선천적으로 낙천적인 성격을 지닌 사람은 행복해질 수 있는 가능성이 그만치 많기 때문이다.

또 다른 일상적 의미의 행복은 성취감이다. 우리는 자신의 목표나 이상을 실현하고 성취감을 맛 볼 때 무한한 행복감을 느낀다. 이것은 앞의 경우와 달리 행복은 자신의 의지나 노력 여하에 달려있다고 보는 관점이다. 더구나 불운한 처지에서 자신의 목표를 성취한 경우에는 성취감은 더 크고, 따라서 행복의 질과 강도도 그만치 높기 마련이다. 우리가 삶의 궁극적 목적 혹은 이상으로서 행복을 말하는 것은 주로 이런 의미이다. 행운에 의해 얻어지는 행복은 본인의 노력보다는 운에 따른, 쉽게 얻은 것인 반면에 성취로서 행복은 오래 지속되고 견고하다. 그러나 자신이 뜻한 인생의 목표들이 개인적 노력만으로 성취되는 것은 아니다. 여기에는 행운도 따라야 하지만 무엇보다 사회적 조건과 환경이 결정적 요인이 되기도 한다. 각고의 노력에도 불구하고 자신의 뜻을 이루지 못할 때, 사람들은 무한한 좌절감을 느끼고 심지어 세상을 향한

중오와 분노를 느끼기도 한다. 이런 사람들이야말로 전형적으로 불행한 부류의 사람들이다. 행복의 실현을 위해서는 개인적 지혜는 물론 국가 정책적 차원에서 의지와 전략을 필요로 하는 것도 이런 이유이다.

행복에 대한 학문적 탐색은 주로 행복의 평가 혹은 측정에 관심이 있고, 그 초점은 행복 개념이 주관적인 것이냐 객관적인 것이냐 하는 문제이다. 그래서 행복론은 행복의 개념 규정에 대한 논의에서 시작하기 마련이다. 우리가 일상적 의미에서 보면 행복은 당사자 본인의 심리적 느낌이라는 점에서 주관적 개념이다. 우리가 "삶의 질은 체험자의 눈 속에 있다."든지 "행복은 마음먹기에 달렸다."는 말이 뜻하는 것도 이런 의미이다. 주관주의는 기본적으로 행복에 대한 최고의 권위자는 자기 자신이라는 것이다.

반면 객관주의는 행복의 본질을 가치론적으로 탐색하려는 본질주의와 인간의 기본적 욕구의 패턴을 규정하려는 욕구이론에서 잘 드러난다. 객관적 행복론자들이 보기에 행복에 대한 자기평가는 진정성과 자율성 문제를 가질 수 있기 때문에 적합하지 않다는 것이다. 진정한 행복이 존재한다는 본질주의자들의 관점에서 보면 본인이 행복하다고 말한다고 해서 그것이 진정한 행복이 아니다. 인간으로서 마땅히 가야할 길을 가면서 충만한 삶을 살아갈 때 인간은 행복하다는 것이다. 그런가 하면 욕구이론가들은 객관적 지표로서 행복의 원천을 제시하려고 한다. 이 경우 행복은 복리(welfare)개념과 흡사하다. 실제로 행복이란 낱말은 복지(well-being), 복리, 삶의 질 등과 유사 개념으로 사용된다. 그런가 하면 주관주의와 객관주의를 동시에 고려하는 복합적 행복개념은 만족, 복리, 존엄성을 행복의 구성요소로 본다. 이것은 행복의 평가는 개인의 만족감뿐만 아니라 경제사회적 조건, 그리고 도덕성 문제까지도 고려해야 한다는 점을 강조하는 것이다.

본래적 의미의 '웰빙(well-being)'은 육체적 건강뿐만 아니라 인간의 존재론적 차원에서 도덕적·정신적 건강이라는 의미에서 행복이란 뜻을 지니고 있다. 그런데 오늘의 한국사회에서의 웰빙 열풍은 물질적·상업적 문화와 영합하여 잘 먹고 잘 입고 잘 사는 육체적 건강과 외양의 번듯함을 행복의 구성조건으로 삼고 있는 것 같다. 이러한 웰빙 열풍은 우리가 물질적, 타산적, 감각적 행복감에 도취해서 웰빙의 본래적 의미를 왜곡하고 진정한 행복을 상실하고 있는 것은 아닌지 하는 우려를 낳게 한다. 최근에 이러한 육체적·물질적 차원의 웰빙 문화에서 벗어나서 정신적 안정과 마음의 평화를 추구하는 '네오 웰빙' 개념이 새롭게 등장하고 있는 것도 이런 우려와 무관하지 않은 것 같다. 지금이야말로 "문화의 법칙은 도덕이어야 한다."는 칸트의 '규제적 이념'의 주장이 가장 절실하게 인식되는 때인 것 같다. 문화의 흐름을 사회운동이나 여론의 향방에만 맡길 수 없다. 진정한 행복을 추구하기 위해서 우리는 무엇을 어떻게 해야 할 것인지? 이에 대한 대답은 학문공동체의 몫이다.

이 글은 "한국적 웰빙문화의 성찰"이라는 대주제의 서론에 해당되는 부분으로서 행복의 개념 유형 분석을 토대로 다음과 같은 행복론의 쟁점 주제들을 다룬다. 행복의 본질이란 것이 과연 있는가? 행복은 심리적·주관적 만족감인가 아니면 객관 사회경제적 지표인가? 세속적 행복과 진정한 행복은 구분되는가?, 그렇다면 진정한 행복은 어떻게 가능한가? 개인적 행복과 사회적 행복은 일치하는가? 일치하지 않으면 왜 그런가? 욕구·욕망의 충족은 행복의 필요충분조건인가?

II. 행복의 개념 유형

1. 주관주의 행복

1) 행복은 '묘사'가 아니라 '평가'이다

주관주의 행복론은 우선 주체자 자신의 평가로서 행복을 이해한다. 어떤 사람이 행복하다든가 행복한 삶을 산다고 주장하는 것은 그 사람이나 그의 인생을 '묘사'하는 것이 아니라 그의 인생을 '평가'하는 것이라는 입장이다. 또한 행복은 기본적으로 1인칭에 귀속키는 것이며 2인칭이나 3인칭은 부차적인 것이다. 예컨대 "나는 행복하다."라는 표현이 "그는 행복하다.", "당신은 행복하다."는 말보다 더 적실성을 갖는다는 것이다. 그리고 자기 자신만이 그가 진정으로 행복한지 아닌지를 가장 잘 안다는 것이다. 실제로 우리들 각자는 자신의 행복이나 불행을 말할 수 있는 최종적이며 가장 권위 있는 존재이다.

어떤 사람이 행복하다고 주장하는 것은 그의 인생의 조건 전체에 대해 가치판단을 내리는 것이다. 그러므로 행복에 관한 주장은 자신의 가치를 기반으로 삶에 대해서 내릴 수 있는 가장 넓고 포괄적인 평가이다. 또한 행복에 관한 주장은 우리가 인생에 대해 내릴 수 있는 가장 높은 평가이다. 그것은 다른 모든 평가보다 우선권을 갖는다는 의미이다. 가령 "불행한 부자보다는 가난하면서 행복한 것이 더 낫다."라고 말할 수 있는 것도 이런 논거에서이다. 이런 점에서 보면 행복을 2인칭이나 3인칭에 귀속시키는 것보다 1인칭에 귀속시켜야 하는 이유가 분명해진다. 자신이 행복하거나 불행한 것이 무엇을 의미하는 것인지 파악할 수 없는 경우에 다른 사람들이 행복하거나 불행한 것이 무엇을 의미하는지 알 수 없다. 그래서 주관주의에서 본 행복은 "삶의 만족으로서 자신의 삶의 조건이나 상태에 대한 주체자의 긍정적인 인지적 혹은 정의적 반응"으로 규정된다.

행복을 주관적 개념으로 보는 주관주의 행복론자들은 주관성을 구성하는 근원을 제시한다. "마음이 세계를 표상하는 방식은 다양하다. 세계를 정신적으로 표상하는 방식이 그 본질에서 주관적인지 객관적인지를 탐구하는 것은 적절하다. 다시 말해 세계가 그렇게 표상되는 것은 표상하는 정신의 특수한 구성 때문인지 아니면 정신과 무관한 세계가 표상을 요구하는 특성을 포함하고 있기 때문인가를 연구하는 것이다. 실재의 어떤 관점이 우리의 주관성을 구성하는 근원이고 어떤 것이 그 자체의 실재를 반영하는 것인가?"[1]

맥긴(C. Mcginn)에 의하면 형태, 크기, 부피, 동작, 수 등은 일차적 성질이고 색깔, 소리, 맛, 냄새, 느낌 등은 영구적 속성을 지닌 이차적 성질로 분류된다. 이차적 성질에 대해서, 우리는 마음에서 출발하거나 혹은 그 마음에 근원을 두고 있다는 점에서 분명히 주관으로 이동한 것이다. 이런 의미에서 주관적 세계의 양상은 주체의 의식적 상태도 아니고 단순히 세계가 주체에게 보이는 방식도 아니다. 그러나 세계의 상태나 속성에도 불구하고 세계는 궁극적으로 마음에 의존하는데, 왜냐면 세계는 우리의 심리적 구성의 특수한 현양에 의존하기 때문이라는 것이다.

주관성의 영역은 이처럼 경험에서 출발하여 현상으로 이동하고, 그리고 마음에 의존하는 실재로 끝난다. 행복이 주관적이라는 것은 행복

---

1) Colin Mcginn, *The Subjective View: Secondary Qualities and Indexical Thoughts* (Oxford: Clarendon Press, 1983), p.10.

은 마음에 달려있다는 의미이다. 그러나 이러한 주관성 형성에 무엇이 관련되는가 하는 문제는 고전적인 2차적 성질의 경우에 더 잘 이해될 수 있다. 모양과 크기가 일차적 성질이라고 말하는 것은 그 본질에 대한 설명은 특정한 주체의 지각적 경험을 필요로 하지 않는다는 의미이다. 반대로 색깔이나 소리가 이차적 성질이라고 말하는 것은, 이것이 지각적 기관을 가지고 있는 생명체가 일정한 조건에서 어떤 경험을 낳게 하는 1차적 성질을 가지고 있는 객체의 힘 또는 성향이라는 의미이다.

그런데 주관성의 관념이 가장 자유롭게 전개되면서 또한 가장 빈번하게 남용되는 것이 가치의 영역이다. 어떤 특정한 가치의 범주가 주관적이라고 주장하는 것은 대상을 가치로 여기는 요인이 자의적이고, 변화무쌍하고, 변덕스럽고, 인식할 수 없고, 검증할 수 없고 그래서 신만이 알 수 있다는 의미로 해석되어왔다. 그러나 보다 엄격하고 적절한 주관성의 의미에서 보면 그것은 색깔처럼 이런 유형의 가치는 마음에 달려있다는 뜻이다. 가치가 주관적 분석의 대상이라는 가장 주된 이유는 명백한 감동적 힘 때문이다. 이것은 또한 내적인 자연적 속성과 구별하는 것으로 인식되었기 때문에 그 심리적 근원은 인식이나 지각이 아니라 어떤 감정의 방식에 있다고 생각해왔다. 그러나 어떤 감정인가? 그럴듯한 후보는 느낌(feeling)이다.

> "어떤 것을 찬성하고 어떤 것은 반대하는 것은 살아있는 생명의 특성이다. 찬성하거나 반대한다는 것은 좋아하고 싫어하는 것이다. 그것은 주체가 향하거나 멀어지는 토대이다. 이러한 이중성은 좋아함과 싫어함, 욕망과 혐오감, 의욕과 거부, 추구함과 회피함 등의 다양함 형태에서 나타난다. 우리가 '관심'이라고 명명하고자 하는 것은 이러한 상태, 행동, 태도, 좋아하고 싫어하는 성향을 지닌, 감정에 의해 움직이는 생명의 가장 일반적 특성이다."[2]

---

2) Ralph Barton Perry, *General Theory of Value*(Cambridge: Harvard University Press,

Perry의 관심 개념은 긍정과 부정의 양측면의 구분을 강조하기 때문에 유용하다. 가치란 동일한 양축(선악, 옳고 그름, 미추 등)을 인정하기 때문에 페리가 지적하는 심리적 과정은 주관적 이론을 구성하는 재료가 될 것 같다. 그러나 이러한 명백한 매력에도 불구하고 주관성 개념과 마찬가지로 관심의 개념은 위험스럽게 모호하다. 한편으로 나의 이익(interest)은 (내가 흥미를 가지고 있는 것에)관심을 갖는 것이고 다른 한편으로 나의 관심(자기 이익)은 나의 복지(welfare)와 같은 개념이다. 전자의 의미에서 복지와 관심을 연결시키려는 이론은 의미가 있지만 후자의 의미에서 복지와 관심을 연결하는 것은 동의반복어이다.

그러므로 적어도 부분적으로 행복 주체의 태도에 의존하는 것은 주관적 이론이다. 행복은 자신의 삶에 대한 호의적 태도에 달려있고, 반면 불행은 자신의 삶에 대해 비호의적 태도를 갖는 것이다. 색깔에 대한 주관적 분석이 지각하는 주체와 지각되는 대상의 상호 작용의 산물이듯이 행복에 대한 주관적 분석은 관계적이거나 성향적인 것이다.

2) 행복의 가치는 개인적 판단의 산물이다

무엇보다도 주관주의는 주체 자신이 가치롭다고 생각하기만 하면 그것이 무엇이든 상관없다는 행복론이다. 이러한 행복관념은 행위자의 만족이 가치롭다고 판단되기 위해서 행위자가 반드시 특정한 목표를 가질 필요가 있다는 견해이다. 이 관점에 의하면 행복을 실현하는데 관용이나 용기, 절제 등의 덕을 필요로 하지 않는다. 어떤 목표가 더 바람직하고 가치로운 것인지에 대한 객관적 진리는 없고, 단지 행복하고 진정한 인간이 있을 뿐이라는 것이다. 이런 사람들은 다른 사람의 자유를 훼손하지 않는 한 모든 수단을 강구해서 자신이 선택한 목표를 성취하

1926), p.115.

는 사람들이다. 이런 사람들은 자신과 자신의 삶에 대해 적극적인 자세를 지닌 사람들인데, 그들은 자신의 노력이 없다면 무의미하고 우스꽝스러운 일들을 의미 있고 가치롭게 만들기 때문이라는 것이다.[3]

행복한 사람은 자신의 욕망 충족이 가치로운 것이라는 지속적인 판단의 결과로서 자신의 삶에 대해 지속적인 만족감을 갖는 성향이다. 행복에 필요한 욕망 충족의 수는 욕망의 비중을 어떻게 중시하느냐에 달려 있다. 무엇보다도 행복의 적절한 개념은 개인이 판단하기에 자신의 욕망이 실제로 충족되었는지, 그리고 자신의 욕망이 가치로운 것인지 그 진위 여부는 문제되지 않는다는 것이다. 말하자면 자신의 욕망이 충족되었다고 잘못 믿거나 자신의 욕망이 가치로운 것이라고 잘못 믿는 사람도 행복할 수 있다는 것이다. 우리는 그런 사람은 행복한 사람이 아니라고 결론을 내릴 수도 있을 것이다. 그러나 이런 성향을 지닌 사람들은 실제로 자신의 욕망 실현 여부를 올바르게 판단해야 할 필요도, 또한 자신의 욕망의 가치성에 대한 판단을 필요로 하지 않는다는 것은 우리가 경험적으로 알 수 있는 사실이다. 이렇게 보면 행복하기 위해서는 자신이 믿는 중요한 욕망이 실현되고 또 그 욕망의 충족이 자신의 삶에 가치롭다고 진지하게 믿기만 하면 된다.

그리고 이러한 행복의 개념은 자신이 선택한 욕망을 만족시키는 활동을 반드시 즐겨야 하느냐에 대해서는 침묵하고 있다. 그러나 자신의 욕망이 충족되고 그 욕망이 가치로운 것임을 진지하게 믿기 위해 이러한 활동을 즐길 필요가 꼭 있어야 하는 것은 아니라고 봐야 할 것 같다. 그러나 전반적으로 자신의 삶에 만족하기 위해 꼭 만족해야만 하는 욕망이 있는 경우에는 다르다. 개인이 어떻게 판단하든 상관없이 우리가

---

3) Robert Almeder, *Human Happiness and Morality*(New York: Prometheus Books, 2000), pp.172~173.

행복하기 위해 어떤 것을 반드시 이루어야 하는 객관적 사실이 있다고 보기 때문이다.

3) 쾌락이 곧 행복이다

역사적으로 주도적인 주관적 행복이론은 쾌락주의이다. 이것은 행복을 쾌락과 고통의 부재로 환원한다. 좁은 의미의 쾌락과 고통은 특수한 느낌의 강도에 의해 구별되는 특정한 감각의 유형으로서 신체적 쾌락과 고통이다. 넓은 의미에서 쾌락과 고통은 육체적인 것뿐만 아니라 정신적 쾌락과 고통을 포함한다. 쾌락주의 행복론의 논점은 행복의 근원으로 쾌락을 어떻게 측정할 것인가 하는 측정의 기준과 방법에 관한 것이다. 키리네 학파와 에피쿠러스 학파 간의 고전적 쾌락주의 논쟁, 그리고 공리주의 이름의 벤담과 밀과의 논쟁도 쾌락을 양으로 측정할 것인가 질로 볼 것인가 하는 문제이다. 벤담과 밀은 도덕성의 준거로서 최대다수의 행복의 원리를 제시하는 공리주의 원리를 채택하고, 실상 행복을 쾌락으로 본다는 점에서 쾌락주의의 전형이지만 밀은 쾌락의 질을, 벤담은 쾌락의 양을 그 기준으로 제시한 점에서 서로 다르다. 밀이 보기에 쾌락의 질이야말로 어떤 행동이 보다 도덕적이며, 어떤 삶이 보다 행복한 지를 결정하는 유일한 요인이다.

어떤 쾌락은 질적으로 뛰어나고 본래적으로 다른 쾌락보다 더 가치가 있다는 밀의 논증이 성공했는지는 분명치 않다. 밀은 도덕적 감수성이 강한 사람이라면 이 문제에 동의할 거라고 가정했을 뿐이지 증명한 것은 아니다. 이점을 증명하기 위해 밀은 짧은 기간의 강도 높은 신체적 쾌락을 선호하는 사람은 도덕적으로 무감각한 사람이라는 것을 증명해야 한다. 그런데 높은 수준의 쾌락과 낮은 수준의 쾌락의 구분을 인정하지 않는 사람은 도덕적으로 무감각하다는 가정을 받아들이지 않고서는 이것을 증명할 수 없다. 다시 말해 밀의 구분에 동의 여부만으로 도덕 감수적인 사람으로 여길 수 없다는 것이다. 이러한 논쟁은 행복의 질과 직접 연관되는 문제이다. 에피쿠로스 학파나 밀 등의 관점에서 보면 도덕적 만족을 포함한 정신적 쾌락이야말로 진정한 행복이고 육체적·비도덕적 쾌락은 거짓된 행복 혹은 낮은 단계의 행복이라는 결론이 가능하다.

또한 쾌락주의 논쟁의 가장 중요한 문제는 행복은 쾌락이며, 쾌락은 인간의 유일한 궁극적 목적이라는 쾌락주의자들의 주장이 진리이냐 하는 점이다. 인간은 행복하면서 동시에 고통스러울 수 있느냐 하는 의문이 제기 될 수 있기 때문이다. 행복을 감각적 쾌락의 관점에서 임의적으로 규정한다면 이런 사람은 분명 행복하지 않을 것이다. 그러나 신체적 고통을 느끼면서도 행복할 수 있거나 반대로 강한 신체적 쾌락을 경험하면서도 행복하지 않을 수 있다는 것을 인정한다면, '행복'이란 말의 의미는 쾌락과 동의어로 볼 수 없다. 실상 '행복'을 일시적 기쁨의 상태나 감각적 즐거움과 유사어로 사용하더라도, 우리는 행복의 의미를 자신의 삶에 대해 일시적 만족감보다는 지속적으로 만족을 느끼는 사람에게 적용하며, 그리고 이러한 삶에 대한 만족감은 신체적 고통을 감내하면서도 얻을 수 있는 것이다. 엄청난 일시적인 신체적 고통 속에서도 행복할 수 있다고 말하는 것은 지극히 당연하다.

쾌락주의자들이 행복을 쾌락의 관점에서 정의하는 근거는, 최선의 삶에서 쾌락이외는 더 이상 바랄 게 없기 때문이라는 것이다. 이런 주장은 모든 사람들이 공유하고 있는 직관에 호소하는 것이다. 그런데 어떤 사람들은 쾌락주의자들이 행복을 쾌락으로 개념 정의하는 것에 반대한다. 쾌락주의자는 사람들이 쾌락의 관점에서 행복을 정의하는 것에 대해 거부하는 이유가 그들이 계몽되지 못함으로 해서 천박한 행복 인식을 일상적 용법으로 전환하게 되었고, 그래서 잘못된 쾌락 개념을 갖게 되었기 때문이라고 반론할 수 있다. 그러나 쾌락주의자는 행복은 쾌락에 다름 아니라는 것을 보여주지 못했다. 만약 그들이 사람들의 이러한 행복에 대한 개념 사용이 잘못된 행복 인식에 기초한 것이라는 것을 보여준다면 이것을 할 수 있을 것이다. 이것도 아니라면 쾌락주의자들의 주장은, 우리가 최고선으로서 쾌락을 추구해야 하지만 실상 일상적 사용에서 사람들은 행복을 감각적 쾌락 이상의 그 무엇을 얻는 것으로 생각한다는 것이다.

그래서 행복이 쾌락이라면 우리는 그것을 통상적 방식의 감각적 쾌락으로 등식화 할 수 없다는 결론이 가능하다. 행복이 감각적 쾌락과 다른 어떤 것이라면, 그것은 감각적 쾌락과 같은 방식으로 체험되는 것이 아니기 때문에 행복을 감각적 쾌락으로 불러야 하는 이유가 없다. 그런데 비감각적 쾌락이라는 개념도 혼란스럽다. 우리는 행복개념은 느낌과는 상관없고 오히려 가치로운 삶으로 판단하고 그 판단에 만족하거나 만족하지 않는 사람의 속성이라고 말하고 싶다. 그러나 이러한 진술 또한 만족스럽지 못하다. 어떤 이유로든 자신의 삶에 대한 만족은 기본적으로 쾌락적 상태이며, 그렇지 않은 사람은 본성상 그것을 추구하거나 자랑스럽게 여기지 않는다는 것은 우리가 경험적으로 알 수 있는 신념이다. 그래서 행복의 개념은 다의적이고 혼란스럽다.

2. 객관주의 행복

1) 행복은 인간의 본질적 속성을 구현하는 것이다

객관주의 행복개념은 인간의 본질 혹은 본성이 존재한다는 것을 전제로, 행복은 사람이 실제로 살고 싶어 하는 삶이 아니라 인간의 본질이나 본질적 속성을 구현하는 삶이다. 인간의 본질은 모든 인간 존재에 공통되며 또한 인간에게만 특유한 속성이므로 이것이 인간과 동·식물들을 구분하게 한다. 이러한 본질주의 행복관은 아리스토텔레스의 윤리학의 핵심을 이룬다. 그는 인간의 기능에서 인간존재의 본질을 파악한다. 인간의 특수한 기능 혹은 역할은 특별히 인간을 정의하는 것, 인간에게 특수한 것과 연계된 것에서 찾아야 한다는 것이다. 아리스토텔레스는 동시대인들과 마찬가지로 인간을 이성(logos)을 부여받은 존재로 본다. 인간의 활동은 이성에의 복종 혹은 생각하는 것이다. 따라서 인간의 선은 이성에 따른 영혼의 활동이다. 그리고 이 활동은 훌륭하고 탁월하게 수행되어야 한다. 다시 말하면 인간의 선은 덕에 일치하는 영혼의 활동이며 그리고 여러 가지 덕이 있다면 그 중에서도 가장 훌륭하고 가장 완벽한 덕에 일치하는 것이다. 아리스토텔레스가 행복을 덕과 동일시하는 것도 이런 까닭이다.

"행복이 무엇인지에 대해 좀 더 분명한 설명이 필요하다. 먼저 우리가 인간의 기능을 확인할 수 있다면 이것은 주어질 것이다. 플루트 연주자, 조각가나 예술가, 그리고 전반적으로 기능이나 역할을 지니고 있는 모든 것에서 선과 행복은 기능에 있는 것과 똑같이 사람도 기능을 가지고 있다면 이와 마찬가지이다."[4] "인간은 자신의 기능이나 역할을 가지고 있는가? 물론 그렇다. 그런데 목수나 테너가 어떤 역할이나 활동을 가지고 있고 인간은 그렇지 않은가? 인간은 아무런 역할 없이 태어났는가? 눈, 손, 발, 그리고 대체로 신체의 각 부분이 분명 역할을 가지고 있는 것처럼 이와 유사하게 인간은 이 모든 것과 별개로 기능을 가지고 있다고 규정할 수 있겠는가? 그렇다면 이것이 무엇이겠는가?"[5]

---

4) *Nicomachean Ethics*(이하 NE로 표기함) 1097b28-33.
5) *NE* 1097b21-27.

그래서 행복은 선한 사람들만의 속성으로 파악하게 된다. 객관주의자들은 인간의 행복을 실현하려면 특정 목표는 반드시 도덕행위자로서 만족할 수 있어야 한다고 주장하는 것도 이런 이유이다. 행복은 어느 정도 도덕적으로 선한 삶을 사는 사람들만의 속성이며, 선한 삶은 단순히 자신이 선택한 목표를 실현하는 문제만은 아니라는 것이다. 이것은 올바른 목표, 정당한 목표를 충족시켜야 하는 문제이다. 자신이 선택한 목표에 만족함으로써 행복하다고 주장하는 사람들은 단지 자신이 행복하다는 생각에 빠져있다는 것이다. 선한 삶은 자신이 임의로 선택하고 만족하는 삶이 아니다. 우리는 올바른 목표를 충족시켜야만 한다. 그렇지 않다면 자신의 욕망 충족이 가치있다고 판단하는 것은 거짓이며, 그래서 그 판단이 거짓이라면 실제로 행복할 수 없다는 것이다.

객관주의 입장에서 보면 어떤 사람이 행복을 느끼고 정말 행복하다고 주장하더라도 행복하지 않을 수 있다. 행복감(feeling happy)과 행복함(being happy)은 다른데도 많은 사람들은 이것을 혼동하고 있다는 것이다. 객관주의자들은 인간의 행복을 실현하기 위해서 반드시 행해야 하는 객관적 진리가 있다는 믿음에 뿌리를 두고 있다. 다시 말해 인간의 행복을 추구하는데 있어서 그 어떤 것보다 더 중요한 무엇이 있다는 것이다. 그러므로 정말로 중요하지 않은 것에 매달리는 사람은 아무리 행복감을 느끼더라도 행복의 척도를 기만하는 것이다.

주지하다시피 아리스토텔레스의 『니코마코스 윤리학』에서 eudaimonia 개념은 주도적 역할을 한다. 이 용어는 통상 '행복'으로 번역되지만 실제로는 우리가 말하는 복지(well-being) 즉 '존재의 완전한 상태와 잘 행동함'에 훨씬 가깝다. 보통의 사람들이나 현명한 사람들이나 모두 합의하는 것은 이러한 역할을 하는 것이 행복이며 잘 사는 것, 그리고 일이 잘 되어가는 것이 행복이라는 것이다. 그러나 행복이 무엇인가에 대해서는 서로 다르며 또한 대중들은 현자들만큼 동일한 대답을 하는 게 아니다. 아리스토텔레스는 행복의 가치가 무엇인가 하는 것과 행복의 성질이 무엇인가 하는 물음을 구분한다. 아리스토텔레스는 well-being이야말로 (유일한)궁극적 목적, 즉 그 자체로 추구할만한 것으로 보는 게 분명하다. 두 번째 질문에서 그의 윤리학은 웰빙 주제의 탐구가 된다. 그는 인간의 최고선은 "탁월성(arete)에 일치하는 영혼의 활동"에 있다는 것을 발견하고, 그리고 "탁월성보다 더한 것 있다면 그것은 최선과 완전성에 일치하는 것이라고 주장한다. 여기에서 그는 eudaimonia에서 arete로, 즉 웰빙에서 탁월성으로 이동한다.

그러나 아리스토텔레스의 객관주의 행복론은 지지자들 못지않게 많은 비판을 받아왔다. 전통적 비판은 인간은 특정한 기능을 가진 존재의 하나라는 점에 대한 반대 견해이다. 가령 벽돌공이나 신장의 기능을 묻는 것은 전혀 이상하지 않다. 그러나 인간의 기능에 대해서는 쉽게 답할 수 없다. 그래서 아리스토텔레스의 기능 논증은 목적론적 생물학에 의존할 수밖에 없고, 그래서, 많은 환경윤리학자들 이중에서 특히 생태주의자들이 아리스토텔레스의 목적론적 세계관을 비판하고 있는 것도 이런 까닭이다.

2) 행복은 기본적 욕구의 충족이다

객관주의 행복 개념의 또 다른 축은 욕구이론이다. 이 관점에 의하면 인간의 행복이나 복지는 개인적 욕망이나 성향 혹은 호불호와 상관없이 복지의 내재적 근원이라고 부를 수 있는 '인간복지의 7가지 기본양상'에 의존한다는 것이다.[6] 욕구는 욕망의 특징인 의도성이 없는 것으로, 객관적 복지이론을 구성할 수 있는 재료를 제공한다. 또한 기본적

---

6) John Finnis, *Natural Law and Natural Rights*(Oxford: Clarendon Press, 1980), p.72.

욕구의 체계는 대부분 목표나 계획에 의해 결정된다는 점에서 일시적 혹은 파생적 욕구와는 다르다는 것이다. 행복 개념과 연관되는 것은 기본적 욕구체계이다. 기본적 욕구는 비파생적인 욕구의 체계이다. 가령 영양, 보건, 안전, 교육 등은 기본적 욕구이다. 그러나 우리가 단지 좋아하거나 선호하고 심지어 변덕을 만족시킴으로써 이득을 얻는 것은 파생적 욕구라는 것이다. 우리는 파생적 욕구를 통해 만족을 얻기도 하지만 전자가 후자보다 훨씬 절실하고 중요하다. 그래서 전자를 기본적 욕구로 명명한다.

이러한 관점은 행복의 측정을 특히 사회적 · 경제적 차원에서 시도하고 삶의 만족으로서 행복 개념을 구축하려는 '사회지표운동'에서 잘 나타난다. 경제적 복지개념은 사회의 복지를 1인당국민 생산이나 1인당 국민소득으로 측정하는 재화와 서비스의 총합과 같은 것으로 본다. 결국 사회적 복지는 국민생산의 문제이고 경제성장은 생산성의 증가를 의미하는 것이므로 성장은 사회적 복지를 증진하게 된다는 것이다. 이러한 낙관주의 신념은 1970년대에 심각한 도전에 직면하게 된다. 2차대전 이후 25년간 지속적으로 성장을 추진해온 서구의 자본주의 사회는 사회복지 부분에서는 이에 비례할만한 성장을 하지 못했다는 점이다. 이러한 결과는 경제학자들에게 다음과 기본적 진리에 대한 회의를 낳게 한다. 그것은 ① 개인이든 사회든 경제적 복지는 복지의 특징적 한 유형이 아니라 경제활동에 의존하는 전반적 복지의 한 부분이다. ② 개인적 소득이나 부는 개인적 복지의 구성물도 그것의 신뢰할만한 지표도 아니다. ③ 국민소득이나 국민생산은 사회적 복지의 구성요소도 그것의 신뢰할만한 지표도 아니다.

넓게 말해 사회지표는 복지와 관련되는 신뢰할만한 모든 통계자료를 의미한다. 복지 개념처럼 지표는 주관적이거나 객관적일 수 있다. 주관적 지표는 삶의 질에 대한 사람들의 지각이나 인식을 측정하는 것이고, 객관적 지표는 삶의 질에 일정하게 영향을 미치는 외적인 사회적 조건을 측정한다. 그러나 이러한 프로그램은 근본적인 약점을 지니고 있다. 어떤 지표를 사용하든 그것은 삶의 질에 대한 개인적 인식과 아주 빈약하게 연관된다.

> "가령 우리는 행복을 추론하기 위해 소비, 영양, 기대수명 등 객관적 지수를 사용할 수 있다. 혹은 우리는 다양한 행동지표, 가령 비행이나 자살 등과 같은 사회적 이탈 행위의 측정을 통해서 행복을 측정할 수 있다. 그러나 궁극적으로 이러한 측정의 적합성은 외적 명시와 내적인 정신상태, 실제로 인간 심리학의 모델의 연계성에 달려 있다. 가령 느낌을 중시한다면 주관적 보고가 객관적 증거와 모순될 가능성이 있다. 사회과학자들 특히 경제학자들은 이런 점에서 좌절할 수 있다."[7]

그러나 복지를 양적으로 측정하는 데 관심을 갖고 있는 사회과학자들은 결과로 나타난 데이터의 주관성은 넌센스라는 것이다. 어떤 면에서 보면 주관적 지표가 제시하는 경험적 베이스는 객관적인 사회적 측정보다 현저하게 협소할 수 있는데, 왜냐면 그것은 전적으로 조사 결과에 의존하기 때문이다. 요컨대 객관적 욕구가 철저하게 객관적이라면 어떤 순수한 주관적 이론도 충분히 배제할 수 있다는 것이다. 그러나 문제는 기본적 욕구가 그들이 생각하는 것처럼 실제로 그렇게 객관적이냐 하는 점이다. 어떤 것을 기본적 욕구로 만들어 주는 것은 무엇인가? 어떻게 기본적 욕구의 목록에 속하는 아이템을 결정할 수 있는가? 하는 문제들이다.

---

7) Richard A. Easterlin, "Does Economic Growth Improve the Human Lot? Some Empirical Evidence", Paul A. David and Melvin W. Reder(eds.), *Nations and Households in Economic Growth*(New York: Academic Press, 1974), p.117.

3. 절충주의 행복론

1) 만족, 복리, 그리고 존엄성의 복합체로서 행복

행복을 복지(well-being)의 개념으로 대체한 안소니 케니(Anthony Kenny)는 만족, 복리(welfare), 존엄성을 행복의 구성 요소로 규정한다. 먼저 만족은 행복의 필요조건으로서 구성 요소 중의 하나이다. 만족은 행복에 대한 자기평가를 통해 측정된다. 만족은 느낌이나 감각이 아니라 자신의 삶이나 삶의 조건에 대한 긍정적 태도이다. 또한 만족은 일시적인 감정이 아니라 지속적·안정적 상태이어야 한다. 객관주의 행복론자들이 '행복감'과 '행복함'을 구분하고 삶의 만족으로서 행복은 정의적 요소와 인지적 요소를 필요로 한다고 주장하는 것도 이런 취지이다. 이렇게 보면 만족은 행복의 충분조건은 아니다. 다시 말해 우리가 자신의 처지에 만족한다고 해서 반드시 행복한 삶을 누린다는 의미는 아니라는 것이다. 통상 우리는 행복과 삶의 만족을 등식화한다. 그리고 자신이 행복한지 불행한지를 가장 잘 알고 평가할 수 있는 사람은 자기 자신이라는 주관적 행복 개념은 많은 지지를 받고 있다. 그러나 만족은 무지에서 비롯될 수도 있고, 대안을 잘못 평가해서 다른 사람보다 자신이 낮다고 생각하거나 상상력이 부족하기 때문일 수도 있다. 우리는 그런 만족을 낮은 의식의 만족이라고 부를 수 있다. 소크라테스 식으로 표현하면 '음미되지 않은 삶의 만족'이라고 할 수도 있다.[8]

만족은 물론 소중한 것이고, 다른 것을 바라지 말고 오직 만족만을 추구하는 것이 가장 현명한 삶일 수도 있다. 복지의 다른 요소들은 자

---

8) Stuart McCready(ed.), *The Discovery of Happiness* : 김석희 역, 『행복의 발견』, 휴머니스트, 2002, 269~270쪽.

신의 잘못이 아닌데도 손이 닿지 않는 곳에 있을 수 있다. 내가 평생 동안 가난하고 힘없는 사람으로 산다면, 그 상황에서 누리는 축복에 만족하는 것이 최선이다. 욕망을 실제로 충족시킬 수 있는 수준까지 끌어내리는 것이 행복의 첩경인지도 모른다. 동서고금의 현명하고 지혜로운 교훈은 한결같이 '욕망을 억제하고 욕심을 적게 하는 것'이 최선의 삶이라는 가르침을 주는 것도 이런 까닭이다. 센(Amartya Sen)은 복지가 유용성에 있지 않다고 주장하는데, 그 이유는 개인의 기호, 야망, 열망은 교화나 조작이나 사회화를 통해 너무 쉽게 변용될 수 있는 것이기 때문이라는 것이다. 예컨대 인생에서 거의 기회를 잡지 못했거나 희망을 갖지 못함으로써 불운한 삶을 사는 사람은 보다 운이 좋고 부유한 환경에서 자란 사람보다 상실에 대해 쉽게 단념한다. 그러므로 행복의 미터법은 특별하고 편견의 방식으로 상실의 정도를 왜곡시킨다.[9]

다음으로 복리는 사회경제적 지표로 쉽게 측정될 수 있는 행복의 객관적 요소이다. 이것은 주로 인간 행복의 요소를 '기본적 욕구'의 충족이 필수적이라는 욕구이론가들의 주장을 가미한 것이다. 전술한 것처럼 삶의 만족에 대한 개인적 판단이 잘못된 정보에 기인하거나 진정성이 없는 경우에 자신이 자기의 행복에 대한 최고 권위자로 인정받기 어렵다. 그러나 복리의 수준이 곧 행복의 수준은 아니다. 물질적으로 풍족하면서도 스스로 유복하지 않다고 생각할 수도 있다. 경제적으로 궁핍하면 현실적으로 심각한 문제가 생기는 것은 사실이지만, 그러나 돈이 행복을 낳는 것이 아님은 상식이다. 사람들은 경제적으로 더 유복해지면 더 행복해질 것으로 생각한다. 소득이 일정 수준을 넘어서면 효용성과 행복과의 상관관계는 적다는 것이 판명되었다. 실제로 1970년보다 소

---

9) Amartya Sen, *The Standard of Living, Ed. Geoffrey Hawthorn*(Cambridge: Cambridge University Press, 1987), pp.45~46.

득이 4배나 늘어난 미국인들은 삶에 대한 만족도는 전혀 높아지지 않은 것으로 나타나고 있다. 소득이 높아질수록 사람들이 기대하고 동경하는 수준도 함께 꾸준히 높아졌기 때문이다. 그러나 돈은 다른 만족감을 줄 수 있다. 가령 남에 비해 자신의 지위가 더 높고 자신의 위신이 높아진 것에 대한 만족감이다.

셋째, 존엄성은 객관적으로 수량화하기 어려운 행복의 심리적 요소이다. 존엄성은 역경 속에서도 침착성을 유지할 수 있게 해주는 강인한 성격 특성을 의미하는 것이 아니라 생활 형편의 객관적 특징을 말한다. 케니는 이것을 선택권, 가치, 위신 세 가지로 명명한다. 먼저 선택은 자신의 문화적 정체성에 대한 선택, 자신의 사회적 역할에 대한 선택, 자신의 삶에 영향을 미치는 정치적 결정에 대한 선택이라는 것이다. 그리고 복지의 필수 요소인 존엄성을 갖기 위해 단순히 시간을 때우는 심심풀이가 아니라 본질적으로 가치 있는 활동이 포함되어야 한다. 어떤 활동이 가치 있는가를 결정할 때는 주관적인 요소와 객관적인 요소를 고려해야 하는데, 특정한 일이 존엄성을 주는지 여부는 그 일에 고용된 사람의 만족도와 사회가 그 일에 부여하는 가치에 달려 있다는 것이다. 존엄성의 또 다른 요소는 위신이다. 이것은 행복의 필수요소는 아니지만 복지에 크게 이바지 하는 요소이다. 위신은 남의 존경과 부러움을 불러일으킬 수 있는 소유에서 비롯되지만, 그 소유가 반드시 물질적인 것일 필요는 없지만 사회적 지위와 관련되고 보편적으로 공유할 없는 성질의 자산이어야 한다.[10)

2) 기능성과 역량으로서 행복

이것은 센(Amarta Sen) 등 '삶의 질' 측정을 시도하는 학자들이 주장

---

10) 『The Discovery of Happiness』, pp.272~275.

하는 행복 개념이다. 센은 기본적으로 개인적 만족, 선호 혹은 선택과 같은 유용성을 복지와 동일시하는 것을 반대한다. 그의 주장에 의하면 이러한 설명은 개인의 복지 수준을 개인적 야망과 기대에 영향을 미치는 사회적 조건화와 같은 외적 요인에 지나치게 예민하게 만드는 것이다. 더구나 쾌락이나 소망을 발견하는 것이 그것에 가치를 부여하는 것과 같은 것이 아니라는 것이다. 복지는 본래 평가적이므로- 복지는 삶의 가치를 측정하는 것이다- 그것은 평가와 무관한 활동이나 정신적 상태에 환원시킬 수 없다는 것이다.

그런가 하면 그는 복지를 상품의 소유와 동일시하는 것도 반대한다. 상품에 대한 개인의 지배는 삶의 질에 대한 빈약한 지표인데, 왜냐면 상품이나 서비스가 복지로 전환하는데 영향을 미치는 요인은 사람에 따라서 매우 다양하기 때문이라는 것이다. 센이 예를 드는 이러한 범주의 변인은 음식인데, 음식이 영양으로 전환되는 것은 나이, 성별, 신체상태, 활동상황, 건강상태 등에 따라 다르다는 것이다. 센은 첫 번째 이론들을 그 주관성으로 비판하고, 두 번째는 객관성을 너무 멀리 끌고 간다고 거부한다. 그는 이 두 양극단의 중간을 설정하려고 하는 것으로 그 핵심 개념은 '개인이 하려고 하거나 되고자 하는 어떤 것'으로 규정하는 기능성(functioning)이다. 그리고 그가 말하는 두 번째 개념은 능력(capability)이다. 능력은 어떤 기능을 수행하기 위한 자유 혹은 기회이다. 자신이 그렇게 선택했다면 실제로 잘 먹는다기보다는 잘 먹을 수 있는 능력을 말한다. 능력은 주로 그것이 수행하는 기능성으로 인해 타산적으로 가치로운 것이지만 그 자체로도 가치를 지닌다는 것이다. 말하자면 실제로 목적을 추구하지 않더라도 그 길이 열려있다는 것만으로 우리는 좋은 삶이 된다는 것이다. 그러므로 복지 수준은 기능성 체계와 잠재성들에 의해 결정된다는 것이다.[11]

센이 자신의 관점을 중간이라고 설명한 이유가 분명하다. 복지를 상품의 소유와 같은 것으로 보게 되면 상품과 서비스를 기능수행과 역량으로 전환하는데 영양을 미치는 많은 우연적 요소를 무시하게 된다는 것이다. 상품을 복지의 결정적 요인으로 보게 되면 우리의 삶이 너무 외적이고 단순 도구적인 것이 되고 만다. 또한 복지를 유용성과 동일시하는 것은, 복지를 기능성과 역량의 만족이나 행복으로 전환하는데 영향을 미치는 많은 우연적 요소에 희생시킨다는 것이다. 유용성이 적합한 이론이 될 수 없는 것은 그것이 우리의 삶에 너무 내면적이고 변화무쌍하고 변덕스럽기 때문이라는 것이다.

그렇다면 센은 주관주의자인가 객관주의자인가? 그는 복지에 대한 유용성이론을 주관적이라는 이유로 거부하고 상품이론은 너무 객관적이라서 거부한다. 그는 보다 적적하고 수용될 수 있는 객관주의 이론을 지향한다. 그의 설명은 기능성이 객관적이면 객관적 이론이다. 그가 말하는 기능성은 건강함, 장수, 교양 등이다. 이 하나 하나의 아이템에 센은 기능 자체와 그 다양한 사회적 지표 간의 구분을 인정한다. 그 지표는 도덕성 통계나 질문지에 대한 응답에 따라서 다양하겠지만 모두 개인적 삶의 객관적 양상들이다. 그러므로 그의 행복이론은 객관주의라고 말할 수 있다.

그러나 이론 결론은 너무 성급하다. 센이 어떻게 이러한 기능의 목록을 작성하게 되었는지 알아볼 필요가 있다. 그의 정의에 의하면 기능은 우리가 하고자 하거나 되고자 하는 어떤 것, 즉 행위자 편의 성취를 구성하는 모든 활동이나 상태이다. 그런데 이러한 기능은 사람에 따라서 매우 다양하고 사람에 따라서 서로 다른 의미를 가진다. 그런데 어

---

11) Amartya Sen, *Commodities and Development*(Amsterdam: North-Holland, 1985), pp.28~30.

떻게 기능이 특정 개인의 복지에 공헌한다고 말할 수 있는가? 어떻게 어떤 기능이 보다 중요하다거나 사소하다거나 절실하다거나 불필요하다고 결정할 수 있는가? 개개인에게 기본적이고 중요한 광대한 기능의 범위를 어떻게 좁힐 수 있겠는가?

이런 물음에 대해 센은 다음과 같은 설명을 한다. "가치의 대상으로서 '행하는 것(doing)'과 '되고자 함(being)'을 규명하는 것 자체가 가치 있는 경험이다. 기능성의 목록은 어떤 것이 가치롭고 무엇이 내재적 가치를 지니지 않는가를 반영한다."[12] 그렇다면 가치에 대한 누구의 관점이 목록을 반영하는가? 라는 물음을 다시 물을 수 있다. 이에 대한 센의 대답은 복지가 문제되고 있는 단위라고 말한다. 만약 그것이 사회 전체와 같은 집단이라면 그것은 폭넓게 공유된 가치를 반영하는 사회적 기준이 적합할 것이다. 개인의 복지라면 그것은 복지 주체 자신이다. 이렇게 보면 그의 관점은 객관적 성격을 강하게 띤다. 복지는 특정화 된 기능과 역량의 체계로 구성되는 것이지만 이 모든 것은 개인적 삶의 객관적 양상들이다. 그러나 비록 센은 객관적 관심에 많은 비중을 두고 있지만 행복의 성격에 관한 그의 기본사상은 여전히 주관적 요소를 지니고 있다.

상품의 비판에 대한 센의 설명을 다시 생각해보자. 복지는 실제로 외적 상품을 지배하는 데 있지 않은데, 그 이유는 ① 상품의 소유는 단지 복지에 간접적으로 관련되며 그래서 기껏해야 복지의 한 지표이며, ② 상품이 복지로 전환되는 것은 수많은 외적 요인의 영향을 받기 때문에 그것은 신뢰할만한 지표가 아니라는 것이다. 상품에서 기능(혹은 역량)으로의 이동은 이러한 결함을 치유하는 것을 의미한다. 예컨대 음식을 소유하는 것은 영양에 대한 빈약한 지표인 바, 그 이유는 영양수요

---

12) 앞의 책, p.28.

와 소비 패턴은 사람에 따라서 매우 다양하기 때문이다. 그러므로 센의 설명은 복지의 단순 지표에서 복지의 원천 혹은 성분으로 관심을 돌리는 것이다. 상품은 기능과 역량을 고양하는 단순한 외적 수단에 지나지 않는다. 즉 후자(기능과 역량 제고)에서 우리는 전자(상품)를 소비할 타산적 이유를 발견한다. 물론 도구적 이익에서 내재적 이익으로의 전환이 올바른 방향을 위해 꼭 필요한 단계이지만, 그러나 어떤 기능 체계도 실제로 개인의 복지를 만들지 않는다는 사실을 놓쳐서는 안 된다는 것이다. 좋은 영양을 취하는 것은 다른 측면에서 건강을 유지하거나 적절하게 옷을 입거나 교양을 갖추는 것처럼 직접적으로 도움이 된다. 그러나 복지는 이러한 상태들을 하나하나 분리해서는 공식적으로 성립되지 않는다. 내재적으로 유리한 조건(상태)들을 열거하는 것과 무엇이 내재적으로 유익한 조건인가에 대한 이론을 혼돈하지 말자고 주장한다. 이런 관점에서 그는 주관적 이론과 개관적 이론을 절충한 복합적 행복관을 견지하는 것으로 보인다.

III. 행복론의 주제와 쟁점

1. 진정한 행복과 거짓된 행복

'행복'이란 말이 심리적 의미를 갖는 경우에도 그 앞에 '진정한'이라는 형용사만 놓으면 주관성을 몰아낼 수 있다. 가령 "홍길동은 행복하다"는 말은 길동이가 자신의 삶을 만족스럽게 느낀다면 사실이다. 그러나 "홍길동이는 진정으로 행복하다"는 말은 "길동이는 정말 행복하다"

는 의미뿐만 아니라 길동이의 행복은 모든 사람들이 목표로 삼아야 할 이상적인 행복이라는 의미도 있다. 이렇게 보면 진정한 행복은 단순히 '주관적으로 좋다고 느끼는 삶'이 아니라 '객관적으로 좋은 삶'을 사는 것을 의미한다.

단순히 주관적인 행복을 느끼는 사람은 낙천적인 기질을 타고나서 어떠한 삶에도 쉽게 만족하는 사람이거나, 보다 만족스러운 삶이 바로 가까이 있는데도 천박한 쾌락적 삶에 만족하는 어리석은 사람일 수도 있다. 공리주의자 밀이 쾌락의 질을 강조한 것도 이런 의미와 무관하지 않다. 행복은 삶의 만족으로서 자신의 삶의 조건이나 상태에 대한 주체자의 긍정적인 인지적 혹은 정의적 반응이라는 게 일반적 인식이다. 이러한 행복 개념은 행복은 개인의 만족과 일치한다는 '주관적 지표' 학파의 조작적 가정에 근거하고 있다. 그러나 이러한 가정을 수용하기에는 심각한 난점이 있다.

그것은 사실에 대한 오류의 가능성이다. 주체자의 자기평가가 아무리 적절하고 진지하며 사려 깊은 것이라 할지라도 그것은 여전히 사실적 오류에 기초할 수 있다. 행복 또는 불행은 주체자가 자신의 삶의 조건들에 대해 그 자신이 보는 대로의 반응이다. 그것은 자신의 삶의 만족이나 충실에 대한 지각된 조건들을 발견하느냐 않느냐 하는 문제이다. 그런데 만약 삶의 중요한 요소를 잘못 인식한 경우라면 어떻게 되는가? 자신이나 다른 사람에 의해 그것에 대해 속임을 당해 잘못 인식했다면 어떤가? 가령 실제로는 자신을 이용하려는 파트너에 대한 충성과 애정을 자신의 행복이라고 생각하는 경우를 생각할 수 있다. 갑순이가 진실을 알았을 때 그녀는 물론 불행해질 것이다. 그런데 그녀가 속임을 당하고 있는 그 기간 동안 우리는 어떻게 말해야 할 것인가? 그녀는 정말 행복하였지만 그러나 그녀의 삶은 자신을 위해 정말 잘 되 가고 있는 것인가?

우리가 행복을 오로지 자신의 삶에 대한 체험의 기능으로 다룬다면, 그 결과는 정신적 행복론이 될 것이다. 그러나 그것은 쾌락주의와 똑같은 반대에 직면할 것인 바, 왜냐면 그것은 주체의 행복에 대해 실제적 삶의 조건들은 전혀 참조하지 않고 전적으로 '내적으로' 평가한 것이기 때문이다. 이러한 반대가 결정적이라면 단순히 주체의 만족을 행복과 동일시하는 것은 거부되어야 한다. 진정한 행복론은 행복의 객관적 지표를 강조하는 욕구이론보다는 인간의 본질적 성격을 내세우는 본질주의 행복론자들의 주장에서 가장 잘 드러난다. 플라톤이나 아리스토텔레스는 대다수 사람들은 행복의 진정한 본질을 모르기 때문에 실제로는 자신이 행복한지 어떤지를 모른다고 말한다. 아리스토텔레스에 따르면, 관능적 쾌락을 즐기거나 정치권력을 장악하거나 혹은 이 둘을 다 누리는 전제군주들을 행복과 동일시하는 사람이 많은데, 이것은 거짓된 행복이라는 것이다. 그가 보기에 안정되고 보람 있는 만족은 철학자들의 지적 생활에서만 찾을 수 있다. 행복의 본질로 들어가는 이 열쇠는 극소수의 사람만이 알 고 있는 비밀이라는 것이다. 그렇다면 우리 각자가 자신의 행복에 대한 최고의 권위자라는 생각은 잘못된 것인가? 나는 정말로 행복한지 어떤지 알 수 없는 것인가? 만약 그렇다면 진정한 행복의 판단 기준은 무엇이며 누가 그 결정을 내릴 것인가?

2. 행복에도 질적 차이가 있는가?

이러한 물음은 저절로 행복의 질적 문제로 연결된다. 밀의 주장처럼 쾌락에는 질적 차이가 있듯이 행복에도 질적 차이가 있는가? 행복을 평가할 때 우리는 욕망의 충족만이 아니라 욕망 자체의 본질도 고려해야

한다고 주장하는 사람들도 있다. 이들의 논지에 의하면 만족과 풍요로운 삶은 별개라는 것이다. 그러므로 이 두 가지를 모두 포함하고 있는 행복의 개념에는 모순이 생긴다. 플라톤과 밀은 낮은 수준의 쾌락과 높은 쾌락을 둘 다 경험한 사람은 풍부한 지적 생활이 주는 고상한 쾌락에만 만족할 것이라고 주장한다. 그러나 이것은 만족한 소크라테스의 행복을 보여줄 수 있을지는 몰라도 불만족한 소크라테스가 만족한 바보보다 행복하다는 것을 입증하지는 못한다.

교육 수준과 감수성이 높을수록 '더 고상한' 쾌락을 얻을 수 있는 능력도 커지고, 따라서 더 풍요로운 삶을 즐길 수 있는 능력도 커질 것이다. 하지만 교육수준과 감수성이 높아지면 욕망도 그만큼 많아지고 다양해져서 그 욕망을 만족시킬 가능성은 점점 줄어들게 된다. 이렇게 보면 교육과 해방은 한편으로 행복에 도움을 주지만, 또 다른 한편으로는 행복에 불리하게 작용한다. '충만한 삶'이라는 의미에서 행복해질 가능성을 높이는 것은 '욕망의 충족'이라는 의미에서는 행복해질 가능성을 줄이게 된다. 따라서 행복의 추구에는 천지창조와 마찬가지로 악의 문제가 숨어 있다.[13]

그런데 고대 철학과 종교의 한결같은 가르침은 진정한 행복이란 일반적으로 행복감을 준다고 알려진 욕구나 욕망을 채우는 것이 아니라, 반대로 욕구나 욕망에서 벗어나는 것이라고 강조한다. 불교의 행복에 대한 지혜는 '거짓된 행복'인 사물에 대한 집착을 거부하고 완전한 행복을 추구하라는 것이다. 그리스의 스토아 철학자들은 진정한 행복이란 신의 뜻을 받아들이는 데서만 찾을 수 있다고 가르친다. 이러한 사상은 중세와 르네상스를 거치면서 신을 아는 것이야말로 궁극적인 행복이라는 믿음과 결합하여 서방 및 지중해 세계를 지배하게 된다.

---

13) *The Discovery of Happiness*, pp.280~281.

동양사상에서 보면 행복은 욕망의 충족에서 나오고, 불행은 욕망의 좌절에 다름 아니다. 그런데 인간의 욕망을 완전히 충족시키기는 어렵다. 한 가지 욕망을 충족시키면 그것이 더 많은 욕망을 불러일으키기 때문이다. 그렇다면 욕망을 충족시키면 오히려 행복이 줄어드는 이 역설을 어떻게 할 것인가? 노자의 무욕(無慾)의 철학은 그 해답을 준다. 노자는 지족불욕(知足不辱, 만족할 줄 알면 욕을 당하지 않는다), 지족지족상족(知足知足常足, 만족할 줄 아는데 만족할 줄 알면 늘 만족할 수 있다)으로 답해 준다. 노자는 지금 가진 것에 만족할 줄 아는 미덕을 가지라고 말한다. 만족할 줄 아는 자는 화평하고 안온하고 정신적 영양으로 가득 찬 인생을 알 수 있다는 것이다. 노자는 "과욕보다 더 큰 죄악은 없고, 불만보다 더 큰 불행은 없으며, 탐욕보다 더 큰 결점은 없다."라는 가르침을 준다. 이렇게 보면 동서고금의 행복에 대한 지혜는 '충만한 삶'으로서의 행복이 아니라 '욕망의 충족'으로서 행복한 삶이다. 그렇다면 처음부터 인생의 목표나 계획을 낮추어 잡고 소박한 삶을 살아가는 것이 행복의 첩경이 아니겠는가? 높은 이상과 꿈을 가지고 살아가는 사람은 그만치 실패와 좌절을 맛 볼 가능성이 더 크기 때문일 것이다. 적은 욕망으로 소박한 삶 속에 안분지족하는 사람은 충만한 삶 속에서 행복한 삶을 살아가는 사람의 행복과 질적으로 다른가?

　　공리주의자 벤담은 쾌락의 질적 차이를 완강히 거부한 사람이다. 벤담은 다른 쾌락보다 본질적으로 더 가치 있는 쾌락이 있다는 질적 공리주의자들의 주장은 속임수에 불과하다고 주장한다. 서로 다른 쾌락의 상대적 가치를 어떻게 측정하고, 어떤 쾌락이 더 좋은 쾌락인지 말할 수 있는 사람은 누구인가? 그리고 이 두 가지 평가 기준은 어떤 관계를 가지고 있는가? 벤담이 쾌락의 질적 차이를 단호하게 거절한 문제의식은 이런 것이다. 그러나 정작 벤담이 우려한 것은 쾌락의 질에 대한 평가가 그 쾌락을 누리는 사람에 대한 평가로 이어질 수 있다는 것일 지도 모른다. 그렇게 되면 엘리트주의적이고 반민주적인 위험한 행위가 될 가능성이 있다.

마찬가지로 행복의 질에 대한 평가가 사람에 대한 평가로 이어질 가능성은 없는가? 우리가 행복의 질적 차이나 수준을 논의하는 것은 '삶의 질'에 대한 평가와 달리 자칫 사람의 가치에 대한 평가로 나타날 수 있다는 점을 경계해야 하는 것도 이런 이유에서이다.

3. 행복은 도덕성과 일치해야 하는가?

객관주의자들은 인간의 행복을 실현하려면 특정 목표는 반드시 도덕행위자로서 만족할 수 있어야 한다고 주장한다. 말하자면 행복은 어느 정도 도덕적으로 선한 삶을 사는 사람들만의 속성이며, 그리고 선한 삶은 단순히 자신이 선택한 목표를 실현하는 문제만은 아니라는 것이다. 행복한 삶은 올바른 목표, 정당한 목표를 충족시켜야 한다는 것이다. 자신이 선택한 목표에 만족함으로써 행복하다고 주장하는 사람들은 단지 자신이 행복하다는 생각에 빠져있다는 것이다. 선한 삶은 자신이 임의로 선택하고 만족하는 삶이 아니다. 우리는 올바른 목표를 충족시켜야만 한다. 그렇지 않다면 자신의 욕망 충족이 가치롭다고 판단하는 것은 거짓이며, 그래서 그 판단이 거짓이라면 실제로 행복할 수 없다는 것이다.

아리스토텔레스는 객관주의 행복론을 주장하는 전형적인 사람이다. 행복한 삶은 덕의 산물이며 덕은 인간본성을 충실하게 발전시킬 수 있는 그런 행동을 추구하는 것이다. 이렇게 보면 행복은 인간본성을 충실하게 따르는 행위의 자연스러운 결과이다. 경기가 없는 선수는 행복하지 못한 것처럼 인간도 인간본성에 있는 것을 하지 않으면 행복하지 않다. 그런데 어떤 행동이 인간본성의 발전에 일치하며, 어떤 행동이 덕스러운 것인가는 인간본성을 어떻게 보느냐에 달려있다. 아리스토텔레스는 인간본성에 대해 특이한 관점을 가지고 있다. 아리스토텔레스가 보기에 인간은 생각하는 존재이고 인간본성을 충실히 따르는 것은 적어도 잘 생각할 수 있고 이 세상을 이해할 수 있는 본성적 능력을 발전시키는 활동을 요구한다. 행복하려면 생각을 잘 할 수 있어야 하고 이치 (logic)를 알아야 한다. 이상적으로 보면 이성을 잘 활용하는 것은 행복하기 위한 사람의 필수 조건이다. 행복은 인간의 본성에 일치하는 행동 혹은 활동이기 때문이다. 그러므로 아리스토텔레스의 관점에서 보면 이성을 잘 이용하지 못하는 삶은 행복한 삶은 제공하지 못하는 활동의 삶이다.

객관주의 행복론자의 입장에서는 어떤 사람이 행복을 느끼고 정말 행복하다고 주장하더라도 행복하지 않을 수 있다. 객관주의에서 보면 행복감과 행복함은 다른데도 많은 사람들은 이것을 혼돈하고 있다는 것이다. 객관주의자들은 인간의 행복을 실현하기 위해서 반드시 행해야 하는 객관적 진리가 있다는 믿음에 뿌리를 두고 있다. 다시 말해 인간의 행복을 추구하는데 있어서 그 어떤 것보다 더 중요한 무엇이 있다는 것이다. 그러므로 정말로 중요하지 않는 것에 매달리는 사람은 아무리 행복감을 느끼더라도 행복의 척도를 기만하는 것이다.

아리스토텔레스는 행복하려면 덕행이나 올바른 행동을 행하고 나쁜 행동을 피해야 한다고 주장한다. 결국 행복은 도덕적임을 요구한다는 것이다. 앤소니 케니도 행복의 필수적 요소를 얻으려면 '가치있는 생활을 해야 한다.'고 주장한다. 잠재적으로 무한한 가치를 지닌 인생을 시시한 일에 찔끔찔끔 낭비하면서 잘 살았다고 주장하지 말라는 것이다.

그래서 그는 우리가 행복을 얻었는지 어떤지를 자문하는 것은 위험한 일이라고 경고한다. 그것을 자문하다 보면 우리가 스스로 느끼는 만큼 행복할 자격이 있는지를 생각하게 되고, 그럴 자격이 없을 가능성을 돌이켜보게 되기 때문이라는 것이다. 일단 자기비판을 시작하면, 자신이 여가를 가치 있게 쓰고 있는지 여부를 생각하는 것보다 문제가 훨씬 심각해진다.

행복을 자신과 화합하는 영혼으로 본 플라톤의 입장에서 보면, 행복의 영혼은 겉만 번지러하거나 추악한 가치체계를 절대 받아들일 수 없다.[14] 쾌감과 행복을 반드시 일치하지 않는다고 보는 것도 이런 관점이다. 우리는 쾌락을 즐기면서도 좋은 기분을 느끼지 못하고 오히려 죄책감을 느낄 수도 있다. 우리는 쾌감을 느끼면서 동시에 죄책감을 느끼는 사람들 상상할 수는 있지만, 행복감을 느끼면서 동시에 죄책감을 느끼는 사람은 상상하기 어렵다. 우리가 행복을 심리적 느낌으로 본다면 죄책감을 갖는 한 완벽한 만족감은 기대할 수 없기 때문이다.

그러나 문제는 옳음의 성격에 대한 견해가 다른 경우 이것을 합리적으로 해결할 수 있는 방법이 없다. 옳은 행위의 정의에 대한 오랜 갈등을 해결할 수 없다면 결국 행복에 대해 견해의 불일치로 환원될 수밖에 없다. 이 문제에 대해 객관주의 행복론은 인간의 본성에 대한 논쟁할 수 없는 인식이 전제한다는 것이다. 아리스토텔레스는 행복은 인간본성과 그 발전에 일치하는 행위의 결과라고 주장한다. 그러나 어떤 행위가 인간본성에 일치하는지 하는 문제는 인간본성을 어떻게 보는가에 달려 있다. 이에 대해 예컨대 홉스는 아리스토텔레스의 정신-육체의 이분법을 거부하고 인간의 행복은 쾌락의 극대화에 있다고 주장한다. 여기에는 행복의 근원으로서 이성적 능력의 발현을 인정하지 않는다. 객관주

---

14) *The Discovery of Happiness*, pp.22~23.

의자들이 자신이 선택한 목표가 아닌 올바른 목표의 충족이 행복 실현이라고 주장하는 한 그 목표가 무엇인지에 대해 논쟁 없이 합리적으로 제시할 수 있는 방도는 없다. 무엇보다 부도덕한 사람이 양심의 가책이나 아무런 죄책감 없이 자신의 삶에 만족하며 살아간다면 누가 이 사람을 불행하다고 말할 수 있는가?

4. 행복은 행운의 선물인가?

행복은 잡으면 부서지기 쉬운 미묘한 성질을 지니고 있다. 우리는 행복을 위해 활동하지만 그러나 행운이나 불운과 같은 것은 전적으로 우리 자신에게 달려 있는 것이 아니다. 사람들은 평등하게 태어나지 않았다. 우리는 서로 다른 능력, 기질, 재능을 가지고 있다. 우리의 건강은 사람마다 다르며 우리는 서로 다른 가정을 가지고 있으며 상이한 교육을 받았다. 이 모든 것들이 행복의 조건이다. 필요한 교육을 받지 않았다면 어떻게 자신을 충분히 발전시킬 수 있을까? 일찍이 아리스토텔레스는 이런 이유로 다음과 같은 문제를 제기한다.

> 행복은 학습이나 습관에 의해 얻어지는가, 혹은 다른 유형의 훈련에 의해서인가? 아니면 신의 섭리나 우연에 의해 얻어지는가? 그런데 인간에게 신의 선물이 있다면 행복은 신이 주는 것이 되어야 하는 것이 합리적이며, 또한 신이 모든 사람들에게 가장 확실하게 이 선물을 주는 것일수록 그것은 가장 훌륭한 선물인 것이다.15)

아리스토텔레스는 인간의 행운에 대해 신이 직접적으로 책임이 있다는 점을 인정하면서도 행복을 단순히 행운과 동일시하는 것을 거부

---

15) *NE* 1099b10-14.

한다. 행복이란 그리스 말 eudaimonia는 번역하기 어렵다. 이 말의 뿌리는 본래 '선을 배분하는 신'을 뜻하는 daimon에서 유래된 것이다. 행복한 사람(eudaimon)은 신이 배분한 '좋은 몫(good share)'을 받은 사람을 뜻한다. 여기서 좋은 몫이란 호의적 이벤트나 물질적 재화의 소유가 아니라 성격을 의미한다. 플라톤은 "우리에게 가장 중요한 영혼의 종류에 대해서 다이몬으로서 우리 각자에게 그것을 부여한 것은 신이라는 점을 주목해야만 한다."고 강조한다.16)

아리스토텔레스는 다이몬이라는 말을 별로 사용하지 않았지만 그러나 행복의 필수적인 요소로서 행운에 대한 개념을 받아들인다. 그러나 행운은 필수적이지만 그 자체로 충분한 것은 아니다. 행복은 타고난 좋은 성격이나 재능, 좋은 환경에 의존하는 것만으로는 충분하지 않다는 것이다. 자신의 성격이나 지성을 인간으로서 최대한 발전시키도록 하는 것, 즉 자신의 영혼을 덕으로 향하게 하는 것은 각자가 해야 하는 몫이다. 행복은 완전한 활동이고 불행은 나쁜 활동에서 생기는 것이라는 아리스토텔레스의 행·불행의 의미를 이해해야 한다.

행복이 심리적 느낌을 의미하는 것은 분명하지만 행복한 사람에 대해 이야기 할 때는 주관적인 행복감을 느끼는 사람이 아니라 운 좋은 사람이나 축복받은 사람을 의미하는 경우가 있다. 한자의 복(福)이라는 말이 뜻하는 행복도 행운 또는 '신들과의 화합'이라는 의미를 담고 있다. 복이라는 말이 이런 의미로 쓰일 경우 자신은 전혀 행복감을 느끼지 않을 때라도 행복할 수 있다는 설명이다. 그렇다면 행복은 자신이 내적으로 통제할 수 있는 대상이 아니라 순전히 행운이나 운명에 좌우된다는 말이 된다. 더구나 행복을 '삶의 조건에 대한 긍정적 반응'이라는 심리적 느낌으로 정의할 때 이것은 개인의 타고난 성격에 의해 결정

---

16) *Timaeus*, 90a.

된다고 할 수 있다.

심리학자들의 연구 결과는 쉽게 행복해질 수 있는 성격 유형이 존재한다는 것을 보여준다. 인간은 누구나 좋은 일과 나쁜 일을 겪고, 그로 인해서 긍정적인 기분과 부정적인 기분을 갖게 되지만, 사람들이 느끼는 행복 수준은 저마다 다르다. 이것은 그들에게 일어난 사건만으로는 설명할 수 없다. 심리학의 연구에 의하면, 첫 조사가 있은 지 10~15년이 지난 뒤에도, 그 동안의 행운이나 불운과 관계없이 사람들은 거의 같은 행복 수준에 있었다는 것을 보여 준다. 이것은 행복 여부는 사건보다는 행복한 성격이나 기질에 좌우된다는 것을 말해준다. 심리학자 융에 의하면, 외향성은 행복을 비롯한 넓은 행동 범위와 상관관계를 갖고 있다는 점에서 가장 중요한 성격 특성 중의 하나이다. 그가 말하는 외향성이란 사회적 상호작용과 친밀한 대인 관계를 바라는 사교성을 의미한다. 미국 국립보건연구원의 보고에서도 외향성 지수가 높은 성격의 소유자는 내향적인 사람보다 행복평가에서 훨씬 높은 점수를 받은 것으로 나타났다. 그런가 하면 신경증적 성격 성향은 낮은 행복지수와 밀접한 관계가 있는 것으로 나타난다.[17]

또한 우리가 상식으로 인정하듯이 낙천주의도 안정된 성격 특성으로 꼽을 수 있다. 낙천주의는 미래의 사건을 얼마나 긍정적으로 예상하는가를 평가 분석하는 방법으로 측정할 수 있다. 낙천주의는 개인의 행복 수준과 깊은 상관관계를 갖고 있다. 그런데 낙천적주의 중에 어떤 사람은 자신에 대한 평가가 너무 낙천적이어서 '긍정적 환상'을 갖고 있는 경우에도 다른 사람보다 더 행복하다는 증거가 있다.

이처럼 행복과 밀접한 상관관계를 가진 성격 특성들은 부분적으로 타고난 것이어서 개인의 노력으로도 별로 바뀌지 않는다. 말하자면 우

---

17) *The Discovery of Happiness*, pp.206~207.

리의 성격유형은 유전자에 의해 결정되므로 행복 수준은 날 때부터 어느 정도 결정된다고 할 수 있다. 개인의 행·불행은 개인의 의지나 노력과 관계없이 어느 정도 결정되어지는 것이라면, 우리의 행·불행은 행운이나 불운의 문제이며, 따라서 우리의 행복전략은 무의미한 것이 되고 말 것이다. 그렇다면 행복의 지혜란 무엇이며 또한 행복론의 탐구 자체가 무슨 의미가 있겠는가?

Ⅳ. 요약 및 결론

윤리학 분야에서 메타윤리학의 금자탑을 쌓은 무어(G. E. Moore)는 『윤리학의 원리』 서문에서 "윤리학이 다른 철학적 연구와 마찬가지로 난점과 불일치의 역사로 점철된 주된 이유는, 답을 얻고자 하는 문제의 핵심을 정확히 모르면서 그 해답을 얻으려는 단 한 가지 이유 때문"[18]이라고 설명한다. 그가 말하는 단 한 가지 이유란 '좋음(선)'과 '좋은 것(선한 것)'의 차이를 구분하지 못함으로써 '좋은 것'을 '좋음'의 개념으로 정의해 왔다는 것이다. "좋음이란 무엇인가?" 하는 물음은 "어떤 것이 좋은 것인가?" 하는 문제가 아니라 "'좋음'을 어떻게 정의할 것인가?" 하는 물음이라는 것이다. 선이 무엇인가라는 물음에 대해 무어는 "선은 정의할 수 없고 한 마디로 선은 선일뿐이라는 게 대답의 전부"[19]라고 말한다. 그가 선을 정의할 수 없다고 보는 논지는 선은 더 이상

---

18) George Edward Moore, *Principia Ethica*(Cambridge: Cambridge University Press, 1956), preface, viii.
19) 위의 책, p.6.

분석할 수 없는 단순개념이기 때문에 어떤 방식으로든 그것을 설명할 수 없다. 그러나 '선한 것'은 그렇지 않다. 이것은 우리가 육안으로 인식할 수 있는 대상이므로 정의할 수 있다는 것이다.

행복 개념을 둘러싼 논쟁도 이와 다르지 않은 것 같다. 주관주의 행복을 주장하는 사람들은 쾌락이나 욕망의 만족을 행복의 개념으로 규정한다. 그런가 하면 객관주의 행복론자들은 본질적 가치의 구현 혹은 기본적 수요의 충족을 행복으로 본다. 그런가 하면 절충론자들은 이 두 가지 요소를 동시에 고려하는 복합적 행복개념을 제시한다. 그런데 이러한 행복론들이 벌이고 있는 논쟁의 잘못은 '행복의 개념'과 '행복한 상태'를 혼돈하고 있다는 점이다. 가령 "행복이란 욕구의 충족이다." "행복은 쾌락 혹은 고통의 부재이다.", "행복은 인간의 본질적 가치의 실현이다." 등 이 어떤 것으로 행복의 개념을 정의해버리면 행복론은 끝없는 논쟁이 되기 마련이다. 무어의 표현대로라면 그것은 '열린 물음의 논쟁'이기 때문이다. "행복이 무엇인가?" 하는 물음과 "행복한 상태란 어떤 것인가?" 혹은 "행복한 사람은 누군가?"라는 물음은 다르다. 이것은 "평화란 전쟁이 없는 상태이다."라는 말과 "지금은 평화의 시기이다."라는 말이 다른 것과 같다. 누구나 행복을 말하지만 행복의 의미가 다양하고 서로 다른 것도 이런 이유이다.

주관주의 행복론자들은 행복의 관념을 주관적 만족감이라고 하는 심리적 느낌으로 보는 반면에 객관론자들은 행복감과 행복함은 다르다는 관점에서 출발한다. 행복론의 논점은 일차적으로 '행복감(feeling happy)'과 '행복함(being happy)'의 차이다. 전자는 행복을 평가의 차원에서 이해하고 주체자 자신을 행복 평가의 최고 권위자로 인정하는 것이다. 후자는 행복의 '기술적' 차원에서 보다 정확하고 적합한 행복 개념을 도출하려고 한다. 후자의 관점에서 보면 본인의 행복감과는 무관하게 행복한 상태인가 아닌가를 가장 잘 알 수 있는 것은 본인 아니라 객관적 자료이다.

필자가 보기에 행복을 "삶의 조건에 대한 주체자의 긍정적인 정의적·인지적 반응"으로 규정하는 행복 개념은 이 두 가지 관점을 포괄하는 것 같다. 행복은 기본적으로 주체자의 느낌이라는 심리적 측면에서 파악하는 것이 옳지만 '느낌'이라는 '정의적 요소'만으로는 정확한 평가가 불가능하기 때문에, 객관적 상황이라는 '인지적 요소'를 필요로 하기 때문이다. 그러나 전술한 것처럼 행복의 개념 정의가 아닌 행복의 상태를 논의할 때 주관주의든 객관주의든 행복론으로서 거부할 이유는 없다. 그러므로 행복론의 중요한 주제와 쟁점은 "행복이란 무엇인가?"라는 개념 정의를 둘러싼 주·객관의 문제가 아니다.

행복론의 가장 큰 쟁점은 과연 이상적(혹은 진정한)행복이란 존재하는가? 존재한다면 그것은 무엇이며 어떻게 실현할 수 있는가? 하는 문제이다. 주관주의를 고집하는 사람들의 입장에서 보면 이상적 혹은 진정한 행복이란 없고, 행복의 질적 높고 낮음도 없다는 결론이 가능하다. 행복은 '세상의 상태'에 의존하는 것이 아니라 자기 자신의 '마음의 상태'에 달려있으므로 욕구·욕망의 충족에 따른 만족감이 그 요체라는 것이다. 때문에 욕심과 욕망을 적게 하고 안분지족(安分知足)하는 기질을 갖는 것이 행복의 첩경이다. 철학적·종교적 성현들의 행복에 대한 지혜와 가르침은 대개 이런 유형의 행복이다.

그런데 객관론자들의 입장에서 보면 우리가 추구해야 할 목표로서 행복의 이상은 분명히 있다. 행복하기 위해 무조건 욕심을 줄이고 목표를 낮추는 것만이 능사가 아니라는 것이다. 주관론자들의 주장대로라면 교육수준과 감수성이 높아지면 욕망도 그만큼 많아지고 다양해져서 그 욕망을 만족시킬 가능성은 점점 줄어들게 된다. 이렇게 보면 교육과 해방은 한편으로 행복에 도움을 주지만, 또 다른 한편으로는 행복에 불리하게 작용한다. '충만한 삶'이라는 의미에서 행복해질 가능성을 높이는 것은 '욕망의 충족'이라는 의미에서는 행복해질 가능성을 줄이게 된다.

행복론의 또 다른 쟁점은 개인의 행복과 도덕성 문제이다. 윤리학에서 본질주의 행복론으로 불리는 이러한 관점은 인간의 행복을 실현하기 위한 목표는 반드시 도덕행위자로서 만족할 수 있어야 한다는 것이다. 말하자면 행복은 어느 정도 도덕적으로 선한 삶을 사는 사람들만의 속성이므로, 행복한 삶은 올바른 목표, 정당한 목표를 충족시켜야 한다는 것이다. 행복한 삶은 덕의 산물이며 덕은 인간본성을 충실하게 발전시킬 수 있는 그런 행동을 추구하는 것이다. 결국 행복하려면 덕행이나 올바른 행동을 행하고 나쁜 행동을 피해야 한다고 주장한다. 이러한 주장의 논거는 우리가 쾌락을 즐기면서도 좋은 기분을 느끼지 못하고 오히려 죄책감을 느낄 수 있기 때문이라는 것이다. 그런데 부도덕한 삶을 살면서도 쾌락을 즐기고 행복감을 느끼면서 아무런 죄책감을 느끼지 않는 사람이 있다면, 이런 사람을 누가 불행한 사람이라 할 수 있겠는가? 당위적 행복과 실제적 행복은 다르다고 말 할 수 있을 것이다. 그러나 도덕적일수록 더 불행해진다고 하면 본질주의 행복론은 공허할 수밖에 없다. 이 문제는 결국 "왜 나는 도덕적이어야 하는가?"하는 윤리학의 근본 물음으로 되돌아 갈 수밖에 없는 것 같다.

참고문헌

L. W. SUMNER, *Welfare, Happiness, and Ethics* (OXFORD: CLARENDON PRESS, 1999).

MARTHA NUSSRAUM AND AMARTYA SEN, *THE QUALITY OF LIFE* (OXFORD: CLARENDON PRESS, 1993).

Peter Singer, *HOW ARE WE TO LIVE* (NEWYORK: PRPMETHEUS BOOK, 1995).

Kurt Baier, *The moral Point of Wiew: A RATIONAL BASIS OF ETHICS* (NEW YORK: Cornell University Press, 1964).

ARNESON, RICHARD J, *EQUALITY AND EQUAL OPPORTUNITY FOR WELFARE* (Philosophical studies, 1989).

BERGER, FRED, *HAPPINESS, JUSTICE AND FRDDDOM* (Berkeley: University of California Press, 1984).

BRINK, DAVID O, *Moral Realism and the Foundations of Ethics* (Cambridge: Cambridge University Press, 1989).

CAMPBELL, ANGUS, *The Sense of Well-being in America: Recent Patterns and Trends* (New York: Mcgraw-Hill, 1981).

DWORKIN, RONALD, *FOUNDATIONS OF LIBERAL EQUALITY* (The tanner Lectures on Human Values, 1990).

SEN, AMARTYA, *Utilitarianism and Welfarism* (Jounrnal of Philosophy, 1979).

Arthur Schopenhauer 저, 정초일 옮김, 『행복의 철학』, 푸른숲, 1999.

Stuart McCready 엮음, 김석희 옮김, 『행복의 발견』, Humanist, 2002.

2장 서양 고대의 행복 사상

류지한(동의대학교, 윤리학)

I. 서양 행복 사상의 두 가지 흐름

우리는 누구나 자신의 행복을 추구하며, 때때로 자신의 행복과 무관한 다른 사람들도 행복해지기를 바란다. 불행을 피하고 행복을 좋아하는 것은 모든 인간의 자연스러운 성향이다. 우리는 모두 불행을 괴로움으로 여기고 그것으로부터 벗어나고자 하며, 행복을 좋은 것으로 여기고 일생을 통해서 그것에 도달하고자 한다. 우리의 행복을 최상의 궁극적인 목적으로 이해한다. 이런 의미에서 자기가 행복해지기를 바라는 것은 인간 본성의 일부라고 해야 할 것이다. '모든 사람은 행복을 바란다.'는 진술은 필연적 진리의 색채를 띤다. 행복이 마치 어떤 더 높은 목적에 대한 수단인 것처럼 생각하여, 모든 사람이 무엇을 위해 행복을 원하는가라고 묻는 것은 불합리한 물음처럼 보인다. 우리는 행복을 인간의 삶의 궁극적 목적, 즉 정의에 의해 그 자체로서 요구되는 어떤 것이라고 생각하는 성향을 가지고 있다.

만약 우리가 누군가 '불행을 원한다.'고 말하는 사람을 만난다면, 우리는 그 사람이 '불행'의 의미를 모르는 사람이라고 생각할 것이다. '불행'이라는 말은 단순히 어떤 사태나 상황을 기술하는 용어가 아니다. 그 말의 의미 안에는 이미 우리로 하여금 불행하다고 느끼게 만드는 사태나 상황으로부터 벗어나고 싶다는 '동기'가 내포되어 있다. 그러므로 누군가 나는 불행을 원한다고 말한다면, 그는 불행의 의미를 이해하지 못하는 사람이다. '불행을 원한다.'는 진술은 불행이라는 말의 정의에 의해 개념적 모순을 범하는 진술이다. 이것은 '행복'이라는 말에 대해서도 통용된다. '나는 행복을 바라지 않는다.'는 진술은 행복의 정의에 의해 개념적 모순을 안고 있는 문장이다. 누군가 그렇게 말하는 사람이 있다면, 그는 '행복'이라는 말의 의미를 모르는 사람이요, 그래서 용어를 잘못 이해하고 적용함으로써 자신이 진정으로 의미하고자 하는 바를 잘못 표현하고 있는 사람이다. '행복'이라는 말의 의미 안에는 이미 그것을 바라고 원한다는 의미가 내포되어 있다. 행복이라는 말은 그와 같이 인간 본성의 자연스러운 경향성을 표현하는 용어이다.

행복을 추구하는 것이 인간 본성에 속한다고 할지라도 그래서 우리 모두가 행복을 추구한다고 할지라도, 우리 모두가 행복의 달성에 성공하는 것은 아니다. 우리는 때때로 우리가 추구하는 행복이 무엇인지에 대해서 명확한 개념을 가지고 있지 않다. 행복이 무엇인지에 대해서는 사람마다 의견이 분분하며, 통일된 행복 개념을 찾는 것조차 가능하지 않은 일로 여겨지는 경우도 있다. 어떤 이들은 행복을 부나 권력에서 찾으며, 어떤 이들은 우정이나 사랑에서 찾고, 또 다른 이들은 학문적 탐구 혹은 예술이나 명상에서 찾는다. 사람들의 관심이나 인생의 의미를 추구하는 방식이 개인적으로나 사회·문화적으로 다양하기 때문에 행복에 대한 기대와 행복에 대한 경험 또한 통일적일 수 없다. 또한 우리는 어떻게 행복을 추구해야 할지에 대해서도 분명한 인식을 결여하고 있는 경우가 많다. 그래서 행복을 추구하고자 하는 우리의 본능적 시도는 때때로 충동과 어리석음으로 인해 실패로 끝나고 만다.

행복을 추구하는 것은 인간의 본능이지만, 이것만으로는 충분하지 않다. 행복을 위해서는 행복에 대한 본능만이 아니라, 행복에 대한 지혜도 필요하다. 보통 우리에게 행복을 가져다준다고 알려진 것들과 성현들이 진정한 행복이라고 말하는 것 사이에는 때때로 상당한 차이가 있다. 진정한 행복을 누리기 위해서는 인생에 대한 지혜가 필요하다. 바로이 삶의 지혜에 대한 요구에서 행복에 대한 진지한 성찰과 철학적 논의가 생기게 된다.

소피스트가 철학의 관심을 자연으로부터 인간으로 전환한 이래로 '우리가 인간으로서 어떻게 살아야 할 것인가?'라는 문제는 줄곧 서양철학의 중심 주제였다. 그리고 그 물음의 밑바탕에는 언제나 행복이 놓여 있었다. 소크라테스가 '어떻게 살아야 할 것인가?'라는 문제를 철학의 중심 주제로 제기한 이래로 이 물음은 '인간은 행복을 얻기 위해서 어떻게 살아야 하는가?'를 의미하는 것으로 이해되었다. 행복을 도덕의 근거로 사용하는 것에 완강히 반대한 칸트조차도 덕(행복할 가치)과 행복의 일치를 최고선으로 본다. 소크라테스로부터 칸트에 이르기까지 서양 사상에서는 인간이 목표와 목적을 추구하는 한, 행복은 최고선 혹은 인간의 삶에 의미를 부여하는 궁극 목적으로서 이 목적을 넘어서는 그어떤 목적도 더 이상 생각될 수 없는 것으로 이해되어왔다.

인간의 삶의 궁극 목적이자 최고선인 '행복의 본질은 도대체 무엇이며, 어떻게 하면 그것에 도달할 수 있는가?'라는 물음에 대하여 서구의 행복 사상은 크게 두 가지 흐름을 이루면서 진행된다. 그 하나는 '쾌락으로서 행복'을 주장하는 쾌락주의(hedonism) 노선이고, 다른 하나는 '유덕한 삶으로서 행복'을 내세우는 에우다이모니즘(eudaimonism)[1] 노선이다.[2]

쾌락주의 노선은 행복을 쾌락과 동일시한다. 쾌락주의에서는 쾌락이 행복의 알파요 오메가이다. 행복은 그 때마다 주어진 행위의 가능성에 직면하여 현실적으로 도달 가능한 최대의 쾌락을 충족시키는 데 있다. 행복이란 단적으로 고통이 없는 유쾌한 삶이지 그 이상도 이하도 아니라는 것이 모든 쾌락주의 행복론의 초석이다.

그러나 같은 쾌락주의 내에서도 쾌락의 본질이 무엇인지 그리고 쾌락을 추구하는 바람직한 방법이 무엇인지에 대해서는 다양한 의견이

---

1) eudaimonism은 보통 행복주의로 번역된다. 그러나 여기서 필자는 eudaimonism을 행복주의로 옮기지 않고 그대로 에우다이모니즘으로 표기할 것이다. 왜냐하면 '행복주의'라는 말은 단순히 행복이 최고선이라는 주장을 의미하는 데 비해서, eudaimonism은 행복이 최고선이라는 주장을 넘어서 행복과 덕이 완전히 또는 부분적으로 일치한다는 주장을 포함하기 때문이다. eudaimonism을 행복주의로 옮길 경우, 덕과 행복을 연결시켜 보는 eudaimonism의 본래의 뜻이 제대로 전달되지 못하고 단순히 행복만이 강조되는 결함이 있다. 따라서 여기서는 eudaimonism을 별도의 번역어 없이 그대로 에우다이모니즘으로 표기할 것이다. 그러나 여기서 논의하는 에우다이모니즘은 칸트가 말하는 에우다이모니즘과 그 의미가 다르다. 칸트는 '의무가 아니라 행복을 인간 행위의 최고 원칙으로 삼는 윤리학'을 에우다이모니즘이라 칭하고 이를 배격하였다. 그러나 여기서 말하는 에우다이모니즘은 행복을 최고선으로 보고 그것을 도덕의 기초로 삼는 도덕 이론이 아니라, 행복과 덕이 완전히 또는 부분적으로 일치한다고 믿는 행복 사상을 의미한다.
2) 서양 고대 윤리학을 최고선의 문제로 보고, 최고선에 관한 문제를 쾌락주의와 에우다이모니즘으로 나누어 파악하는 견해는 슈패만(R. Spaeman)이나 라이너(Hans Reiner)에게서도 찾아 볼 수 있다. 한스 라이너 저, 이석호 역,『철학적 윤리학』, 서울: 철학과현실사, 1999, 2부 2장 참조. Robert Spaemann, *Happiness and Benevolence*, Notre Dame: University of Notre Dame Press, 2000, Part Ⅰ, ch. 1, 2, 3 참조.

존재한다. 쾌락의 본질에 관해서 쾌락을 감각적 육체적 쾌락으로 한정하는 견해가 있는가 하면 — 키레네 학파와 벤담의 양적 쾌락주의가 여기에 속한다 —, 쾌락을 육체적 감각적 쾌락을 넘어서 유쾌한 경험 또는 정신적 쾌락과 동일시하는 견해 — 에피쿠로스 학파와 밀의 질적 쾌락주의가 여기에 속한다 — 도 있다.

쾌락 추구의 방법에 관해서도 직접적인 쾌락의 극대화를 주장하는 적극적(직접적) 쾌락주의와 고통과 불안의 부재 상태를 쾌락으로 보고, 이것들의 제거와 최소화를 추구하는 소극적(간접적) 쾌락주의가 대립하고 있다.

쾌락과 덕의 관계에 대해서도 쾌락주의자들 사이에 이견이 존재한다. 한편에서는 무도덕주의적 쾌락주의(amoralist hedonism)가 있다. 이 입장은 쾌락과 덕을 무관한 것으로 보고, 단지 쾌락 추구에 도움이 되는 경우에 한 해서 덕을 추구할 것을 권장한다. 그러나 만일 도덕적 요구에 따르지 않는 것이 더 많은 쾌락을 얻을 수 있게 된다면, 행복의 성취를 위해 기꺼이 도덕적 요구를 따르지 말 것을 권한다. 다른 한편에서는 덕의 요구를 따를 것을 권장한다. 이 입장은 덕을 쾌락 추구의 유용한 수단으로 본다. 유덕한 삶 자체가 곧 쾌락적 삶인 것은 아니지만, 덕을 따르는 것은 다른 사람들과의 갈등을 최소화시킴으로써 고통을 피하는 데 유용하다는 것이 덕을 권장하는 쾌락주의의 주된 논거이다.

쾌락주의 행복론은 엠페도클레스와 데모크리토스와 같은 자연철학자들의 쾌락주의에서 그 씨앗이 뿌려져서, 소피스트의 무도덕주의적 쾌락주의와 키레네 학파의 감각적 쾌락주의를 거쳐서, 에피쿠로스 학파의 이상적 쾌락주의에서 고대적 쾌락주의의 완성된 모습을 갖추게 되었다. 그러나 에피쿠로스의 쾌락주의를 비롯한 쾌락주의의 행복론은 중세기를 거치면서 기독교에 의해 철저히 배척당하였다. 현세에서의 쾌락을 추구하는 쾌락주의의 행복론은 내세에서의 완성과 행복을 이상으로 삼는 기독교와는 본질적으로 양립하기 어려운 것이었다. 중세기에 철저히 배척당했던 쾌락주의는 르네상스와 계몽주의를 거치면서 다시 부활하게 된다. 근대의 과학주의와 유물론적 분위기는 쾌락주의적 행복론이 부활하는 비옥한 토양을 제공하였으며, 공리주의에 의해 쾌락주의 행복론은 개인의 삶의 이상을 넘어서 공적 도덕(public morality)의 기준으로까지 고양되었다.

반면에 에우다이모니즘 노선은 쾌락과 행복을 동일시하는 것에 반대하고, 행복의 필수조건 내지 충분조건으로서 덕을 끌어 들인다. 에우다이모니즘에 따르면 행복은 쾌락이 아니라, 유덕한 삶이다. 행복한 삶에 쾌락이 따르는 것은 분명하나, 쾌락이 있다고 해서 곧 행복한 것은 아니다. 쾌락은 행복의 결과로서 따라오는 어떤 것이지, 그 자체가 행복은 아니라는 것이다. 에우다이모니즘의 주장에 의하면 행복의 본질은 쾌락에 있는 것이 아니라, 인간의 '고유한 기능(ergon)'을 '탁월'하게 구현하는데서, 즉 덕(arete)[3] 있는 삶에서 성취된다.

---

3) 그리스어 arete는 일반적으로 '덕'으로 번역된다. 그러나 이러한 번역은 오해의 여지를 안고 있다. 왜냐하면 그리스어 arete는 사람만이 가지는 것이 아니라 사물들도 그들의 고유한 아레테를 가지기 때문이다. 또한 아레테는 도덕적 자질만을 의미하는 것이 아니라, 순수 이론적인 추론 능력과 같은 도덕과 무관한 자질도 의미한다. 예컨대 아리스토텔레스는 지적인 탁월성을 인간의 본질적 아레테에 속하는 것으로 본다. 그래서 혹자는 아레테를 탁월성(excellence)으로 번역하기도 한다. 그러나 우리가 아레테(덕)를 행복과 관련지어 논의할 때, 우리가 덕으로 간주하는 것의 대부분은 도덕의 영역에 속하며, 사실상 소크라테스와 플라톤이 아레테라는 말을 쓸 때 의도했던 뜻도 주로 도덕적인 덕의 의미에 한정된다. 따라서 행복과 관련해서 논의되는 아레테를 주로 도덕적 덕을 의미하는 것으로 이해해도 큰 무리는 없을 것으로 생각된다. 이하에서는 'arete'를 '덕'으로 옮길 것이며, '덕'은 '도덕적 덕'을 의미하는 것으로 사용할 것이다. 덕이 도덕 외적 맥락에서 사용될 때는 예컨대 '지적인 덕'과 같이 별도의 수식어로 한정하여 사용할 것이다.

에우다이모니즘의 입장을 취하는 사람들은 대부분 인간의 고유한 기능을 '이성'과 관련지어 설명하고, 다시 이 이성을 탁월하게 발휘하는 것을 '덕'으로 설명한다. 요컨대, 에우다이모니즘은 인간 종 특유의 선의 실현, 즉 인간의 고유한 기능인 이성을 탁월하게 발휘하는 덕의 구현이 바로 행복이거나 또는 행복의 중요 구성 요소 내지 필수적 전제라고 믿는 행복 사상이다.4) 에피쿠로스주의가 덕은 단지 쾌락의 수단으로서만, 그러므로 행복의 수단으로서만 가치 있다고 주장하는데 반해서, 에우다이모니즘은 덕이 행복과 완전히 일치하거나 아니면 적어도 덕이 행복의 주요한 구성 요소라고 주장한다. 에우다이모니즘에서 덕은 행복의 본질 또는 필수적 수단이다. 이런 점에서 에우다이모니즘은 '도덕적 행복주의'라고 부를 수 있다.

그러나 에우다이모니즘 내에서도 덕과 행복의 정확한 관계가 무엇인지 그리고 이성의 주된 기능이 무엇인가에 대해서는 다양한 견해가 존재한다. 에우다이모니즘 내에서 행복과 덕의 관계에 대해서는 다음 세 가지 주장이 대립하고 있다. 첫째, 덕은 행복의 충분조건으로서 덕과 행복이 완전히 일치한다. 둘째, 덕은 행복의 충분조건이지만 다른 것들 ―행운, 물질적 재화―도 에우다이모니아의 도를 높여줄 수 있다. 셋째, 덕은 행복의 필요조건이지 충분조건이 아니다. 덕은 행복의 필수적인 가장 중요한 구성요소이지만, 행복은 덕 외에도 다른 요소들을 필요로 한다. 첫 번째 입장은 스토아 학파의 입장이고, 세 번째 입장은 플라톤과 아리스토텔레스의 입장이다. 이 세 가지 입장은 모두 소크라테스의 것으로 여겨질 수 있으며 또 실제로 그렇게 여겨져 왔다.5)

---

4) Richard D. Parry, "eudaimonia, -ism," L. C., Becker, & C. B., Becker, *Encyclopedia of Ethics*, v. Ⅰ, New York: Garland Publishing, Inc., 1992, p.334.

5) Christopher Rowe, "Ethics in Ancient Greece," P. Singer, ed., *A Companion to Ethics*, Oxford: Basil Blackwell, 1991, pp.130~131.

또한 이성의 주된 기능이 무엇인지에 대해서도 에우다이모니즘 내에 이견이 존재한다. 이성의 본질적 기능을 이론이성이라고 보는 입장은 온전히 행복한 삶을 지적인 삶과 동일시한다. 이에 비해서 실천이성을 이성의 중심 기능으로 보는 입장은 도덕적 삶을 행복한 삶의 중심으로 본다. 전자의 견해는 아리스토텔레스에 의해서, 후자의 견해는 칸트에 의해서 대표된다. 그러나 이론이성을 이성의 본질적 기능으로 보는 견해에서도 도덕적 덕이 행복의 필수조건이라는 데 대해서는 누구도 이의를 달지 않는다.

소크라테스의 지·덕·복 일치론에 의해서 시작된 에우다이모니즘(도덕적 행복주의)은 플라톤을 거쳐 아리스토텔레스에 이르러 고대적 에우다이모니즘의 결정판을 선보였다. 그 뒤 키닉 학파와 스토아 학파를 거쳐서 기독교의 지복 사상과 연결되었다.

중세기에 들어 에우다이모니즘은 기독교의 유신론적 행복관을 정당화하는 수단으로 새롭게 자리매김 되었다. 아우구스티누스와 아퀴나스의 기독교적 에우다이모니즘에서는 도덕적 덕들이 믿음, 소망, 사랑의 신학적 덕들과 함께 논의되면서 완전한 행복을 신에 대한 믿음과 사랑을 통해 내세에서 완성되는 것으로 보았다.

근대에 들어서면서 에우다이모니즘은 중요한 점에서 많은 변화를 겪는다. 덕과 행복의 개념은 고대 그리스와는 다른 의미를 지니게 되었으며, 덕과 행복을 관련짓는 맥락도 변하게 된다. 스피노자에게 있어서 덕은 보편적 필연성에 대한 신적인 직관을 의미하며, 이 직관이 지복이고, 그것이 정욕을 억제한다. 칸트에게 있어서 행복은 더 이상 도덕의 기초로서 작용하지 않는다. 칸트는 행복이 도덕 원리로 작용하는 것을 완강히 거부하였다. 칸트에게 있어서 덕은 더 이상 행복의 수단이나 구성 요소가 아니며, 덕과 행복이 완전히 일치하는 것도 아니다. 덕이 행복을 위해서 존재하는 것이 아니라, 오히려 행복이 덕을 완전하게 하기 위하여 실천이성의 요청으로 요구된다. 칸트의 윤리학에서 덕과 행복의 지위는 고대의 에우다이모니즘과는 반대로 역전된다. 칸트에 따르면 도덕은 우리가 행복해지는 방법에 관한 가르침이 아니라, 우리가 어떻게 행복을 누릴만한 가치가 있는 존재로 되는가에 관한 가르침이다.

II. 고대 행복 사상의 특징

　대략 2,500년 전에 '올바른 삶'에 대해 철학적 사유가 시작되었을 때, 최초로 제기되었던 물음은 '우리가 무엇을 해야 하는가?'가 아니라, '우리가 진정으로 그리고 근본적으로 원하는 것이 무엇인가?'였다. 그리스 사람들은 우리가 진정으로 그리고 근본적으로 원하는 것, 그래서 바로 그것 때문에 우리가 행하는 다른 모든 것을 하기를 원하고 행위하게 하는 근거가 되는 것을 '최고선'이라고 불렀다. 즉, 고대 그리스 윤리학의 중요 관심사는 '최고선이 무엇인가?'였다.[6]

　행복에 관한 논의도 이 '최고선'의 문제와 관련하여 논의되었다. 그리스 사람들은 우리가 진정으로 바라고 원하는 것이 이루어지면 행복하다는 지극히 상식적 견해를 가지고 있었다. 그러나 우리는 때때로 우리가 진정으로 바라고 원하는 것이 무엇인지를 분명하게 모르는 경우가 있다. 어느 한 순간 간절히 바라고 원하던 것도 그 때가 지나고 나면

---

6) 로베르트 슈페만 저, 박찬구·류지한 역, 『도덕과 윤리에 관한 철학적 사유』, 서울: 철학과현실사, 2001, 38쪽.

그것이 우리가 진정으로 바라고 원하는 것이 아니었음이 밝혀지기도 한다. 이루어진 소망 때문에 후회하고 괴로워하는 것이 이런 경우일 것이다. 우리는 우리 자신의 소망과 욕구에 대해서도 실수를 한다. 우리는 우리가 진정으로 원하는 것이 무엇인지에 대해서 모르거나 잘못 알고 있을 수 있다. 그러므로 우리가 바라고 원하는 것들이 이루어진다고 해서 반드시 행복한 것은 아니다. 한 때 우리가 바라고 원하던 것들이 우리가 진정으로 바라고 원하는 것이 아닐 수도 있기 때문이다. 우리가 진정으로 바라고 원하는 것이 이루어질 때에라야 비로소 행복하다고 할 수 있을 것이다.

이러한 사고의 맥락에서 고대 그리스인들은 우리가 진정으로 그리고 근본적으로 원하는 것이 무엇인지를 정확히 안다면, 즉 '최고선'[7]이 무엇인지 안다면, 그때 우리는 우리가 해야만 하는 것과 행복한 삶이 무엇인지에 대해서도 알 수 있을 것이라고 생각하였다. 고대 그리스인들에게 있어서 행복이 무엇인지에 대한 답을 얻는 관건은 최고선이 무엇인지를 밝히는 것이었다.

요컨대, 고대 그리스인들은 행복이란 다름 아닌 우리가 진정으로 바라고 원하는 최고선을 실현하는 것이며, 이 최고선이 무엇인지를 분명히 밝히고, 그것을 실현하는 '삶의 기술'을 터득하는 것이 행복에 도달하는 길이라고 생각하였다.

---

7) 그리스인들은 모든 사람은 선(좋은 것)을 바라고 원하며, 누구도 악(나쁜 것)을 원하지는 않는다는 생각을 가지고 있었다. 이것은 대부분의 그리스 철학자들이 공유하고 있었던 공통의 신념들 가운데 하나였다. 소크라테스가 누구도 고의로 악을 행하지 않으며 악은 단지 무지의 산물이라고 말했을 때, 이 주장의 밑에 깔린 가정도 바로 이 공통의 신념이었다. 그리스적 사고방식에서 선은 우리가 바라고 원하는 것이며, 모든 의식적 추구의 대상이 되는 것이다. 이런 맥락에서 그리스인들은 우리가 진정으로, 근본적으로 바라고 원하는 것을 우리의 추구와 소망의 대상들 가운데 최고의 것이라는 의미에서 '최고선'이라고 불렀다.

고대 윤리학의 중요 관심사였던 '최고선이란 무엇인가?'라는 물음은 '우리가 추구하는 참된 궁극적 목적은 무엇인가?'를 의미한다. 즉, 최고선이란 인간이 이성의 인도를 받아 그의 모든 행동과 노력을 다하여 인생에서 성취해야 할 궁극적인 목적을 말하는 것이다. 이 물음에 대해서, 즉 최고선 내지 궁극적 목적에 관해서 고대 윤리학은 대체로 두 가지 이론을 제시하고 있다. 하나의 이론은 쾌락(hedone)이 최고선이라는 주장이며, 다른 하나의 이론은 행복(eudaimonia)이 최고선이라는 주장이다. 이 두 이론은 부분적으로 변형된 형태를 띠기는 하지만 현대에 이르기까지 계속해서 그 지지자를 확보하고 있다. 전자는 쾌락주의, 후자는 에우다이모니즘이다.

고대에 최초의 형태로 나타난 쾌락주의는 인생의 목적에 대하여 논하거나 최고선에 대하여 명확하게 언급하는 것이 아니라, 단순히 인간을 위해서 참으로 좋은 것, 즉 선이 무엇인가에 관한 이론이었다. 이에 대하여 소피스트인 칼리클레스는 인간을 위한 이러한 선을 쾌락이라고 설명하였다. 그러나 쾌락주의는 체계적 형태를 갖추면서 쾌락이야말로 모든 사람이 진정으로 원하는 최고선임을 분명히 하고, 쾌락이 충만한 삶을 사는 것이 인생의 목적이자 행복한 삶이라고 주장하였다.

쾌락을 최고선으로 본 쾌락주의의 중심 문제는 '쾌락을 얻기 위하여 나는 어떤 삶을 살아야 하는가?'였다. 쾌락을 가져다주는 삶의 기술, 이것이 쾌락주의자들의 최대의 관심사였다. 이 쾌락을 가져다주는 삶의 기술이 무엇인가에 대해서 고대의 쾌락주의자들은 극단적인 무도덕주의적 삶의 방식에서부터 육체의 고통과 마음의 불안이 없는 자족의 삶에 이르기까지 다양한 견해들을 제시하고 있다.

자연철학에 의해서 맹아적 형태로 제시된 쾌락주의는 소피스트의 무도덕주의적 쾌락주의를 거쳐서 키레네 학파에 의해서 어느 정도 체계적 형태를 갖추었으며, 에피쿠로스 학파에 의해서 행복에 대한 논의와 결합되었다. 행복론으로서 쾌락주의의 고대적 완성은 에피쿠로스 학파에 의해서 이루어졌다.

에우다이모니즘은 최고선을 쾌락이 아니라 eudaimonia(행복)라고 보았다. eudaimonia는 보통 행복으로 번역되지만, 주관적 만족이나 쾌락의 감정을 의미하는 통상의 행복 개념과는 다르다. 그리스인들은 보통 그런 감정의 원인이 되는 것을 갖춘 사람, 즉 객관적으로 판단했을 때 바람직하다고 생각되는 것을 소유한 사람에게 에우다이모니아라는 말을 적용했다. 따라서 어떤 사람이 부자이거나 힘이 세거나 훌륭한 자식을 슬하에 두고 있다면, 그에게 에우다이모니아라는 말을 적용할 수 있다. 그런 것들이 주관적 만족에 상당히 기여하는 것은 사실이지만, 그렇다고 해서 에우다이모니아가 꼭 만족을 내포할 필요는 없다.[8]

에우다이모니즘의 중심 문제는 '우리는 에우다이모니아를 얻기 위하여 어떤 삶을 살아야 하는가?'였다. '행복하게 사는 삶의 기술', 이것이 에우다이모니즘의 최대의 관심사였다. 이 행복하게 사는 기술이 무엇인지에 대한 행복주의자들의 공통된 대답은 '덕을 추구하는 것'이었다. 유덕한 삶이 곧 행복한 삶이라는 것이다. 행복한 삶은 덕에 따라 도덕적으로 선한 행위에 의해서만 실현될 수 있다는 행복주의적 명제는 소크라테스에 의해 최초로 전개되었으며, 플라톤과 아리스토텔레스에 의해서 덕은 그 자체로 보상받으며, 덕 있는 삶이 가장 행복한 삶이라는 에우다이모니즘의 확고한 전통이 확립되었다. 이후 덕과 행복을 연관 짓는 전통은 키닉 학파와 스토아 학파로 이어졌다.

---

8) Christopher Rowe, 앞의 글, p.122.

III. 쾌락주의 행복론

1. 소피스트의 쾌락주의 행복론: 무도덕주의 행복론

쾌락주의 행복론의 맹아는 이미 그리스의 자연철학 안에 내포되어 있었다. 일찍이 시칠리아 출신의 엠페도클레스는 "모든 생물은 자연히 쾌락을 지향한다."고 주장했다. 이것은 분명 다양한 생물이 저마다 특정한 목적을 지향하는 것은 그 목적을 달성할 때 쾌감을 느끼도록 만들어 졌기 때문이라는 생물학 이론의 일부였다.[9] 소크라테스(기원전 470~399)가 아테네에 활동하고 있던 시기에 유물론자인 데모크리토스(기원전 460?~370)는 그의 글로 추정되는 단편들에서 엠페도클레스의 이 사상을 가공하여, 생물의 궁극적 목적은 쾌락을 추구하는 것이라는 견해를 표명하였다. 이 단편들은 쾌락이 선이라고 주장한다. 데모크리토스에 따르면 "이로운 것과 해로운 것을 구별할 수 있는 증표는 쾌감과 불쾌감"이며, "쾌락 없는 인생은 주막 없는 먼 길과 같다." 하지만 데모크리토스는 "이롭지 않은 쾌락은 절대 받아들이지 말라."고 하면서 쾌락 추구에 있어서 합리적 판단력의 중요성을 역설하였다. 그러나 이 합리적 쾌락주의가 실제로 어떻게 작용했는지 – 해로운 쾌락과 이로운 쾌락을 어떻게 구별할 수 있는지 – 는 아직 알려져 있지 않다.[10]

쾌락주의 행복론은 자연철학에서 그 싹이 트기는 했으나, 그것을 본격적으로 제기하고 철학적 논의의 쟁점으로 부각시킨 것은 소피스트들이었다. 지자, 지혜로운 사람을 뜻하는 소피스트는 그리스 도시국가를

---

9) 스튜어트 매크리트 엮음, 김석희 역, 『행복의 발견』, 서울: 휴머니스트, 2005, 79쪽.
10) 위의 책, p. 79.

순회하면서 돈을 받고 학생들을 가르친 최초의 직업적 교사였다. 그들은 대개 독창적 사상가가 아니라 그리스인들이 배우고 싶어하는 과목을 가르치는 교사였다. 소피스트들은 순수 학문에 따르는 세련된 교양외에 변론술, 논쟁법, 정치 같은 실용적인 기술, 즉 출세하는 데 필요한 기술을 가르쳤다. 요컨대, 소피스트들은 인간의 구체적 삶에 대한 지식과 지혜, 즉 '잘 사는 것(eu zen)'에 대한 지혜를 가르쳤다. 그런데 여기서 잘 산다는 것은 행복하게 사는 것 또는 삶에서 성공하고 출세하는 것을 의미한다.[11]

소피스트들은 세속적으로 성공하고 출세해서 얻게 되는 쾌락을 행복이라고 생각하였다. 행복은 욕구 만족을 통해서 얻는 쾌락에 다름 아니며, 이러한 쾌락이 넘치는 삶을 살기 위해서는 출세하고 성공해서 부와 권력과 명예를 얻어야 한다는 것이다. "인간은 만물의 척도"라고 말한 것으로 유명한 소피스트인 프로타고라스(기원전 485?~410?)는 행복한 삶을 살기 위해서, 즉 성공을 거두기 위하여 각 개인은 자신이 속한 사회의 법률과 관습을 따라야 한다고 가르쳤다. 왜냐하면 자신이 속한 공동체에서 통용되는 가치와 규칙을 따르는 것이 남의 감정을 해치지 않을 수 있고, 지나치게 무례하거나 노골적으로 불손하게 구는 사람보다 행복하고 성공적인 인생을 살아갈 가능성이 더 많기 때문이다.

프로타고라스는 사회적 관습과 규범의 범위 내에서 행복을 추구할 것을 권장하였지만, 행복을 세속적인 성공에서 얻는 쾌락과 동일시하는 소피스트의 행복론은 쾌락주의의 내적 논리에 따라 도덕적 요구를 거부하는 무도덕주의 행복론으로 타락하였다. 왜냐하면 만일 소피스트의 주장대로 쾌락만이 선이라면 그리고 도덕적 요구를 따르지 않는 것이 더 많은 쾌락을 가져오는 경우가 있다면, 쾌락주의의 내적 논리는 그런

---

11) 김상봉, 『호모 에티쿠스: 윤리적 인간의 탄생』, 서울: 한길사, 1999, 24쪽.

경우에 도덕적 요구를 따르지 말 것을 지시할 것이기 때문이다. 이와 같은 무도덕주의 행복론은 트라시마코스(Thrasymachus)와 칼리클레스(Kalikles)에 의해 주장되었다.

트라시마코스는 "정의는 강자의 이익"[12]이라고 하면서, 도덕을 전면적으로 거부하였다. 트라시마코스에 의하면 법이나 도덕은 강자의 이익에 봉사하는 착취와 억압의 도구에 지나지 않는다. "정의란 것은 사실은 다른 사람에게 좋은 것, 즉 더욱 강한 자 그리고 통치자들의 이익이며, 복종하고 섬기는 자들에게는 해가 되는 것이다. 정의롭지 못한 것은 이와는 반대로 참으로 순진하고 정의로운 사람들을 조종하기 위한 것이다. 그런 사람들은 자신이 섬기는 사람들을 행복하게 만드는 것이지 결코 자기 자신을 행복하게 만들지는 못한다."[13] 현실 속에서 의로운 사람은 언제나 손해만 보는 사람이며, 이런 사람은 남을 행복하게 해줄 뿐이며, 자지 자신을 행복하게 만들지는 못하는데 반해서, 불의한 사람은 언제나 자기 자신의 이익을 추구하기 때문에 그렇지 않은 사람보다 더 많은 것을 얻고 더 행복한 삶을 살 수 있다는 것이 트라시마코스의 주장이다.

트라시마코스의 입장에 따르면 불의와 악은 행복의 원천이지만, 의로움과 선은 도리어 불행의 씨앗일 뿐이다. 현실적으로 행복이란 비도덕적으로 행위하고 잡히지 않고 도망칠 수 있는 경우에 가장 잘 성취될 수 있는 것이다. 행복은 악덕에 의해서 가장 잘 얻어질 수 있다고 트라시마코스는 확언한다. 그리고 이러한 악덕이 크면 클수록 더 좋은 성공의 기회를 얻게 되며 더욱 큰 보상이 따르게 된다. 만약 우리가 완전한 불의를 실현할 수 있다면, 우리는 참으로 최고의 행복, 즉 완전한 행복

---

12) 플라톤 저, 박종현 역주, 『국가』, 서울: 서광사, 1997, 338c. 이하에서는 <플라톤 저, 박종현 역주, 『국가』, 서울: 서광사, 1997>를 『국가』로 약칭함.
13) 『국가』, 343c-d.

을 누릴 수 있다는 것이다.[14] 트라시마코스의 주장에 따르면 많은 부정을 저지르면 저지를수록 더 많은 것을 얻을 수 있다. 즉, 부정은 더 큰 권력과 힘, 자유를 가져다준다는 것이다. 불의한 일이 비난의 대상이 되고 또 그로 인해 처벌을 받거나 다른 종류의 불이익을 당하는 것은 불의가 작고 부분적인 영역에 머무르기 때문이다. 따라서 행복한 사람이란 이른바 도덕 때문에 겁먹지 않고 모든 사람이 진정으로 원하는 부와 권력을 얻으려고 과감히 돌진하는 의지와 강인함을 소유한 사람이라는 것이다.

칼리클레스는 자연법에 호소하며, 자연법이 진정한 정의의 법칙이라고 주장하였다. 그는 자연법에 따른다면 우리는 자신의 욕망과 욕구를 어떤 식으로든 통제해서는 안 된다고 주장하였다. 그리고 일반적으로 통용되는 덕은 자연적인 삶, 즉 행복이 욕구의 만족을 통해서 얻어지는 삶에 방해가 될 뿐이기 때문에, 우리는 이러한 관행을 무시하고 자유로운 열정을 그대로 드러내는 삶을 살아야만 한다는 것이다. 나아가 그는 강자가 약자를 지배하는 것은 너무나 자연스러운 일이기 때문에, 강자가 지배하는 것이 당연한 것이며 또한 이것이 자연에 순응하는 것이라고 강변하였다. 일반적으로 통용되는 정의는 단지 약자들이 강자를 통제하기 위한 시도일 뿐이며, 이러한 시도가 실패로 끝났을 때, 진정한 정의가 실현되며 자연적 질서가 부활하게 된다. 따라서 칼리클레스는 실정법을 무시하는 것이 더욱 행복하고 더 나은 사람들을 만들어 낼 뿐만 아니라, 그러한 무시는 정당하고 옳은 것이라고 주장하였다. 왜냐하면 그렇게 하는 것이 인간의 본성과 자연계의 법칙을 따르는 것이기 때문이다.[15]

---

14) 『국가』, 344b-d.
15) 로버트 L. 애링턴 저, 김성호 역, 『서양 윤리학사』, 서울: 서광사, 2003, 63~64쪽.

2. 키레네 학파의 쾌락주의 행복론: 감각적 쾌락주의

기원전 3세기 후반과 4세기 초에 쾌락주의 행복론을 주장하는 새로운 학파가 키레네 지역에서 시작되었다. 키레네 학파로 알려진 이 학파는 소크라테스의 친구였으며, 그를 존경했던 아리스티푸스(Aristippus 기원전 435~355년경)에 의해서 창시되었으며, 기원전 4세기 말에 역시 아리스티푸스로 불려진 그의 손자에 의해서 체계화되었다. 그리고 이 쾌락주의 이론은 테오도루스(Theodorus)와 헤게시아스(Hegesias), 그리고 아니케리스(Anniceris)에 의하여 새로운 수정이 가해졌다.[16]

키레네 학파의 철학은 오직 쾌락을 극대화하라는 것이었다. 그것도 가능한 한 최대한의 감각적이고 육체적인 쾌락을 즉각적으로 당장 (immediate present) 취하라는 것이 우리가 어떤 삶을 살아야 하는가라는 물음에 대한 키레네 학파의 대답이었다. 요컨대, 키레네 학파의 사상가들은 감각적이고 육체적인 쾌락의 직접적이고 즉각적인 추구를 인생의 자연스러운 목표로 보고, 거기서 얻는 쾌감을 행복으로 보았다.

키레네 학파의 최초의 창시자인 아리스티푸스는 쾌락이란 우리가 선택하여 얻으려고 애쓰는 것이며, 이에 반하여 고통스러운 힘든 일이란 피하려고 하는 것이라고 주장하였다. 즉, 모든 생명체는 날 때부터 쾌락을 추구하는 반면에 본성상 무조건 고통을 싫어한다는 것이다. 쾌락이 우리 삶의 자연스러운 유일한 목표라는 것이다. 사람들은 자주 종교나 철학의 영향 때문에 잘못 생각하여 쾌락이 유일하고 진정한 목표라는 사실을 위선적으로 부정하기도 하지만, 사실 모든 인간은 본능적

---

16) W. S. 사하키안 저, 송휘칠 · 황경식 역, 『윤리학의 이론과 역사』, 서울: 박영사, 1993, 41쪽.

으로 그리고 깊이 생각지 않고도 항상 쾌락을 추구한다는 것이다.

소크라테스의 영향을 받은 아리스티푸스는 덕은 즐거움을 얻을 수 있는 능력이라고 규정했으며, 즐거움이란 쾌락의 충족으로 얻어지는 행복한 상태라고 규정했다. 그에 의하면 쾌락은 유일한 선이며, 최고의 선이다. 쾌락은 한 가지뿐이며 단지 강도, 순수성 등의 차이에 따라 다양성이 있을 뿐이다. 보다 고상한 쾌락이란 고통이 혼합되지 않은 쾌락을 말한다.17)

아리스티푸스는 지금 당장의 감각적, 육체적 쾌락을 강조한다. 왜냐하면 현재만이 우리들의 능력이 미치는 영역이며, 미래는 우리들의 능력 범위를 벗어나기 때문이다. "순간을 놓치지 말라."－쾌락을 얻는 일을 결코 뒤로 미루지 말라－ 이것이 아리스티푸스의 충고였다. 나아가 아리스티푸스는 여러 철학자들이 찬미한 바 있는 지적인 심사숙고와 관조가 주는 쾌락은 사실은 창백하고 하찮은 것에 지나지 않는다고 하면서, 그것보다는 인간의 육체가 얻을 수 있는 보다 생생하고 강렬한 쾌락－예를 들면 음식이나 성행위를 통해서 얻어지는－ 추구하는 것이 훨씬 더 낫다고 주장하였다.18)

하지만 아리스티푸스는 우리가 쾌락의 노예가 아니라 쾌락의 주인이 되어야 한다고 주장한다. "최선의 것은 금욕과 절제가 아니라, 쾌락에 의해서 꺾이지 않도록 쾌락을 지배하는 것이다." 이 말이 의미하는 바는 우리가 "쾌락에 의해서 꺾이게 된다면" 우리가 경험할 수 있는 쾌락의 총량을 증가시킬 수 있는 능력을 상실하게 되므로 그렇게 되어서는 안 된다는 것이다.19) 아리스티푸스에 따르면 현명한 사람은 쾌락을 즐기면서 쾌락을 지배할 줄 아는 사람이다. 그리고 이렇게 쾌락을 지배

---

17) 위의 책, 42쪽.
18) 로버트 L. 애링턴, 앞의 책, 162쪽.
19) 위의 책, 162쪽.

하기 위해서는 이성이 중요하다. 이성이 중요한 이유는 이성을 사용함으로써 우리는 지식을 동원하여 우리가 얻을 수 있는 쾌락을 늘릴 수 있기 때문이다. 쾌락을 지배함으로써, 즉 이성을 사용하여 최대한 가장 강렬한 쾌락을 추구함으로써 우리는 삶에서 최고의 것, 쾌락을 얻을 수 있으며, 그럴 때에라야 비로소 우리는 행복하다는 것이다.

이성을 통해 쾌락을 지배하고 쾌락을 즐길 것을 권하는 키레네 학파의 쾌락주의 행복론은 테오도루스에 의해 무도덕주의로 타락하게 된다. 무신론자인 테오도루스는 정치적인 것이든 종교적인 것이든 간에 모든 종류의 이타적 활동과 제도를 거부하고 오로지 감각적인 쾌락을 추구하는데 몰두하였다. 법률과 도덕률은 단순히 사회적 인습에 불과한 것으로 무시되며, 어쩔 수 없을 때에 한해서만 이를 묵인한다.[20] 순간적인 쾌락의 충족을 최고선으로 보는 한 그리고 도덕과 법률이 이 목적의 달성에 방해가 되는 한, 도덕과 법률을 무시하고라도 쾌락을 추구하라는 것은 쾌락을 최고선으로 보는 전제로부터 필연적으로 도출되는 논리적 결론인 것이다.

키레네 학파의 쾌락주의적 행복론은 테오도루스의 무도덕주의적 쾌락주의 행복론을 거쳐 헤게시아스에 이르러 쾌락주의적 염세주의로 타락하게 된다. 헤게시아스는 쾌락주의의 이상은 도저히 달성될 수 없다고 비관하면서, 가능한 한 최선의 방법은 쾌락을 추구하기보다는 고통을 회피하는 것인데, 고통이 없는 경지에 이를 수 있는 단 한 가지 확실한 방법은 죽음을 택하는 길이라고 주장하였다.[21] 키레네 학파의 쾌락주의가 쾌락의 직접적 추구로부터 시작해서 죽음으로 막을 내린 것은 '쾌락주의의 역설(paradox of hedonism)'의 윤리학사적 증거의 한 사례

---

20) W. S. 사하키안, 앞의 책, 42~43쪽.
21) 위의 책, 43쪽.

라고 할 수 있을 것이다.

3. 에피쿠로스 학파의 이상적 쾌락주의 행복론: 고대 쾌락주의 행복론의 완성

소피스트와 키레네 학파의 쾌락주의가 무도덕주의 내지 염세주의로 타락하면서 행복론으로서의 쾌락주의의 한계가 분명해지고 난 후, 쾌락주의와 행복을 연결하려는 새로운 시도가 에피쿠로스 학파에 의해서 이루어졌다. 에피쿠로스 학파의 쾌락주의 행복론은 소피스트나 키레네 학파와는 달리 감각적이고 육체적인 쾌락의 무한한 추구를 권장하지도 않으며, 순간적인 쾌락에 집착하지도 않는다. 에피쿠로스 학파의 쾌락주의는 금욕적이었으며, 그들은 쾌락을 추구함에 있어서 도덕의 필요성에 대해서도 분명한 확신을 가지고 있었다.

에피쿠로스 학파의 창시자인 에피쿠로스(기원전 431~270)는 "쾌락은 행복한 삶을 형성하는 알파요 오메가"[22]라고 주장한다. 그에 의하면 "우리는 쾌락이 우리의 첫째가는 선천적인 재산임을 알고 있으며, 우리의 추구와 회피를 쾌락에 의해 조종하며, 모든 재화를 쾌락을 기준으로 측정한다."[23] 따라서 쾌락이야 말로 우리가 진정으로 바라고 원하는 최고의 선이며, 이 쾌락이 넘치는 삶이 바로 행복한 삶이라는 것이다.

그러나 에피쿠로스가 주장하는 쾌락은 무분별한 욕구의 충족에서 오는 쾌감도 아니고, 감각적이고 육체적인 쾌락도 아니며, 사치스러운 향락이나 탐닉에서 오는 쾌락도 아니다. 에피쿠로스는 그가 말하는 쾌

---

22) 에피쿠로스 저, 조정옥 엮음, 『에피쿠로스의 쾌락의 철학』, 서울: 동천사, 1997, 99쪽.
23) 위의 책, 99쪽.

락을 이런 식으로 이해하는 것은 무지한 자나, 자신들의 이론을 이해하지 못하거나 우리의 이론을 악의적으로 오해하는 자들이 저지르는 것이라고 말한다.[24] 에피쿠로스에 따르면 "쾌락 그 자체는 악이 아니지만, 이런 저런 쾌락이 만들어내는 대상들은 여러 가지로 쾌락을 흐리게 만들 수 있다."[25] 따라서 에피쿠로스는 향락 자체에 관심을 주는 사치스러운 쾌락이나 무분별한 욕구의 충족에서 오는 쾌락은 그 자체는 악이 아니지만 순간의 쾌감이 사라진 후 긴 고통을 남기기 때문에 억제되어야 할 것으로 본다. 요컨대, 그것들은 불완전한 쾌락이라는 것이다. 에피쿠로스의 쾌락론은 참된 쾌락과 불완전한 쾌락을 구별하고, 이성에 의한 분별 있는 쾌락의 추구를 강조한다.

쾌락은 우리에게 최우선적으로 주어진 자연적인 재화이다. 그렇다고 해서 우리는 모든 쾌락을 추구하지 않는다. 쾌락 때문에 보다 큰 불쾌가 초래될 위험이 있을 경우 우리는 많은 쾌락들을 지나쳐버린다. 보다 오랜 고통의 시간 뒤에 보다 큰 쾌락이 뒤따라올 경우에 우리는 많은 고통을 쾌락보다 높이 평가한다. 쾌락이 그 자체로서 유쾌한 것이기 때문에 모든 쾌락이 추구할 만한 가치를 가지는 것은 아니다. 반대로 모든 고통이 나쁜 것이지만 그렇다고 해서 반드시 회피되어야 하는 것은 아니다. 우리의 과제는 참을 것과 못 참을 것을 재고 구분하여 항상 모든 것을 올바르게 평가하는 것이다. 왜냐하면 우리는 때때로 나쁜 것을 좋은 것으로 좋은 것을 나쁜 것으로 이용하기 때문이다.[26]

여기서 에피쿠로스는 이성의 원리에 어긋나는 맹목적 쾌락주의에 대하여 분명한 선을 긋는다. 쾌락의 성취를 위해 이성은 필수적이다. 에피쿠로스에 따르면 이성이 없다면 참된 쾌락에 도달은 불가능하다. 이

---

24) 위의 책, 100~101쪽.
25) 위의 책, 4쪽.
26) 위의 책, 99~100쪽.

성적 분별을 통해서만 불완전한 쾌락의 늪에 빠지지 않고, 참된 쾌락을 추구할 수 있다. 쾌락의 추구와 회피를 명확히 분별하기 위하여 이성은 필수적이다. 그러나 에피쿠로스에 따르면 이성이 없이는 쾌락도 없지만, 쾌락이 없이는 이성 또한 무의미한 것이다. 쾌락이 없는 이성적 삶은 에피쿠로스가 볼 때 공허하다. 이성은 어디까지나 삶의 궁극적 목적인 쾌락의 성취를 위해서 존재하는 것이다. 이성이 필요한 까닭은 이성 그 자체 때문이 아니라, 보다 크고 지속적인 쾌락을 얻기 위해서 어떤 쾌락을 추구하고 어떤 쾌락을 피해야 할지를 우리가 판단해야 하기 때문이다.

이를 위해 에피쿠로스는 쾌락을 동적 쾌락(kinetic pleasure)과 정적 쾌락(katastematic pleasure)으로 구별한다. 동적 쾌락은 욕구를 만족시킬 때 일어나며, 정적 쾌락은 일단 욕구가 만족되고 난 다음에 일어나는 즐거움이다. 동적 쾌락은 결핍으로부터 충족으로 이행할 때, 우리가 느끼는 쾌락이다. 우리가 말하는 일반적인 의미에서의 쾌락이 여기에 속한다. 이에 반해 정적 쾌락은 고통의 부재에서 오는 쾌락, 즉 육체의 고통이 없고 마음에 불안이 없는 상태를 뜻한다.

에피쿠로스는 정적 쾌락이 동적 쾌락보다 우월하다고 주장하며, 고통이 없는 평온한 삶을 이상으로 제시한다. 왜냐하면 동적 쾌락은 일단 욕구를 충족시키고 나면, 즉 결핍이 해소되고 나면 더 이상 증가하지 않으며, 일정 수준 이상으로 과잉 충족되면 오히려 고통을 야기할 수도 있기 때문이다. 이에 비해서 정적 쾌락은 동적 쾌락과 같은 결핍이나 과잉으로 인한 고통이 없는 평정상태, 즉 육체적 고통과 심적 불안이 없는 평정상태에서 오는 즐거움이기 때문이다. 그래서 에피쿠로스는 정적 쾌락을 선호할 뿐만 아니라, 그와 같은 정적 쾌락의 평정심을 해치지 않는 범위 내에서 최소한의 동적 쾌락을 추구할 것을 권장한다. 에피쿠로스는 사치스러운 쾌락의 변덕에 흔들리지 않는 소박한 삶을 최선의 삶이라고 가르친다.

에피쿠로스는 놀랍게도 참된 쾌락을 적극적인 의미에서 무한히 큰 쾌락으로 보지 않고 정반대로 고통의 부정, 즉 고통이 없는 상태로 보았다. 다시 말해 참으로 완전한 쾌락은 무한히 큰 쾌락이 아니라 고통의 부재 상태이다. 에피쿠로스는 고통도 불안도 없는 영혼의 이러한 절대적 평온함을 가리켜 아타락시아(ataraxia)라고 부른다.[27] 에피쿠로스의 쾌락주의 행복론은 바로 아타락시아(육체의 고통과 마음의 불안의 부재 상태, 즉 육체의 건강과 영혼의 안정)에 이르기 위한 삶의 기술이라고 할 수 있다.

에피쿠로스는 아타락시아의 상태에 이르기 위하여 먼저 육체의 고통을 제거하기 위한 삶의 기술을 탐구한다. 이를 위해 에피쿠로스는 인간의 욕구를 분석한다. 왜냐하면 우리가 진정한 쾌락을 누리기 위해서는 먼저 무엇이 충족되어야 할 욕구이고 무엇이 절제해야 할 욕구인지를 분별해야 할 필요가 있기 때문이다. 에피쿠로스에 의하면,

> "욕구들 가운데 어떤 것은 자연적이고 필연적이며, 어떤 것은 자연적이나 필연적이지 않고, 어떤 것은 자연적이지도 필연적이지도 않고 단지 공허한 망상에서 파생된 것이다."[28]

이 가운데 자연적이고 필연적인 욕구는 그것이 충족되지 않으면 고

---

27) "우리에게 쾌락이란 신체 영역에 어떤 고통도 느끼지 않는 동시에 정신적 영역에서 어떤 불안도 느끼지 않는 것을 의미한다. 왜냐하면 넘칠 만큼의 음식이나 아름다운 남녀와의 즐김, 또는 맛있는 생선 요리와 같이 풍성하게 차려진 식탁에 있는 것들이 쾌락적인 삶을 만들어 주는 것은 아니기 때문이다. 오히려 모든 욕구와 회피의 근거를 파악하고 영혼을 회오리바람처럼 뒤흔드는 광기를 몰아내는 명료한 사고만이 쾌락적인 삶을 만들어주기 때문이다." 위의 책, 101쪽.

28) 위의 책, 41쪽.

통을 일으키지만, 자연적이지만 필연적이지 않은 욕구나 자연적이지도 필연적이지도 않은 욕구는 충족되지 않아도 아무런 고통을 일으키지 않는다. 따라서 고통에서 벗어나기 위해서 자연적이고 필연적인 욕구는 반드시 충족시켜야 하지만, 자연적이지 않거나 필연적이지 않은 욕구는 충족시키지 않아도 된다. 오히려 자연적이지 않거나 필연적이지 않은 욕구는 채워질 수 없기 때문에 그것들에 지나치게 탐닉하는 것은 해로울 수 있다. 결핍에서 오는 고통은 오직 자연적이고 필연적인 욕구가 충족되지 못할 때뿐이다. 따라서 에피쿠로스에 의하면 육체적 고통을 제거하기 위해서는 자연적이고 필연적인 욕구의 충족만으로도 족하다. 동적 쾌락의 추구를 자연적이고 필연적인 욕구의 충족에 한정할 때에야 비로소 육체의 고통이 없는 상태에 도달할 수 있다는 것이다.

자연적이고 필연적인 욕구를 넘어서는 욕구의 충족에서 오는 동적 쾌락을 충족하기 위해서는, 그러한 욕구에는 한계가 없기 때문에, 무한한 시간을 필요로 한다. 이러한 쾌락은 충족되지 않아도 고통을 야기하지 않는 헛된 갈망의 산물이다. 이에 비해 자연적이고 필연적인 욕구를 충족시키는 데는 그렇게 많은 시간이나 노력을 요하지 않는다. 그래서 에피쿠로스는 "자연의 순리가 요구하는 재산의 양은 제한되어 있고 상대적으로 쉽게 얻을 수 있으나, 어리석은 갈망으로 인해 추구하는 재산은 어마어마하며",[29] "자연의 의도에 비춰본다면 가난이 최대의 부유함이며, 한계를 모르는 부유함은 커다란 가난"[30]이라고 말한다.

에피쿠로스는 처음부터 권력이나 명예 따위에 대해서는 아무런 관심도 없었다. 그런 것들은 공허한 갈망에서 비롯된 헛된 욕구이기 때문이다. 재산에 대해서도 마찬가지이다. 그것은 헐벗고 굶주리지 않을

---

29) 위의 책, 27쪽.
30) 위의 책, 59쪽.

정도만 있으면 족하다. 그것만이 자연적이고 필연적인 욕구이기 때문이다. 그런 까닭에 에피쿠로스는 "육체는, 굶지 말 것, 목마르지도 말 것, 추위에 떨지 말 것을 외친다. 이 모든 것을 이룰 수 있고 그렇게 될 확실한 희망을 가질 수 있는 자는 신과 같은 행복을 누릴 수 있다."[31]고 역설한다. 자연적이고 필연적인 욕구의 충족에서 오는 고통의 부재, 헛된 욕구에 해방된 자유롭고 소박한 자족적 삶, 이것이 에피쿠로스가 꿈꾸는 육체의 고통이 없는 삶이다. 그래서 그는 "자족함의 가장 찬란한 열매는 자유"[32]라고 외친다.

그러나 에피쿠로스에 따르면 우리가 육체적 고통에서 해방된다고 해서 우리의 삶이 곧바로 참된 쾌락으로 가득 채워지는 것은 아니다. 인간은 사회적 동물이다. 따라서 우리가 참으로 행복한 삶을 살기 위해서는 타인과의 관계에서도 쾌락을 얻을 수 있어야만 한다. 타인과의 관계에서 쾌락을 얻는 삶의 기술로서 에피쿠로스가 강조하는 것은 정의와 우정이다.

에피쿠로스는 소피스트나 키레네의 무도덕주의적 쾌락주의자들과는 달리 쾌락 추구에 있어서 정의의 중요성을 강조한다. 그에 의하면 자연의 정의란 서로 해를 입히지도 않고 해를 당하지도말자는 상호이익의 협정이다. "정의는 그 자체로서 존재하는 어떤 것이 아니다. 그것은 언제 어떤 장소에서 사람들이 만나든지 간에 사람들 사이의 상호 관계에서 서로 해를 입히지도 말고 당하지도 말자는 계약일 뿐이다."[33] 다시 말해 정의란 해를 당하지도 않고 입히지도 않기 위한 상호 합의임으로 정의가 없다면, 우리는 타인으로 인한 해로부터 자유롭지 못하다. 타인과의 관계에서 고통으로 벗어나기 위해서는 정의가 필수적이다.

---

31) 위의 책, 62쪽.
32) 위의 책, 80쪽.
33) 위의 책, 45쪽.

또한 우리는 정의롭게 살지 않는다면 진정한 쾌락적 삶을 살수 없다. 왜냐하면 우리가 정의롭게 살지 않고 부정의한 짓을 한다면, 우리는 마음의 불안에서 벗어날 수 없기 때문이다. "비록 그때까지 천 번을 들키지 않았더라도 서로 해치지 말자는 약속을 몰래 어긴 자가 계속 들키지 않는다고 누구도 장담할 수 없다. 그는 들키지 않을까 하는 불확실성 가운데 죽을 때까지 살아갈 것이다."[34] 그래서 에피쿠로스는 "정의의 가장 좋은 열매는 마음의 평화"[35]라고 말한다. 따라서 정의롭게 살지 않으면 쾌락은 있을 수 없다. 또한 쾌락적으로 살지 않으면 정의로운 삶도 쓸모가 없다. 정의는 정의 그 자체를 위해서 존재하는 것이 아니라, 어디까지나 쾌락적 삶을 위해서 필요한 것이다.

인간관계에서 해를 입히고 해를 당하지 않기 위해서 필요한 것이 정의라고 한다면, 인간관계에서 행복한 삶을 살기 위하여 가장 중요한 것은 우정이다. 에피쿠로스에 의하면 "고상한 자는 무엇보다도 지혜와 우정을 추구한다. 하나는 가변적인 재산이고 다른 하나는 불변적인 재산이다."[36] 삶에서 가장 중요한 것은 지혜이지만, 그에 못지않게 중요한 것이 참된 우정을 얻는 일이라는 것이다. "우정을 얻는 능력은 행복에 기여하는 지혜의 활동 가운데 가장 중요한 것이다."[37] 에피쿠로스는 고통과 불안을 피하고 우정을 키우기 위해 대중과 속세로부터 멀리 떨어진 안전한 공동체로 은둔할 것을 주장하였다.

다음으로 에피쿠로스는 마음의 불안을 없애고 영혼의 안정에 도달하기 위하여 죽음과 미신과 무지로부터 오는 불안에서 벗어나는 것이 중요함을 역설한다. 에피쿠로스는 원자들의 우연한 만남으로 존재하는

---

34) 위의 책, 47쪽.
35) 위의 책, 88쪽.
36) 위의 책, 81쪽.
37) 위의 책, 39쪽.

것이 자연계이며, 인간도 자연계의 일부라고 가르치고, 우리의 삶에는 어떤 초자연적 힘도 작용하지 않는다고 주장했다. 에피쿠로스는 모든 초자연적 힘을 우주와 인간의 삶에서 추방해버림으로써 죽음, 사후의 삶, 미신, 운명 등에 대한 잘못된 믿음에서 오는 불안을 원천적으로 제거하려 하였다.

우리 모두는 죽음을 두려워한다. 죽음은 자기보존의 본능에 반하는 것이기 때문에 자연스럽게 우리에게 공포의 감정을 불러일으킨다. 죽음에 대한 공포는 생에 대한 애착과 마찬가지로 본능적인 감정이라 할 수 있다. 그래서 우리가 불안과 고통 없는 삶을 살 수 있기 위해서는 무엇보다 죽음이 주는 공포를 극복하지 않으면 안 된다. 그런데 에피쿠로스에 따르면 이런 죽음에 대한 공포는 근거가 없는 것이다. "죽음은 아무 것도 아니다. 왜냐하면 죽음이 찾아오면 아무런 감각도 없어지기 때문이다. 그리고 아무 감각도 없으면 죽음에 대해 걱정할 필요도 없다."[38]

> "그러므로 모든 불행 중에 가장 끔직한 불행인 죽음은 우리에게 아무 것도 아니다. 우리가 존재하는 한 죽음은 존재하지 않으며, 죽음이 존재하면 우리는 더 이상 존재하지 않는다. 따라서 죽음은 산 자에게도 죽은 자에게도 아무 연관이 없다. 산 자에게는 죽음이 없으면, 죽은 자는 더 이상 존재하지 않기 때문이다."[39]

또한 에피쿠로스에 의하면 죽음에 대한 불안뿐만 아니라 사후 세계에서 우리의 영혼의 운명에 대한 불안도 근거가 없는 것이다. 우리의 영혼도 원자들로 구성되어 있기 때문에 신체와 마찬가지로 사후에 자신의 구성 요소들로 분해된다. 그렇기 때문에 신체의 파괴 뒤에 영혼의 개별적 존속은 있을 수 없다. 영혼 불멸은 없다. 죽음과 함께 인격체로

---

38) 위의 책, 36쪽.
39) 위의 책, 95~96쪽.

서의 우리는 모든 것이 끝난다. 그러나 그럼으로써 사후에 우리 영혼의 운명에 대한 모든 불안한 걱정은 제거된다. 왜냐하면 죽은 뒤에는 상도 벌도 받을 수 없기 때문이다.[40]

나아가 에피쿠로스는 모든 초자연적인 세력을 인간의 삶으로부터 추방함으로써 운명이나 미신으로 인한 영혼의 불안을 원천적으로 제거한다. 먼저 그는 운명적 필연성을 인정하지 않는다. 그는 "필연성은 나쁜 것이다. 그러나 다행히도 필연성 안에 갇혀 살아야 할 필연성은 존재하지 않는다."[41]고 말한다. 따라서 운명에 대한 불안은 어리석은 것이다.

또한 에피쿠로스는 모든 신들을 인간의 세계로부터 추방해버림으로써 미신으로 인한 불안을 원천적으로 제거한다. 에피쿠로스는 신의 존재를 부인하지는 않는다. 우리가 한 번도 보지 못한 천상의 아름다움과 힘이 넘치는 형상을 보여주는 꿈의 체험으로부터 그는 신들의 존재를 도출한다. 그리고 "신이 영원한 존재이며 지극히 행복한 존재"라는 전통적인 견해도 이의 없이 받아들였습니다. 그러나 그는 신이 자족적이고 최고로 행복한 존재라는 전제로부터 신들이 자족적이고 행복한 존재이므로 인간의 일에 관심을 가질 아무런 이유도 없다는 결론을 이끌어낸다.

"지극히 행복한 불멸의 존재인 신은 괴로움을 지니지 않으며 다른 이에게 괴로움을 주지도 않는다. 그렇게 때문에 신은 분노도 호의도 알지 못한다. 분노나 호의는 약한 존재들에게나 있는 것이다."[42]

즉, 신들은 행복하고 아무런 결핍이 없는 자족적인 존재이므로 굳이

---

40) 위의 책, 127쪽.
41) 위의 책, 54쪽.
42) 위의 책, 21쪽.

인간에게 악의를 품을 이유가 없고, 호의의 감정을 가질 이유도 없다는 것이다. 감정에서 해방된 존재인 신은 호의나 증오의 감정으로 인간의 삶에 영향을 미치지 않으며, 누구에게도 상을 주거나 벌을 주지 않는다. 따라서 에피쿠로스에 따르면 신에게 기도하거나 신으로부터 저주를 받지 않을까 염려하는 것은 어리석은 짓이다. "당신 스스로 할 수 있는 일을 신에게 요구하는 것은 어리석다."[43]라고 에피쿠로스는 말한다. 결국 에피쿠로스는 종교의 존립기반 자체를 허물고, 종교를 무의미한 것으로 만들어버렸다.

에피쿠로스 학파는 육체적 쾌락보다는 정신적 쾌락을, 쾌락의 적극적 추구보다는 고통과 불안의 부재를, 최대한의 욕구 만족보다는 소박한 자족을 더 강조하였으며, 이성적이고 고상하고 정의로운 삶에서 쾌락을 추구하였다. 무한히 커지는 욕구를 조절하고, 생존에 필요한 최소한의 욕구를 충족시키는 소박한 삶에 자족하면서, 이 세상에서 한 발짝 물러나 친구들과 우정을 나누고, 명료한 이성적 사고로써 사물의 이치를 파악하고 죽음과 신에 대해 올바로 인식함으로써 우주의 변화나 죽음과 신에 대한 두려움을 갖지 않는 것, 그래서 육체에 고통이 없고 영혼에 불안이 없는 평정상태에 도달하는 것이 에피쿠로스 학파가 추구하는 쾌락주의 행복론이었다.[44]

에피쿠로스 학파의 쾌락주의는 고대의 쾌락주의적 행복론의 완결판으로서 오늘날까지도 많은 추종자를 거느리고 있다. 그러나 에피쿠로스는 영혼의 불멸성과 신의 섭리를 단호히 부인했기 때문에 행복과 쾌락

---

43) 위의 책, 73쪽.
44) 사치스러운 자들의 쾌락의 대상을 없애고 죽음이나 고통과 같은 자연 현상에 대한 두려움을 없애버리면, 그리고 욕구가 무제한적인 것이 아님을 깨달으면, 아무 것도 꺼릴 것이 없고, 어떤 것으로부터도 고통이 오지 않으며, 고통이나 악(나쁜 것)을 불러일으키는 어떤 것도 갖지 않게 될 것이다. 그리고 사방이 쾌락으로 가득 차게 될 것이다. 위의 책, 22쪽.

의 동일시를 포함한 에피쿠로스의 쾌락주의 행복론은 기독교에 의해 철저히 배격 당하였다.

IV. 에우다이모니즘의 행복론

1. 소크라테스의 행복론: 지·덕·복 일치론

소크라테스는 우리의 철학적 관심을 우리 자신에게로 돌렸으며, '우리가 어떻게 살아야만 하는지' 그리고 '인간에게 최선의 삶은 무엇인지'에 대한 물음을 본격적으로 제기한 최초의 철학자였다. 물론 소크라테스 이전에도 소피스트들이 인간의 삶의 문제에 관심을 기울였던 것은 사실이다. 소크라테스와 소피스트의 주된 관심사가 삶의 문제, 그것도 '잘 사는 것(좋은 삶)'이었다는 점에서는 유사하다. 그러나 무엇이 잘 사는 것인가에 대한 소크라테스와 소피스트의 대답은 완전히 상이하다. 소피스트들은 잘 사는 것이 무엇인지에 대해 철저한 반성 없이, 잘 산다는 것을 통속적으로 이해했다. 그들은 일상적인 삶에서 쾌락을 누리고 재산과 권력을 얻는 것을 잘 사는 것이라고 생각하였다. 소크라테스는 이와 같은 소박한 통념에 의문을 제기한다. 소크라테스가 보기에 소피스트들이 대변하고 있는 좋은 삶에 대한 통속적 견해는 삶에 대한 진지한 반성이 결여된 것이다. 그래서 소크라테스는 동료 시민들에게 그들의 삶의 의미와 삶의 방식을 검토해볼 것을 촉구하며, '반성적으로 검토되지 않은 삶은 인간으로서 살아갈 만한 가치가 없다.'고 경고한다. 소크라테스에 따르면 '우리가 어떤 삶을 살아야 하는가?'라는 질문을 심각하게 생각하지 않는 것은 결국 가치 없는 삶을 사는 것이다.

소크라테스는 '모든 인간은 선－그들에게 좋은 것, 유익한 것－을 욕구하고, 누구도 악－나쁜 것, 해로운 것－을 욕구하지 않는다.'[45]는 그리스적 가정을 받아들인다. 그래서 소크라테스는 모든 사람이 좋은 삶, 행복한 삶을 바란다는 사실을 의심 없이 받아들인다. 따라서 '우리가 어떤 삶을 살아야 하는가?'라는 질문에 대한 대답은 우리 모두가 진정으로 바라고 원하는 좋은 삶, 최선의 삶, 행복한 삶을 살아야 한다는 것이 된다.

그러나 과연 '무엇이 삶에서 진정으로 좋은 것인가?' 그리고 '무엇이 진정으로 행복한 삶인가?' 우리 모두는 좋은 것을 욕구하고, 행복을 바라지만, 우리가 언제나 그것들을 얻는 데 성공하는 것은 아니다. 우리는 자주 자신에게 진정으로 좋은 것이 아닌 것을 좋은 것으로 잘 못 알고 그것을 욕구하기도 하며, 무엇이 행복인가를 파악하는데 잘못을 범하기도 하고, 다른 사람을 행복하게 만드는 것이 나 자신 또한 행복하게 만들어 주리라고 잘못 생각하기도 한다. 그래서 우리는 무엇이 진정으로 좋은 것인지, 무엇이 진정한 행복인지에 대해 진진한 성찰을 하지 않으면 안 된다는 것이 소크라테스의 주장이다.

그런데 소크라테스에 의하면 우리의 삶에 진정으로 좋은 것이 무엇인지, 무엇이 우리의 삶을 행복한 삶으로 이끄는 데 필요한지를 알기 위해서는 먼저 우리(나) 자신이 누구인지를 알아야만 한다. 소크라테스는 "만약 우리가 우리 자신을 알지 못하고, 따라서 지혜롭지 않다면 우리 자신을 위하여 무엇이 나쁘고 무엇이 좋은지를 과연 알 수 있겠는가?"[46]라고 반문한다. 소크라테스는 델포이 신전의 벽면에 새겨져 있었

---

45) 플라톤 저, 최민홍 역, 『소피스트, 고르기아스, 서간집』, 상서각, 1983, 468c. 이하에서는 <플라톤 저, 최민홍 역, 『소피스트, 고르기아스, 서간집』, 상서각, 1983>을 『고르기아스』로 약칭함.

다고 하는 '너 자신을 알라'는 격언을 이런 맥락에서 이해한다. 이 격언은 이른바 '자기인식'에 대한 요구이다. 이것이 중요한 까닭은 우리가 누구인지를 바르게 알 때에만 우리는 무엇이 자신을 위해 좋은 것이고 또 무엇이 나쁜 것인지를 알 수 있기 때문이다.[47] 따라서 우리는 무엇이 우리 자신에게 좋은 것이고 무엇이 나쁜 것이지를 알기 위해 먼저 우리 자신이 누구인지를 물어야만 한다. 소크라테스에 따르면 우리는 지식, 특히 자기 자신에 대한 지식을 증진시킴으로써만 우리의 궁극적이고 진정한 목표인 행복을 증진시킬 수 있다. 우리가 진정한 자아와 그것이 필요로 하는 바를 알지 못하면 우리는 행복에 도달할 수 없다.

소크라테스는 나에게 진정으로 좋은 것이 무엇인지, 그래서 나의 삶을 행복으로 이끄는 데 중요한 것이 무엇인지에 대한 성찰을 행복에 대한 논의의 첫걸음으로 삼는다. 그런데 소크라테스에 따르면 우리의 삶에서 참으로 좋은(선한) 것은 영혼[48]의 온전함이다. 이것이야말로 우리가 삶에서 염려하고 추구해야 할 삶의 궁극적 목표이다. 그는 인간의 삶에서 가장 중요한 것은 육체의 안녕이나 쾌락이 아니라 영혼의 탁월함이라고 생각하였다. 육체를 위하여 좋은 것이 아니라 영혼을 위하여

---

46) Platon, *Alkibiades* Ⅰ, 133c : 김상봉, 앞의 책, 33쪽 재인용.

47) 김상봉, 위의 책, 32쪽.

48) 소크라테스에게 있어서 그리고 대부분의 그리스인과 그리스 철학자들에게 있어서 영혼이란 생명을 지니고 있는 우리의 한 "부분"을 의미하는 것이며, 따라서 사체와 살아있는 육체를 구별하는 차이점으로 여겨졌다. 그것은 또한 무언가를 느끼고, 욕구하고, 감정을 경험하고, 사고하고, 행위하는 개인의 한 "부분"이기도 하다. 그것은 분명 육체 이상의 무엇이지만 육체로부터 완전히 독립적인 것은 아니다. 불멸하든 그렇지 않든 영혼은 매우 중요한 것이며, 어쩌면 우리 자신의 가장 중요한 부분일지도 모른다. 왜냐하면 영혼은 우리가 행하고, 사고하고, 느끼고 우리가 행복하거나 불행하기를 욕구하는 등의 모든 것의 기초에 놓여있기 때문이다. 우리의 영혼은 또한 행복과 불행이 위치하는 것이기도 하다. 그리고 우리의 행복은 우리에게 가장 가치있는 것이기 때문에 우리는 반드시 영혼에 도달하여야만 한다. 로버트 L. 애링턴 앞의 책, 29쪽.

좋은 것이 삶에서 정말로 좋은 것이고, 또 영혼의 온전함이야말로 참된 행복이라는 것이다.

> 빼어난 자여 그대는 … 재물에 대해서는 되도록 많았으면 하고 관심을 쏟으면서도 그리고 세평과 명예에 대해서는 마음을 쓰면서, 지혜와 진리에 관해서 그리고 자신의 영혼이 온전해지게끔 영혼에 관해서 마음을 쓰거나 생각해 보지 않는 것을 부끄러워하지 않는가?[49]

소크라테스는 이렇게 반문하면서 동료 시민들에게 자신들의 육체나 재산을 우선하여 고려하지 말고, 가능한 한 최선을 다하여 여러분의 영혼의 상태에 주의를 기울이라고 충고하였다. 또한 그는 동료 시민들에게 아무 것도 선하고 정의로운 사람을 해칠 수는 없는 반면에, 잘못을 행하는 자는 불행과 비참의 나락에 빠지게 된다고 설득하였다.

그러므로 소크라테스에 따르면 자신의 영혼을 위해 좋은 것이 자기에게 진정으로 좋은 것이며, 행복을 위해 필요한 것 또는 행복을 구성하는 중심 요소이다. 그렇다면 무엇이 영혼을 위해 좋은 것인가? 소크라테스는 부, 명예, 권력과 같은 세속적인 가치들을 영혼에 좋은 것과는 구별되는 것으로 본다. 부, 명예, 권력 같은 것들은 영혼에 좋은 것과는 무관하다. 소크라테스는 쾌락 역시 영혼에 좋은 것은 아니라고 생각한다. 영혼이 온전한 상태에 있을 때, 기쁨(쾌락)을 느끼는 것은 사실이지만, 쾌락 자체가 언제나 영혼에 좋은 것은 아니다. 소크라테스는 쾌락이 좋은 삶의 기준, 즉 영혼에 좋은 것의 기준이 될 수 없다고 생각하였다. 『고르기아스』에 나오는 칼리클레스라는 극단적인 쾌락주의자가 소크라테스에게 뭐니뭐니 해도 쾌락이 가장 좋은 것이라고 말할 때, 소크라테

---

49) 플라톤 저, 최명관 역, 『플라톤의 대화: 에우튀프론/소크라테스의 변명/크리톤/파이돈/향연』, 서울: 종로서적, 1994, 62쪽, <소크라테스의 변명> 29d-e.

스는 이렇게 되묻는다. "우리가 옴에 걸려 가려움을 참지 못해 한평생 몸을 긁적거리며 살아야 한다면 이것 역시 행복한 생활이라고 할 수 있을까?"[50]

어떤 경우에도 쾌락 그 자체가 삶의 좋고 나쁨의 척도, 즉 좋은 삶의 척도일 수는 없다. 왜냐하면 쾌락들 중에서도 좋지 않은 것이나 선하지 않은 것들이 있고, 반대로 고통스런 일 중에서도 나쁘지 않은 것 악하지 않은 것들이 있기 때문이다. 몸의 건강을 위해 좋은 것은 좋은 쾌락이고 그렇지 않은 것은 나쁜 쾌락인 것과 마찬가지로 영혼의 경우에도 영혼의 온전함을 위해 좋은 것은 좋은 쾌락이고 그렇지 않은 것은 나쁜 쾌락일 것이다. 따라서 모든 쾌락이 무조건 좋은 것이 아닌 한, 쾌락이 정신적으로나 육체적으로나 좋은 삶의 궁극적 척도 일 수는 없다. 오직 삶의 온전함 그 자체가 쾌락을 좋은 것이 되게도 하고 나쁜 것이 되게도 하는 것이다.[51]

소크라테스가 부, 명예, 권력, 쾌락 등을 배제하고 우리의 영혼에 좋은 것으로 제시하는 것은, 즉 참된 행복에 이르기 위하여 필요한 것으로—또는 참된 행복의 구성 요소로— 제시하는 것은 덕(arete)과 지식(episteme)이다.

먼저 소크라테스는 지식과 행복에 관하여 논의하면서 자주 "기술의 유추"에 호소한다. 어떤 기술(techne)에 정통한 개인은 자신의 활동의 목적뿐만 아니라 그것을 성취하는 데 필요한 수단에 대해서도 지식(episteme)을 소유하게 된다. 제화공은 어떤 신발이 좋은 신발인지 그리고 어떻게 그것을 만드는지를 안다. 말을 사육하는 전문가는 말의 혈통 중 어떤 것이 바람직한지를 알며 또한 그런 말을 얻으려면 어떻게 해야

---

50) 『고르기아스』, 494c.
51) 김상봉, 앞의 책, 38쪽.

하는지도 안다. 기술의 경우 그것을 통해서 만들어 낼 목적이 되는 생산품이 이미 결정되어 있으며 명확하게 한정되어 있다. 그리고 이러한 목적으로서 생산품을 얻기 위한 절차가 어느 정도 규정되어 있다. 기술을 배운다는 것은 바로 이런 것들을 배우는 것이며 이런 지식은 객관적이다.52)

소크라테스에 따르면 잘 사는 것 또는 성공적으로 사는 것도 일종의 삶의 기술로 간주할 수 있으며, 그 결과로 얻어지는 목적으로서의 생산품을 행복이라고 간주할 수 있다. 따라서 기술의 유추를 따를 경우, 행복이라는 우리의 목표에 성공적으로 도달하기 위하여 요구되는 바는 우리가 우리의 삶을 이끌어 나가는 데 숙련된 기술자가 되는 것이다. 그리고 이는 다른 기술의 경우와 마찬가지로 지식을, 즉 인간이 어떤 존재이며 나는 어떤 개인인가 또 행복에 도달하기 위해서는 어떻게 행위하여야 하는가에 대한 지식을 필요로 한다.

그리고 소크라테스에 따르면 행복이라는 목적에 도달하는 절차는 바로 덕이다. 즉 인간을 구성하는 육체와 영혼 모두의 서로 다른 다양한 상태나 활동에 있어 여러 형태의 탁월함 또는 탁월하게 기능하는 것이다. 덕들이 행복을 얻기 위해 필요하며, 따라서 덕들을 실천하는 것은 성공적인 삶을 살아나가는 기술의 일부라는 것이다.

요컨대, 성공적인 삶의 기술을 습득하여 행복에 도달하기 위해서는 자기 자신에 대한 지식을 비롯하여 어떻게 행위해야 하는가에 대한 지식을 필요로 하며, 그 지식에 기초하여 덕을 실천하는 것이 필요하다는 것이 '기술의 유추'를 통해 소크라테스가 주장하는 바이다.

소크라테스에 따르면 덕이 있는 삶이 행복을 추구하기 위하여 필요한 삶이다. 그런데 여기서 소크라테스는 덕이 곧 지식이라고 주장하면

---

52) 로버트 L. 애링턴, 앞의 책, 30쪽.

서, 지식은 덕의 필요조건, 즉 덕이 있는 사람이 되기 위하여 반드시 지녀야 하는 것일 뿐만 아니라, 지식이 덕의 본질, 즉 지식이 덕의 필요조건인 동시에 충분조건이라고 말한다. 만일 지식을 지니고 있다면 그 사람은 덕 있는 사람이며, 덕이 있는 사람은 행복하다고 주장한다. 이것이 '소크라테스의 역설'로 불리는 그의 지·덕·복 일치론이다.

먼저 소크라테스는 지·덕의 일치를 역설한다. 그는 『메논』에서 덕이 곧 지식임을 다음과 같이 논증한다.

> "만일 덕이 정신적인 것 중의 하나이고 유익한 것에 틀림없다면 덕은 마땅히 지혜여야만 하네. 왜냐하면 정신적인 모든 성질들은 그 자체만으로는 유익하지도 해롭지도 않지만 지혜를 동반하는가 아니면 어리석음을 동반하는가에 따라 해롭게도 유익하게도 되기 때문이네. 이제 이러한 주장에 따르면 덕이란 어쨌든 유익한 것이므로 마땅히 지혜의 일종이어야만 하네."[53]

그의 논증에 따르면 덕은 그 자체로 좋은 것이고, 유익한 것인데, 오직 지식만이 항상 유익하므로 덕은 곧 지식이라는 것이다. 여기서 지식 또는 지혜는 모든 행위가 유익한 것이 되기 위한 필요조건의 역할을 한다. 왜냐하면 지식이 없다면 어떤 행위 또는 개인의 특성은 해로운 것이 될 수도 있기 때문이다. 따라서 덕이 그 자체로 좋고, 유익한 것인 한, 지식은 덕의 필수조건이며, 그런 한에서 덕은 지혜의 일종이라는 것이다.

또한 소크라테스는 『메논』에서 지식이 덕의 필수조건임을 보이기 위하여 지식(episteme)과 올바른 의견(orthe doxa)을 구분한다. 우리가 올바르게 행위하도록 인도하는 데는 지식과 올바른 의견, 두 가지 원천이

---

53) 플라톤 저, 박종현 편저, 『플라톤: 메논·파이돈·국가』, 서울: 서울대출판부, 1987, 133쪽, <메논> 88d.

있다고 하면서, 지식이 없이도 올바른 의견에 의해 덕을 행할 수는 있지만, 이는 불안정하다고 주장한다. 소크라테스에 따르면 우리가 안정적으로 덕을 행하기 위해서는 지식이 필수적이다. 왜냐하면 올바른 의견은 우리로 하여금 올바르게 행위하도록 할 개연성은 높지만 우리로 하여금 항상 올바르게 행위하도록 하지는 못하는데 비해서, 지식은 이성에 매어져 있기 때문에 우리로 하여금 항상 안정적으로 덕을 행하도록 할 수 있기 때문이다.[54] 따라서 지는 덕의 필수 조건이다. 일관되게 안정적으로 덕을 실천하기 위해서는 먼저 덕이 무엇인지 알아야 한다(지의 필수성 논제).

여기서 한 걸음 더 나아가 소크라테스는 다양한 덕들이 있지만 그 모든 개별적 덕들을 덕이게 끔 하는 덕 자체는 지식이기 때문에 모든 덕은 지식 안에서 성립한다고 주장한다. 즉, 모든 덕들이 지혜의 "일부"이거나 한 종류라는 것이다. 그는 지식을 모든 덕들에 공통되는 덕의 유개념(genus)으로 보는 듯하다. 다양한 덕들의 상호 구별되는 특징들은 각각의 덕의 종차(differentia)이며, 이 모든 덕들에 공통되는 유적 특징이 지식이라는 것이다. 요컨대, 상호 구별되는 다양한 덕들이 존재하지만 그것들을 덕이게끔 하는 덕의 유적 본질은 지식이라는 것이다. 따라서 소크라테스에 의하면 참된 덕은 지식 하나이며, 모든 덕들은 지식에서 통일된다(덕의 통일성 논제).

지금까지 소크라테스의 논의에 따르면 지식은 덕의 필수조건이며, 모든 덕들은 지식 안에서 성립한다. 이제 소크라테스는 여기서 한 걸음 더 나아가 지식이 덕의 충분조건이라고 주장한다. 소크라테스에 의하면 모든 인간은 선을 욕구하며, 어느 누구도 악을 욕구하지는 않는다. 여기서 소크라테스의 논증은 매우 강력하다. 만일 어떤 것이 자신에게 해가

---

54) 위의 책, 11. 138~140쪽, <메논> 97b-98b.

될 것을 안다면 어느 누구라도 그것을 욕구하지 않을 것이고, 따라서 우리는 항상 자신이 욕구하는 대상은 좋은 것이라고 생각한다. 사람들은 항상 자신이 좋다고 믿는 것을 욕구하며, 이런 의미에서 사람들은 좋은 것을 원한다고 말할 수 있다. 만일 어느 누구도 나쁜 것을 욕구하지 않고 이와는 반대로 모든 사람들이 좋은 것을, 다른 어떤 것보다도 좋은 것을 욕구한다면 무엇이 좋은 것인가에 대한 인식은 곧 이러한 좋은 것을 추구하는 행위를 하도록 유도한다. 따라서 선이 무엇인지 안다면 그것을 행하고자 하는 동기는 선에 대한 지식으로부터 저절로 유발된다. 모든 사람이 좋은 것, 즉 자신에게 유익한 것을 보편적으로 욕구한다는 전제로부터, 우리가 일단 무엇이 좋은가에 대한 지식을 지니기만 하면 그것을 추구할 것이라는 사실이 도출된다.

요컨대, 소크라테스의 주장은 선에 대한 지식은 선을 행하고자 하는 동기를 내포한다는 것이다.[55] 무엇이 진정으로 선한지(좋은지) 안다면, 그것을 행하지 않을 수 없다는 것이다. 이런 맥락에서 '좋은 것을 두고 어찌 나쁜 것을 고의로 행할 수 있겠는가?'라는 반문은 의미를 갖는다. 따라서 소크라테스에 따르면 선에 대한 지식은 그것을 행하도록 동기 유발시킨다. 선이 무엇인지 안다면 그것을 행하지 않을 도리가 없으며, 이런 의미에서 지는 덕 있는 사람이 되기 위한 필요조건일 뿐만 아니라 동시에 충분조건이다(지의 충분조건 논제).

지식이 덕을 위한 충분조건이라는 논제의 당연한 귀결로서 소크라테스의 역설 중에서 가장 유명한 '악의 비고의성 논제'가 도출된다. 소크라테스에 의하면 만일 우리가 선한 것을 안다면 우리는 그것을 추구할 것이며, 만일 우리가 그릇되게 행위한다면 우리는 비자발적으로 무

---

55) 소크라테스의 이러한 주장은 현대 윤리학의 입장에서 보면 내재주의(internalism) 의 전형이다. 말하자면 소크라테스는 서양윤리학사에서 최초의 내재주의자인 셈이다.

지하기 때문에 그렇게 하게 된다는 것이다. 좋음과 나쁨의 본성이 무엇이든 간에 우리는 결코 자발적으로 나쁨을 추구하지는 않는다는 것이다. 우리가 좋음을 (즉, 행위자에게 유익한 것을) 행하려는 욕구를 가지고 있다고 전제할 때, 어떤 나쁜 결과를 낳는 모든 행위는 우리가 그 행위를 통해서 목표로 삼았던 것이 나쁘다는 (즉, 행위자에게 해를 입히는 것이라는) 사실을 모르고 그 행위가 좋은 결과를 낳을 것이라고 잘못 생각했기 때문에 생겨나게 된다. 어느 누구도 어떤 것이 나쁘다는 것을 알면서도 그것을 고의적으로 행하지는 않는다. 따라서 그릇되게 행위하는 것은 항상 비자발적이며 무지의 결과이다.

요컨대, 소크라테스에 따르면 누구도 선(좋은 것)이 무엇인지 알면서 고의로 악(나쁜 것)을 행하지는 않는다. 왜냐하면 누구도 자신에게 유해한 악을 욕구하지는 않기 때문이다. 따라서 인간이 악을 행하는 것은 오직 무지 때문이다. 우리는 선이 아닌 것은 선으로 잘 못 알고 악을 행하는 것이다. 악은 인식의 오류나 잘못된 의견에서 기인하는 것이지, 고의에서 기인하는 것이 아니라는 것이다(악의 비고의성 논제). 그러므로 덕의 본질은 지식이며, 지와 덕은 일치한다는 것이 소크라테스의 지덕일치론이다.

다음으로 소크라테스는 덕과 행복의 일치를 역설한다. 그에 의하면 덕은 선의 탁월한 실현이다. 따라서 유덕한 삶은 선한 삶이고, 선한 삶은 유익한 삶이므로 유덕한 삶은 행복하다. 덕이 있는 사람은 무엇이 좋은 것인지를 아는 사람이며, 이를 알기 때문에 좋은 것을 추구하고 나쁜 것을 피하려는 사람이다. 그렇게 함으로써 덕이 있는 사람은 자신의 기술의 목적, 즉 행복한 삶에 도달하게 된다. 반면에 덕이 부족한 사람은 좋음과 나쁨이 무엇인지를 전혀 모른 채 행위한다. 좋음이 무엇인지 모르기 때문에 다른 어떤 것이 좋음이라고 잘못 생각하여 그는 좋음을 추구하는데 실패하게 된다. 왜냐하면 좋은 것이란 다름 아닌 행복이기 때문이다. 따라서 그릇된 행위를 하는 사람은 불행한 사람이다.[56]

소크라테스는 덕이 있는 사람이 행복하다는 것을 보이기 위하여 선하고 정의로운 사람은 어떤 해도 입을 수 없다고 주장한다. 덕이 있는 사람은 오직 덕이 있다는 이유만으로 행복한 사람이다. 어떤 적의 화살이나 운명적인 재앙도 이러한 행복을 빼앗아 갈 수는 없다. 따라서 덕이 있는 사람은 어떤 해도 입을 수 없다. 소크라테스는 이 명제의 역 또한 참이라고 주장한다. 즉, 정의롭지 못한 사람은 바꾸어 말하면 덕이 없는 사람은 어떤 행복도 누릴 수 없다. 정의롭지 못한 삶을 추구하는 사람도 부와 명예를 얻고 넘치는 쾌락을 즐길 수는 있다. 그러나 이런 것들이 그 사람의 삶을 행복하게 만들지는 않는다.[57]

그러나 소크라테스의 이러한 주장은 전혀 우리의 일상적 경험과 일치하지 않는 듯이 보인다. 아마도 소크라테스 자신의 경우가 확실한 반증일 것이다. 우리의 현실은 윤리적 관점에서 볼 때 불합리한 경우가 적지 않다. 소크라테스와 같이 덕 있는 사람이 불행한 일을 당하고, 부덕한 자들이 성공 가도를 달리는 경우를 우리는 드물지 않게 볼 수 있다. 그렇다면 덕 있는 사람이 곧 행복한 사람이라는 소크라테스의 주장은 윤리적으로 불합리한 현실을 무시한 소크라테스의 억지에 불과한 것인가? 아마도 덕 있는 사람은 어떠한 해도 입을 수 없으므로 덕이 있다는 사실만으로도 행복하다는 소크라테스의 주장은 영혼의 온전함이 삶에서 가장 중요한 것이라는 그의 견해에 비추어 볼 때 적절히 잘 이해될 수 있을 것이다.

소크라테스에 따르면 우리에게 진정으로 중요한 것은 영혼을 돌보

---

56) 로버트 L. 애링턴, 앞의 책, 47쪽.
57) 위의 책, 47쪽.

는 것이다. 그런데 덕 있는 사람은 개인에게 가장 중요한 영혼이 건강하고 온전한 사람이다. 소크라테스는, 어떤 것들이 인간의 육체에 해를 입혀 그것을 "타락시키듯이" 부정의는 "인간의 더욱 상위적인 부분"에 ―즉 영혼에― 해를 입히는 반면에 정의는 영혼을 "상승시키며" 영혼에 이익이 된다고 주장한다.[58] 따라서 선하고 정의로운 사람은 그의 영혼에 어떠한 해도 입을 수 없다. 그러므로 덕 있는 사람은 그 영혼의 온전함으로 인해서 그 자체로 보상받는다. 덕 있는 사람은 오직 덕이 있다는 이유만으로 행복한 사람이다.

소크라테스의 지·덕·복일치 사상을 요약하면 다음과 같다. 그에 의하면 우리에게 진정으로 중요한 것은 영혼을 돌보는 것이다. 영혼의 온전함이야말로 우리의 삶에서 참으로 좋은 것이며, 우리가 마땅히 추구하여야 할 바이다. 지혜로운 자는 우리에게 가장 소중한 영혼에 진정으로 좋은 것이 무엇인지를 알고, 그것을 실천하는 자이다. 그러므로 지혜로운 자는 우리의 영혼에 진정으로 좋은 것에 대한 지식을 탐구하고 그것을 실천하여, 영혼의 기능을 '탁월하게' 발휘하여 영혼을 온전한 상태로 유지하는 덕 있는 사람이다. 그리고 그와 같이 지혜의 인도를 받는 유덕한 삶은 영혼의 온전함으로 인해 그 어떤 것에 의해서도 영혼에 해를 당하지 않는다. 그러므로 유덕한 삶이 진정으로 행복한 삶이다. 왜냐하면 덕 있는 사람은 우리에게 가장 중요하고도 좋은 것인 영혼이 어떠한 해를 입지 않고 온전하기 때문이다. 이런 의미에서 덕은 어떤 다른 보상이 따르지 않는다 하더라도 덕 그 자체로―영혼의 온전함만으로도― 보상받는다.

요컨대, 지혜로운 사람은 선이 무엇인지를 알고 그것을 행하는 덕이 있는 사람이며, 그런 까닭에 덕이 있는 사람은 행복하다. 반면에 무지한

---

58) 플라톤 저, 최명관 역(1994), 97~98쪽, <크리톤> 47d-48a.

사람은 선이 무엇인지 모르기 때문에 악을 행하는 사람이며, 그런 까닭에 덕이 없는 사람은 불행하다.

지식이 곧 덕이고, 누구도 선하고 정의롭게 살지 않으면 행복할 수 없으며, 유덕한 삶이 곧 행복한 삶이라는 소크라테스의 지·덕·복일치론은 서양 사상에서 최초로 에우다이모니즘을 분명하게 천명한 것이다. 그의 덕·복일치 사상은 덕과 행복을 연관지어 생각하는 에우다이모니즘 전통의 확고한 초석이 되었으며, 이후 서양의 윤리 사상과 행복 사상에 중요한 영감의 원천이자 핵심적 쟁점이 되었다.

플라톤과 아리스토텔레스는 소크라테스의 에우다이모니즘을 계승하여 발전시켰으며, 그의 덕·일치 사상은 중세기에는 기독교의 영향 하에서 내세에서의 신에 의한 구원과 연결되었다. 소크라테스는 영혼의 온전함에서 덕과 행복의 일치를 보았지만, 중세 시대의 기독교 철학자들은 덕과 행복의 일치는 현세에서 가능한 것이 아니라 전지전능한 신에게 구원받음으로써 내세에서 가능한 것으로 보았다. 왜냐하면 인류의 원죄 때문에 영혼의 온전함은 현세에서 인간 혼자의 노력으로는 실현될 수 없기 때문이다. 오직 신의 은총에 의한 구원을 통해서만 우리는 내세에서 영혼의 구원(영혼의 온전함)을 받을 수 있다. 소크라테스에게서와는 달리 중세의 기독교 철학자들에게 있어서 신은 인간이 온전한 덕을 쌓을 수 있도록 은총을 베푸는 구원자이자, 덕과 행복의 일치를 보증하는 윤리적 합리성의 보증자로 등장한다.

소크라테스의 덕·복일치론은 다시 근대에 들어 칸트에 의해 실천 이성의 당위적 요청으로 변화한다. 칸트는 도덕과 행복의 일치를 존재의 어떤 상태에 대한 기술로 보지 않았다. 덕과 행복의 일치는 마땅히 그렇게 되어야 하는 당위이지 결코 존재의 상태가 아니다. 현실에서 도덕과 행복은 일치하지 않는 경우가 드물지 않다. 세계의 윤리적 불합리성은 현상계의 엄연한 현실이다. 그래서 칸트는 도덕과 행복의 일치를 실천이성의 이념인 최고선이 요구하는 하나의 요청으로 본다.

2. 플라톤의 행복론: 영혼의 조화와 질서

소크라테스의 뛰어난 제자인 플라톤(기원전 428~347?)은 소크라테스의 에우다이모니즘을 계승, 발전시켰다. 소크라테스는 지식이 곧 덕이며, 덕 있는 사람은 영혼의 온전함으로 인해 행복하다는 견해를 피력하였다. 그러나 소크라테스는 영혼의 온전함에 대하여 분명한 정의를 내리지 않았다. 그래서 그가 내세우는 영혼의 온전함이 무엇인지는 그렇게 분명한 것은 아니었다. 뿐만 아니라 소크라테스의 지·덕일치 및 덕·복일치 사상은 우리의 현실적 경험과는 조화되기 어려운 면이 있다. 우리는 일상생활에서 어떤 사람이 그가 그르거나 나쁘다고 알고 있는 것을 행하는 경우를 자주 본다. 또한 우리는 트라시마코스가 냉소적으로 주장하는 바를, 즉 덕과 정의보다 악덕과 부정의에 의해서 세속적 성공을 거두고 행복을 누리는 듯이 보이는 경우를 현실에서 드물지 않게 목격한다. 온갖 악행을 저질러서 부와 명예와 권력을 누리는 인간들이 모두 소크라테스가 주장한 바와 같은 영혼에 해를 당하는 것처럼 보이지는 않는다.

플라톤은 소크라테스의 지·덕·복일치론의 기본 정신을 계승하면서도, 그것이 제기하는 현실적 경험과 부조화 문제를 해결하고자 하였다. 플라톤의 행복론은 구체적으로 지·덕의 불일치 문제를 해명하는 것, 덕·복의 일치─덕 있는 삶이 행복한 삶이라는 것─를 확실하게 논증하는 것, 나아가 영혼의 온전함이 무엇인지를 분명하게 정의하는 것, 이 세 가지 문제를 중심으로 전개된다.

플라톤은 무엇보다도 정의로운 사람의 삶이 — 비록 때로 정의로운 행위에 뒤따르는 보상을(예를 들면 존경이나 명예를) 받지 못한다 할지라도 — 정의롭지 못한 사람의 삶보다 행복한 것이라는 사실을 증명하려 한다. 또한 그는 정의롭지 못한 삶은 불행이라는 점을 보이려고 한다. 사실, 『국가』라는 플라톤의 위대한 저술은 정의로운 사람의 삶이 정의롭지 못한 사람의 삶보다 더 좋고 행복한 것이라는 점과 정의롭지 못한 사람의 삶은 사실상 매우 비참하다는 점을 논증하기 위한 강력한 시도라 할 수 있다.[59]

『국가』에서 이러한 문제들에 대한 해결책으로 플라톤이 도입한 것이 영혼삼분설이다.[60] 플라톤은 인간의 영혼이 '이성적 부분(logistikon)', '기개적 부분(thymoeides)', '욕망적 부분(epithymetikon)', 세 부분으로 구성되어 있다고 보았다.[61]

플라톤에 따르면 영혼의 이성 부분은 순수한 사유와 인식의 능력인데, 그것은 우리의 머리에 자리하고 있다. 이성은 사고하는 존재인 우리가 우리 주변에서 일어나고 있는 것을 알고 싶어 하는 우리의 성향과 관계하는 영혼의 기능이다. 이성은 우리 모두에게 존재하는 것이며, 영혼의 이 부분은 인간이 갖게 되는 모든 지식의 근원이 된다.

영혼의 두 번째 부분인 기개는 분노와 명예심 혹은 호승심 같은 모든 고상한 열정의 능력으로서 우리의 몸에서 가슴에 위치한다. 플라톤에 의하면 기개는 사랑과 증오, 긍지, 수치, 허세, 질투, 명예와 승리에 대한 애정 등의 감정과 관계되는 영혼의 부분이다. 이 모든 감정들은

---

59) 로버트 L. 애링턴, 앞의 책, 74쪽.

60) 소크라테스는 영혼의 불멸에 대해서는 말한 적이 있어도 영혼의 분할에 대해서는 말한 적이 없다. 그러므로 영혼삼분설에 대한 논의는 비록 그것이 『국가』에서 소크라테스의 입을 통해서 말해진다고 할지라도 플라톤의 고유한 견해로 볼 수 있다.

61) 『국가』, 345ff.

우리로 하여금 모종의 행동을 하도록 하는 큰 힘을 발휘한다. 요컨대, 기개는 우리로 하여금 자신의 목표를 성취하도록 추진하는, 우리가 지니고 있는 자신에 찬 태도라고 할 수 있다. 기개가 풍부한 삶은 대체로 우리에게 득이 되는 반면, 기개가 없는 삶은 감정적으로 거의 황폐한 삶으로서 커다란 불만과 공허함의 원인이 될 수도 있다.

영혼의 세 번째 부분은 인간의 신체 작용과 관련된 일련의 신체적 욕구, 즉 육체적인 욕구와 갈망, 충동과 자극과 관련된 모든 감성적인 욕망 능력으로서 우리의 몸에서 아랫배에 자리하고 있다. 이는 식욕이나 성욕 같은 생리적 욕구와 기타 육체적인 쾌락에 의해서 지배된다. 플라톤에 의하면 영혼의 욕망 부분이 목표로 하는 것은 개인적인 쾌락이다. 따라서 각각의 욕망들은 그 자체의 충족을 향해서 나아갈 뿐, 그 자체 내에 아무런 질서나 체계를 잡지 못한다. 그는 욕망이란 근본적으로 '머리가 여럿 달린 괴물'과 같은 것으로서 무한히 그 머리 숫자를 확대할 수 있는 것이라고 보았다. 한 가지 욕망은 또 다른 욕망을 낳고, 이 새로운 욕망의 충족은 또 다른 새로운 욕망의 충족을 갈망하게 만든다. 이렇듯 욕망은 쉽게 과도한 것이 될 수 있기 때문에 조절되고 통제되어야만 한다. 물론 욕망의 충족은 건강한 영혼을 위해서 필수적이다. 그러나 욕망의 충족에 어떤 제한이 가해지지 않는다면, 욕망은 아주 쉽사리 우리의 삶 전체를 삼켜버리고 만다. 욕망은 우리 안에 있는 길들여지지 않은 야수성이다.

플라톤은 대화편 『파에드로스』에서 우리의 영혼의 구성 상태를 한 사람의 마부가 두 마리의 말을 조종하는 쌍두마차에 비유한다. 플라톤은 두 마리의 말 가운데 한 마리는 고귀하고 선한 것에서 태어났으나, 다른 한 마리는 그렇지 못한 것에서 태어났다고 말한다. 여기서 마차를 모는 마부는 우리의 이성을, 고귀한 혈통의 말은 기개를, 나쁜 혈통의 말은 욕망을 뜻한다. 고귀한 혈통의 말은 마부의 말을 잘 듣는 기질을 지니고 있는데 반해서 나쁜 혈통의 말은 기질이 사나워서 마부의 말을 잘 듣지 않는다. 마부는 기질이 순한 말의 도움을 받아 기질이 사나운 말을 길들여서 원하는 목표를 향해 나아가야 한다. 그럴 때에 즉, 이성이 기개의 도움을 받아 욕망을 통제하게 될 때에 비로소 우리의 영혼은 균형과 조화를 이루게 된다. 그러나 나쁜 혈통의 말이 마부의 말을 잘 듣지 않을 때 그래서 마부가 말들을 적절히 통제하지 못할 때, 마차는 무질서와 갈등으로 인하여 원하는 방향으로 나아가지 못하게 된다. 이와 마찬가지로 이성이 영혼의 각 부분에 대한 통제권을 상실 할 때 영혼의 균형과 조화가 깨지게 된다. 영혼의 타락이 극에 달하면 이성에 의해 지배받아야 할 욕망이 도리어 이성을 욕망을 위한 도구로서 지배하는 일이 벌어지는데, 바로 이러한 영혼의 무질서와 혼란이 악이다.

쌍두마차의 비유에서 볼 수 있듯이 플라톤은 영혼이 조화와 균형을 이루어 제대로 기능하기 위해서는 이성이 기개와 협력하여 욕망을 통제하여 욕망에 질서를 부여하는 것이 중요하다고 생각하였다. 그리고 이것을 위해서는 먼저 영혼의 각 부분이 자기의 맡은 일을 잘 수행해야 한다. 즉, 영혼의 각 부분이 덕을 발휘하여야 한다.

플라톤은 영혼의 이성적 부분의 덕을 지혜라고 말한다. 즉, 영혼의 이성적 부분의 기능의 탁월성이 지혜인 것이다. 개인의 영혼 중 이성적 부분이 본래의 기능인 사유하고 인식하는 기능을 탁월하게 발휘하면, 지혜의 덕이 구현되며, 이성이 지혜의 덕을 발휘할 때 영혼의 이성 부분은 비로소 자신의 역할을 수행하게 된다.

그런데 플라톤에 의하면 이성의 주된 기능은 사유와 인식이기 때문에 이성에는 행동을 하도록 동기유발을 하는 실천의 힘이 없다. 그래서 이성이 지혜의 덕을 발휘한다고 할지라도, 지혜만으로는 이성의 결정을 실천으로 옮기도록 만들 수 없다. 이성이 지혜를 발휘하여 무엇이 좋은 지 혹은 옳은지를 알아도 행위는 이와는 다르게 나타날 수 있다는 것이다. 플라톤에 의하면 행동은 지혜의 권한 밖의 일이다. 이성의 결정을 실천에 옮기기 위해서는 지혜 말고도 동기유발의 힘이 필요한데, 이것은 기개의 기능에 속하는 일이다. 플라톤은 기개는 이성의 결정에 복종해서 그것을 실천하는 이성의 자연적 친구라고 말한다. 이성과 기개의 관계는 한마디로 기개는 이성의 결정, 즉 지식을 행위로 전환시킨다고 말할 수 있다.

영혼의 기개 부분의 덕은 용기이다. 기개 부분의 감정 능력이 탁월하게 발휘될 때, 그것이 바로 용기의 덕이 된다. 용기는 호연지기와도 같이 우리의 선하고 올바른 목표를 의연하게 추구하는 기개의 덕이다. 감정의 능력인 기개는 우리의 영혼의 활력소일 뿐만 아니라, 올바른 실천의 동기 유발력이다. 기개의 동기 유발력이 없다면, 즉 기개의 덕인 용기가 없다면, 이성의 지혜는 무력하게 된다.

그런데 격정의 감정 능력인 기개는 쉽게 과도해져서 우리를 잘못 행위하도록 만들기도 한다. 기개가 지나치면 과도하게 격정적이 되어서 무모해지거나 호전적이 될 수도 있기 때문이다. 예를 들어, 분노의 감정은 적절하면 의분이 되지만 지나치면 광폭해져서 폭력적이 될 수도 있다. 또한 지나친 애국자와 폭도는 종이 한 장 차이밖에 나지 않는다. 감정에 대한 통제력을 상실하기란 매우 쉬운 일이며, 그 결과 우리는 원하지 않는 행위, 더 나아가 범죄 행위를 저지르게 된다. 따라서 플라톤에 의하면 기개의 감정은 영혼의 상위 부분인 이성에 의해 조절되고 통제되어야 한다. 기개는 지혜의 빛에 의해 인도되지 않으면 용기의 덕을 발휘할 수 없고, 만용이나 무모함의 악덕에 빠지게 된다. 기개가 만용에 떨어지는 것을 막기 위해서 나아갈 때와 머무를 때를 지혜롭게 구별하지 않으면 안 된다. 이성의 지혜가 실천으로 옮겨지기 위해서 용기의 힘을 필요로 하듯이, 기개가 용기의 덕을 발휘하기 위해서는 지혜의 빛을 필요로 한다.

플라톤에 의하면 영혼의 욕망 부분의 덕은 절제이다. 욕망은 다양하고 무한하기 때문에 절제되지 않으면 쉽게 삶 전체가 욕망의 포로가 될 위험성이 있다. 그러나 욕망의 절제는 욕망 자체만으로는 어렵다. 왜냐하면 욕망을 절제하기 위해서는 필수적인 욕망과 허영에서 비롯된 욕망을 분별하는 지혜와 욕망의 끝없는 유혹을 이길 수 있는 힘, 즉 용기가 필요하기 때문이다. 플라톤에 따르면 욕망의 충족에 위계와 질서를 부여하는 것은 이성과 기개 부분에 의해서이다. 이성 부분으로 필수적인 욕망과 허영의 산물인 욕망을 구분함으로써, 기개 부분으로 하여금 이를 실천에 옮기게 한다. 기개 부분은 이성의 명령에 따라서 욕망 부분을 직접적으로 통제한다. 따라서 이성 부분이 욕망 부분에 대해서 작용하는 방식이 간접적임에 비해서, 기개 부분은 직접적이다. 욕망은 이성과 기개의 통제를 받아야만 비로소 절제의 덕을 발휘할 수 있다.

그러나 플라톤에 따르면 절제는 오직 영혼의 욕망 부분만의 덕은 아니다. 그에 의하면 절제는 영혼을 구성하는 세 부분 모두가 갖추어야 할 덕이다. 왜냐하면 영혼의 세 부분 모두는 자신의 능력을 사용함에 있어 과도함을 피하여야 하며, 이성의 지위와 나머지 두 부분의 작용을 지배하는 이성의 권리를 인정하여야만 하기 때문이다. 그래서 플라톤은 "한 개인에 있어서 보다 나은 쪽과 보다 못한 쪽 사이에 어느 쪽이 지배를 해야만 할 것인가에 대한 합의를 절제"라고 말한다.[62]

이렇게 영혼삼분설을 통해서 플라톤은 소크라테스의 지 · 덕일치론이 안고 있던 문제, 즉 현실적 경험에서 볼 때 지와 덕이 일치하지 않는

---

62) 『국가』, 432a.

다는 문제를 해결하였다고 생각하였다. 왜냐하면 그의 영혼삼분설을 받아들일 경우, 비록 우리의 이성이 지혜의 덕을 발휘해서 무엇이 좋은지를 안다고 해도, 기개의 덕인 용기의 도움이 없다면 그리고 이성과 기개가 욕망을 절제하도록 길들이지 않는다면, 지혜는 유덕한 행동으로 이어지지 않을 수도 있기 때문이다. 플라톤이 볼 때, 이렇게 해서 소크라테스의 지·덕·복일치론이 안고 있던 첫 번째 문제는 해결된 셈이다.[63]

여기서 나아가 플라톤은 영혼의 온전함이 정확히 무엇인지를 분명히 규정하고 덕·복의 일치를 증명하기 위하여 영혼의 완전한 덕인 정의의 덕에 대한 설명으로 나아간다. 그에 의하면 세 부분으로 나누어져 있는 우리의 영혼이 통일되지 못하고 분열된 상태로 남아 있다면, 그와 같은 영혼의 내적 분열 상태는 영혼의 병든 상태로서 영혼의 본래적 기능을 제대로 수행하지 못하도록 방해한다. 영혼은 질서 있게 통일 될 때에만 건강한 영혼이라고 할 수 있으며, 오직 그럴 때에만 영혼의 본래적 기능을 탁월하게 발휘하여 영혼의 완전한 덕인 정의를 실현할 수 있다.

플라톤에 따르면 정의는 영혼의 완전한 덕이다. 개인의 영혼이 그것을 구성하는 각각의 부분들이 자신의 역할을 탁월하게 잘 수행하여 고유한 덕을 발휘하고, 그 결과로서 영혼 전체의 조화와 균형을 이룰 때, 정의의 덕에 이르게 된다. 즉, 이성이 본래의 기능을 탁월하게 수행하여 지혜의 덕을 발휘하고, 기개가 이성의 지시에 자발적으로 복종하여 용기의 덕을 발휘하며, 욕망이 이성과 기개의 지배를 받아들여 지혜의 빛과 용기의 힘을 빌려 절제하게 될 때, 우리의 영혼은 분열과 무질서를 극복하고 영혼의 각 부분이 서로를 침해하지 않으면서 조화 속에서 하나의 전체로서 통일을 이루게 된다. 이렇게 영혼이 조화와 질서를 이룬

---

63) R. M, Hare, *Plato*, Oxford: Oxford University Press, 1982, p.53 참조.

상태가 바로 정의의 덕이다.

플라톤에 의하면 영혼에 있어서의 정의는 자기 자신을 완전히 실현한 개인에게서 드러나는 덕이다. 영혼이 정의를 드러내는 개인은 자신의 영혼을 구성하는 여러 요소들 사이에 상충이 생기지 않는다. 즉, 각 구성 요소들이 자신의 역할을 수행하고, 어떤 구성 요소도 다른 요소의 영역을 침해하지 않음으로써 각각의 구성 요소가 다른 요소의 적절한 활동을 인정하고 존중하면서 조화와 질서를 이룬다. 그리고 우리의 영혼이 분열과 무질서가 아니라 조화 속에서 하나의 통일을 이룰 때, 플라톤은 그것이 바로 선이요 행복이라고 말한다.

여기서 플라톤이 말하는 정의의 덕은 완전한 덕을 나타내는 것으로서, 그것은 사실상 도덕적 삶을 의미한다.[64] 플라톤에 의하면 정의로운 영혼을 지닌 사람은 이성의 지혜로서 선이 무엇인지를 아는 사람이고, 기개의 용기로서 이 선을 실천에 옮기는 사람일 뿐만 아니라, 지혜와 기개의 힘으로 욕망을 제어할 수 있는 자이다. 그래서 그는 나쁜 것이나 그릇된 것을 하고자 하는 욕망을 원천적으로 지니지 않는 사람이거나 비록 그런 욕망이 생긴다고 할지라도 그것을 억제할 수 있는 힘을 지닌 사람이다.

정의로운 영혼, 즉 질서가 바로잡힌 영혼은 우리가 일상적으로 정의롭지 못하다고 부르는 행위들, 예를 들면 도둑질이나 배신행위, 서약이나 계약의 파기, 간통 등의 행위를 다른 사람에게 결코 행하지 않는다. 왜냐하면 정의로운 영혼은 욕망이 이성과 기개의 통제하에 있기 때문에 결코 그와 같은 행위를 하고자 하는 욕망을 지니지 않을 것이기 때문이다. 그와 같은 행위들은 영혼의 불균형 상태, 즉 한 부분이—대체

---

64) 플라톤이 말하는 정의의 덕은 그리스어로 'dikaiosyne'인데, 이것은 인간관계에서 근원적 형평을 추구하는 특수한 정의를 의미하는 'dike'와 구분된다. 'dike'가 공정함을 의미하는 덕이라면, 'dikaiosyne'는 사실상 '도덕적 삶'과 동의어이다.

로 정욕과 관련되는 부분이 ― 이성의 명령에 따르지 않음으로써 "자신의 맡은 바를 제대로 행하지 않는 상태"에서 비롯되는 것이다. 따라서 정의로운 영혼을 지닌 사람은 완전한 도덕적 삶을 사는 사람이다. 그리고 이런 사람은 플라톤에 따르면 영혼이 건강한 사람이고, 영혼이 건강한 사람이 바로 행복한 사람이다.

플라톤은 정의로운 영혼을 건강한 영혼에 비유하고, 건강한 영혼은 행복하다고 말한다. 소크라테스가 행복을 설명하기 위해서 '기술의 유추'를 사용하는데 비해서 플라톤은 '건강의 유추'를 이용한다. 플라톤에 따르면 정의의 덕을 구현한 개인의 영혼은, 즉 정의로운 영혼은 건강한 영혼이다. 그는 소크라테스의 입을 빌려서 "그렇다면 덕은 영혼의 건강함, 아름다움, 좋은 상태인 반면 악덕은 영혼의 질병, 추함, 허약함이라고 할 수 있네."[65]라고 말한다. 건강한 영혼은 자신이 필요로 하는 바를 충족시키며 자신과 갈등을 빚지 않는다. 건강한 영혼은 또한 항상 균형 상태를 유지한다. 그래서 플라톤은 건강한 영혼은 동시에 행복한 영혼이라고 말한다.

여기서 우리는 영혼의 온전함을 행복과 동일시한 소크라테스의 견해에 대한 플라톤의 해석을 엿볼 수 있다. 플라톤은 영혼의 온전함은 영혼의 건강함이요, 건강한 영혼이라 함은 다름 아닌 영혼의 각 부분들이 덕을 발휘하여 조화와 질서를 정의로운 영혼임을 분명히 한다. 이로써 소크라테스의 지·덕·복일치론이 안고 있던 또 한 가지 문제, 즉 영혼의 온전함이 무엇인지의 문제가 플라톤 자신의 관점에서 볼 때 해결된 셈이다.

이제 플라톤은 건강의 유추를 통하여 덕이 있는 개인의 삶은 곧 행복한 삶이며, 그러한 삶은 그것의 결과뿐만이 아니라 그 자체로서도 선

---

65) 『국가』, 44d-e.

한 것이라는 점을 보이기 위하여 노력한다.[66] 행복한 사람과 영혼이 건강한 사람을 동일시함으로써 플라톤은 자신의 주장을 지지하는 강력한 근거를 발견하였다고 생각한다. 건강이란 분명히 우리가 그 자체로서 향유하는 어떤 것이다. 우리가 이성적인 한 어느 누구도 진정으로 건강한 삶보다 나약하고 질병이 계속되는 삶을 선택하지 않을 것이다. 건강한 삶은 선을 포함하고 있으며 항상 진정한 가치를 달고 다닌다. 그러나 건강한 삶은 또한 도구적으로 가치 있는 것이다. 즉 그것은 우리가 추구하는 다른 대부분의 개별적인 가치들에 도달하기 위하여 필요한 수단이다. 또한 그것은 우리의 욕구가 목표 삼는 바이며, 우리의 기개를 결집시키는 원인으로 작용하고, 우리의 이성이 지적으로 추구하는 바이기도 하다. 따라서 건강은 글라우콘이 분류한 두 번째 범주, 즉 그 자체로도 선하며 그 결과도 선한 것의 범주에 포함된다. 플라톤에 따르면 이와 마찬가지로 건강한 영혼으로서의 정의로운 영혼도 그 자체로도 선하며 그 결과도 선한 것이라고 할 수 있다는 것이다.[67]

또한 플라톤은 정의롭지 못한 사람의 삶은 사실상 질적인 측면에서도 정의로운 사람의 삶보다 열등한 것이라는 점을 보이기 위하여 노력한다. 그는 정의롭지 못한 사람의 삶은 바로 정의롭지 못한다는 바로 그 이유 하나만으로도 비참한 삶이라고 주장한다. 만일 정의가 영혼의

---

66) 이것은 『국가』에서 글라우콘이 소크라테스에게 입증하라고 요구한 것이다. 글라우콘은 선을 ① 오직 그 자체만으로도 선한 것들, ② 그 자체만으로도 선하고 또한 그것의 결과도 선한 것, ③ 그 자체로는 부담스럽고 성가시지만 그 결과는 선한 것으로 구별한다. 뒤이어 글라우콘은 많은 사람들이 정의를 세 번째 유형에 속하는 것으로 생각한다는 점을 지적을 한다. 즉 정의는 그 자체로는 매우 부담스러운 것이지만 우리의 동료들로부터 도덕적 승인을 받기 위하여 정의를 추구하며 또한 그러한 승인으로부터 생겨나는 이익도 함께 추구한다는 것이다. 이어서 글라우콘은 소크라테스에게 정의가 두 번째의 범주, 즉 보다 우월한 범주에 속하는 선이라는 점을 증명해 보일 것을 요구한다. 『국가』, 357b.
67) 로버트 L. 애링턴, 앞의 책, 97쪽.

조화와 균형 그리고 영혼의 건강이면 정의로운 삶에 도달하는데 실패한 경우들은 영혼의 각각의 요소들이 서로 협동하지 못하는 부조화와 불균형 그리고 병약한 상태를 보이는 것이 된다.

> 그렇다면 [정의롭지 못함]은 분명히 이들 세 부분 사이의 일종의 내분 상태이며, 다른 부분의 역할에 대한 참견과 간섭이고, 어떤 부분이 부당하게도 영혼 전체를 지배하려고 함으로써 생기는, 영혼 전체에 대한 일종의 반란이 아니겠는가? 이렇게 반란을 일으키는 부분은 본성상 지배를 받는 것이 적절하고 반면에 다른 부분은 지배를 받는 것이 아니라 지배를 하는 것이 오히려 적절할 텐데도 말일세. 우리는 이러한 일을, 즉 세 부분들 사이의 혼란과 방황을 정의롭지 못한 것으로 또한 무절제와 비겁 그리고 무지라고, 요컨대 전체적인 악덕의 상태라고 부르게 될 것이라고 나는 생각하네.[68]

이렇게 정의롭지 못한 영혼은 자신과 충돌을 일으키게 될 것이며, 따라서 그것을 구성하는 한 부분 또는 둘 이상의 부분들이 자신의 욕구를 만족시키지 못하게 될 것이다. 이러한 영혼은 욕구불만의 상태에 빠지며 충돌이 크게 일어날 경우에는 분노와 고통의 상태에 빠지게 될 것이다. 충분히 건강하고 정의로운 영혼과 비교해 볼 때 정의롭지 못한 영혼은 분명히 덜 행복할 것이며 비참할 것이다. 따라서 현명한 사람은 항상 정의롭지 못한 삶보다는 정의로운 삶을 선호하게 될 것이라는 것이 플라톤의 주장이다.

요컨대, 영혼이 조화와 질서의 상태에 있는 정의로운 영혼을 지닌 사람은 영혼이 건강한 사람으로서 행복한 사람인 반면에, 정의롭지 못한 영혼을 지닌 사람은 영혼의 내적 갈등과 분열로 말미암아 병든 영혼을 지닌 사람으로서 불행하다는 것이다. 이렇게 해서 플라톤은 자신은 소크라테스의 지·덕·복일치론이 안고 있는 세 번째 문제, 즉 덕·복

---

68) 『국가』, 444b.

의 일치를 확실하게 논증했다고 생각하였다. 이상의 플라톤의 행복론은 다음과 같이 요약된다.

이성이 지혜의 덕을 발휘하고, 기개가 이성의 빛의 인도를 받아 용기의 덕을 발휘하며, 욕망이 이성과 기개의 지배를 받아들여 절제의 덕을 발휘하게 될 때, 우리의 영혼은 정의의 덕에 이르게 된다. 그리고 영혼이 조화와 질서를 이룬 정의로운 영혼은 어떠한 악도 욕구하지 않고 단지 선을 욕구하며, 선을 인식하여 그것을 실천하는 건강한 영혼인데, 건강한 영혼은 다른 어떤 보상이 따르지 않더라도 그 자체만으로 행복하다. 왜냐하면 우리에게 진정으로 중요한 것은 영혼의 건강함이기 때문이다.

영혼의 건강을 행복으로 파악하는 이러한 견해는 플라톤의 이데아론에 의해 그 의미가 더욱 분명해진다. 플라톤에 의하면 눈에 보이는 현상 세계는 끊임없이 변화하는 그림자의 세계이며, 참된 존재의 세계인 이데아의 세계는 눈에 보이지 않지만 참으로 실재하는 영원불변의 세계이다. 전자는 감각과 경험의 세계이자 생성과 사멸의 세계이며, 모형의 세계인데 비해, 후자는 관념과 이성의 세계이자 영원한 실재의 세계이며, 본체의 세계이다.

거의 이데아론에 따르면 육체는 현상세계에 속하고, 영혼은 이데아의 세계에 속한다. 육체는 사멸하지만 영혼은 불멸한다. 따라서 우리의 참된 존재는 육체가 아니라 영혼에 머무른다. 우리의 영혼은 육체의 감옥에 갇혀 있다고 플라톤은 한탄한다. 그래서 우리는 육체의 옷을 입고 있는 동안에는 눈에 보이는 물리적 세계에서 살 수 밖에 없지만, 죽음과 함께 육체의 옷을 벗어버리게 되면 영원한 정신적 세계로 다시 돌아가게 된다. 따라서 우리가 살고 있는 이 세계는 결코 우리가 영원히 머무를 수 있는 곳이 아니며, 우리의 고향은 참된 존재의 세계인 이데아의 세계이다. 그런 까닭에 플라톤에 따르면 이 세상의 일에 대하여 특히 육체의 일에 대하여 지나치게 많은 관심을 가지는 것은 어리석은 일이다. 우리가 염려해야 할 것은 이 세상에 속한 일들이 아니라, 우리의 고향인 영원한 세계에 속한 일이다. 즉 영혼의 순수함과 영혼의 온전함을 염려하는 것이야 말로 우리가 참으로 관심을 기울여야 할 일이다. 따라서 참된 행복은 육체의 건강이나 부나 명예 또는 권력의 획득에 있는 것이 아니라 ─ 이런 것들은 사멸하는 그림자에 불과하다 ─ 오직 영혼의 건강함, 영혼의 정의에 있다는 것이다.

플라톤은 영혼삼분설과 이데아론을 통하여 영혼의 건강이 참된 행복임을 보여주고자 하였다. 이는 영혼을 돌보라는 스승인 소크라테스의 가르침을 충실히 따른 것이며, 소크라테스의 지·덕·복일치론에 내재한 문제점을 그 나름대로 해소하고자 하는 노력의 소산이었다. 영혼삼분설과 이데아론이라는 플라톤의 전제를 받아들인다면, 그의 행복론은 논리적 완결성을 지닌다고 할 수 있다. 그러나 그의 영혼의 분할과 내적 갈등 이론은 소크라테스의 영혼관을 상세화시켜서 진일보시킨 것이라고 할 수 있는 반면에 이데아론과 영혼불멸설은 지나친 이원론과 금욕주의로 말미암아 논란거리로 남아있다. 그의 영혼분할설은 아리스토텔레스에 의해서 발전적으로 계승되었지만, 이데아론과 영혼불멸설은 거부되었다.

3. 아리스토텔레스의 행복론: 덕을 따르는 영혼의 활동

플라톤은 참된 존재의 세계는 우리가 현실에서 경험하는 현상 세계가 아니라 비공간적이고 초월적인 영역에 존재하는 이데아의 세계라고 믿었다. 플라톤은 이러한 이원론을 인간의 육체와 영혼에 대해서도 적용한다. 그래서 그는 육체는 변화하고 사멸하는 이 세계에 속하는 데 비해서, 영혼은 영원불변하는 이데아의 세계에 속한다고 생각했다. 따라서 그는 우리 인간의 참된 존재는 사멸하는 육체가 아니라 불멸하는 영혼이므로 우리가 진정으로 염려하고 돌보아야 할 것은 영혼이며, 영혼의 건강함(정의로운 영혼)이야말로 우리의 참된 행복이라고 주장하였다.

플라톤의 제자인 아리스토텔레스(기원전 384~322)는 플라톤의 이데아론 및 영혼과 육체를 구분하는 영육 이원론을 단호히 거부한다. 그는 이데아의 세계가 따로 있고 눈에 보이는 현상의 세계가 따로 있는 것이 아니라, 존재하는 것은 우리가 살고 있는 오직 하나의 자연적인 세계밖에 없으며, 이데아든 감각적 사물이든 존재하는 모든 것은 하나의 세계 속에 같이 있다고 생각하였다. 따라서 그는 영혼과 육체가 따로 떨어져서 존재할 수 있다는 생각도 거부한다. 인간의 삶은 육체와 영혼의 결합이며, 죽음은 영혼과 육체의 분리를 뜻한다. 그러므로 죽고 난 다음에 육체로부터 분리된 영혼의 삶이란 있을 수 없다. 그래서 그는 플라톤이 말하는 것과 같은 죽음 이후의 삶이나 영혼의 불멸은 없으며, 오직 현세에서의 삶이 인간의 삶의 전부라고 생각하였다. 따라서 내세에서의 영혼의 완성과 같은 것은 우리 인간이 추구하는 행복이 될 수 없으며, 행복은 우리가 사는 세계에서 실현되지 않으면 안 된다고 주장한다.

아리스토텔레스는 플라톤의 신비주의적인 선의 이데아라는 개념을 거부하면서 보다 현실주의적인 행복 개념을 탐구한다. 아리스토텔레스에 의해 그리스의 에우다이모니즘은 이상주의에서 현실주의로 변모하면서 보다 구체적이고 완결된 모습을 선보인다.

아리스토텔레스의 행복론은 그의 목적론적 세계관과 밀접히 관련되어 있다. 아리스토텔레스에 따르면 자연은 불필요한 것을 생산하지 않는 까닭에 모든 사물은 자체의 목적을 가지고 있다. 인간의 모든 행위도 마찬가지이다. 인간의 모든 고의적 활동은 그 특성상 목표 지향적 또는 목적을 추구하는 행위이다. 그런데 아리스토텔레스에 따르면 모든 행위는 언제나 선(좋은 것)을 목적으로 삼는다. 인간의 "모든 기술과 탐구, 또 모든 행동과 추구는 어떤 선을 목표로 삼는 것으로 여겨진다. 그러므로 선이란 모든 것이 목표로 삼는 것"[69]이다. 아리스토텔레스는 인간의 행위의 목표 또는 목적은 선(good for human)이라고 주장한다.

그런데 아리스토텔레스에 따르면 우리의 행위가 추구하는 목적 또는 선은 위계 구조를 이루고 있다. 우리의 추구의 대상이 되는 선(목적)은 대부분 다른 어떤 선(목적)을 달성하기 위한 수단으로 사용되며, 보다 상위의 선은 또 다른 상위의 선을 실현하는 수단으로 사용된다. 이러한 선은 도구적 선이라고 할 수 있다. 이런 식으로 수단—목적의 계열을 따라 상위로 올라가다 보면 위계 구조의 맨 상위에 더 이상 다른 어떤 것을 위한 수단으로 사용되지 않고, 오직 그 자체만을 위하여 추구되며, 다른 모든 선(목적)들이 그것을 위하여 추구되는 선(목적)에 이르게 된다. 아리스토텔레스는 이러한 선을 '최고선' 또는 '궁극 목적'이라고 한다.

그에 의하면 이와 같은 궁극 목적(최고선)이 없다면, 목적의 계열은 무한히 거슬러 올라가게 되고, 그 결과 우리의 욕구는 공허하고 허무한 것이 된다.[70] 왜냐하면 궁극 목적이 없다면 목적의 연쇄는 무한히 소급될 것이고, 그렇게 되면 우리는 결코 우리가 욕구하는 최종 목적에 도달할 수 없으며, 따라서 최종적인 욕구의 충족도 불가능하게 되기 때문

---

69) 아리스토텔레스 저, 최명관 역, 『니코마코스 윤리학』, 서울: 서광사, 1988, 1094a. 이하에서는, <아리스토텔레스 저, 최명관 역, 『니코마코스 윤리학』, 서울: 서광사, 1988>을 『니코마코스 윤리학』으로 약칭함.
70) 『니코마코스 윤리학』, 1094a.

이다. 이는 곧 어떤 욕구도 충족되거나 만족될 수 없음을 의미한다. 그 결과 모든 욕구는 공허하고 허무한 것이 되고 만다. 또한 목적의 연쇄가 무한히 계속된다면, 우리가 지금 추구하고 있는 특정한 목적은 그것을 왜 추구해야 하는가에 대한 최종적 정당화가 무한히 미루어지게 된다. 따라서 아리스토텔레스는 우리의 목적과 관련해서 무한 소급을 부정하고, 최고선(궁극 목적)의 존재를 당연한 것으로 가정한다.

우리의 모든 욕구와 추구의 최종 목적인 최고선(궁극 목적)은 목적의 연쇄의 제일 끝에 놓여서 목적의 무한 소급을 끝내고, 우리의 개별적 욕구와 목적에 의미를 부여하는 역할을 한다. 나아가 최고선에 도달하려는 우리의 노력을 올바르게 인도하는 역할을 한다. 따라서 이 궁극 목적(최고선)이 무엇인지를 파악하는 것은 매우 중요하다.

그러면 인간에게 있어서 최고선 또는 궁극 목적은 무엇인가? 아리스토텔레스에 따르면 거의 대부분의 사람들이 최고선이 바로 행복(eudaimonia)이라는 데 대해서는 이견이 없다고 한다. 최소한 용어상으로는 일치된 의견을 보인다는 것이다. 더욱이 모든 사람들이 행복을 "잘 살고 잘 행하는 것"과[71] 동일시한다고 아리스토텔레스는 주장한다.

아리스토텔레스는 행복이 정말로 최고선인지를 알아보기 위하여 최고선이 만족시켜야할 기준을 탐구한다. 그에 의하면 궁극 목적 또는 최고선은 세 가지 조건을 만족시켜야 한다. 첫째, 최고선은 우리 인간이 오직 그것을 위하여 다른 모든 것을 추구하는 그러한 목적이어야 한다. 둘째, 최고선은 무조적적으로 완전하여야 한다. 즉, 최고선은 오직 그 자체로서만 가치를 지니며 다른 어떤 것에 대한 수단이어서는 안 된다. 셋째, 최고선은 자기 충족적이어야 한다. 달리 말해서 다른 어떤 것이 더해지지 않더라도 그 자체만으로 삶을 더욱 바람직한 것으로 만드는

---

71) 『니코마코스 윤리학』, 1095a.

것이어야 한다.[72]

　아리스토텔레스는 행복이 위의 세 가지 조건 모두를 만족시킨다고 주장한다. 행복은 우리 모두가 목표로 삼는 목적이며 또 우리는 다른 어떤 것을 위해서 행복을 의욕하지 않는다. 또한 행복을 더욱 가치 있는 것으로 만들기 위하여 다른 어떤 것을 더할 필요도 없다. 따라서 아리스토텔레스는 당시대의 일반적 견해를 받아들여서 행복이 곧 최고선이며, 궁극 목적이라는 점을 결코 의심하지 않는다. 또 행복이 잘 살고 잘 행하는 것이라는 역시 의심하지 않는다. 그러나 아리스토텔레스에 따르면 모든 사람들이 명목상으로 행복이 삶의 궁극 목적이라는 데 대하여 동의한다고 하더라도, 최고선인 행복이 정확히 무엇인가에 대해서는 사람들이 의견이 분분하다.

　어떤 사람들은 행복을 쾌락과 동일시하고, 다른 사람들은 명예나 부와 동일시한다. 그러나 아리스토텔레스에 따르면 이러한 생각들은 모두 잘못된 것이다.

　쾌락을 행복으로 보는 것은 인간의 행복을 짐승 같은 삶과 동일시하는 것이다. 인간 본성 가운데는 동물적 측면이 분명히 존재하지만 그것을 넘어서는 요소도 존재한다. 쾌락을 행복으로 보는 견해는 인간 본성의 고유한 측면을 반영하지 못한다.[73] 또한 좋은 활동에 고유한 쾌락은 좋은 쾌락이지만, 좋지 못한 활동에 고유한 쾌락은 나쁘기 때문에[74] 쾌락은 최고선이 될 수 없다. 원칙적으로 쾌락이 좋은 것을 산출하는 것이 아니라, 좋은 것(선)만이 좋은 쾌락을 가져다준다.

　명예와 부 역시 최고선이 될 수 없다. 왜냐하면 명예는 그것을 부여하는 다른 사람에게 의존하는 것이기 때문이고, 부는 다른 어떤 상위의

---

72) 『니코마코스 윤리학』, 1097a-b.
73) 『니코마코스 윤리학』, 1095b.
74) 『니코마코스 윤리학』, 1176a.

목표를 위해서 추구되는 것이지 결코 그것 자체를 위해서 선택되는 것이 아니기 때문이다.75)

그렇다면 무엇이 참된 행복이며, 우리의 삶에서 진정으로 가장 좋은 것인가? 이 물음에 대답하기 위해 아리스토텔레스는 기능(ergon)의 개념을 끌어들인다. 세계 안의 모든 것은 자신의 고유한 기능을 지니고 있으며, 이 기능은 그것의 "선"이 무엇인지를 확인하는 데 도움을 준다.

> 만일 우리가 먼저 인간의 기능이 무엇인지를 발견할 수 있다면 아마도 우리는 인간에게 무엇이 최선인지도 곧 발견할 수 있을 것이다. 왜냐하면 예를 들어 피리 부는 사람이나 조각가, 그 밖의 모든 장인들 그리고 일반적으로 어떤 기능을 가지고 있거나 고유한 활동을 하는 모든 것 들에 있어서 그들의 선은 그들의 기능에 의존하는 듯이 보이는 것과 마찬가지로 인간이 어떤 기능을 지니고 있다면 인간의 선 또한 그 기능에 의존할 것이기 때문이다.76)

그렇다면 다른 존재와 구별되는 인간의 고유한 기능은 무엇인가? 아리스토텔레스에 의하면 생명 유지와 영양 섭취의 기능은 인간이 다른 동물 및 식물과 공유하는 기능임으로 인간의 고유한 기능이라 할 수 없고, 감각과 운동의 기능 역시 인간과 동물이 공유하는 기능이기 때문에 인간의 고유한 기능이라 할 수 없다. "그렇다면 남게 되는 가능성은 … 우리의 영혼 중 이성을 지니고 있는 부분의 활동이라 할 수 있는 능동적인 삶뿐"77)이라고 아리스토텔레스는 말한다. 우리의 기능 가운데 오직 이성의 활동만이 동물이나 식물에게서는 볼 수 없는 순수하게 인간에게만 고유한 기능이라는 것이다.

아리스토텔레스는 인간의 고유한 기능인 이성의 활동이 무엇인지를

---

75) 『니코마코스 윤리학』, 1096a.
76) 『니코마코스 윤리학』, 1097b.
77) 『니코마코스 윤리학』, 1098a.

보이기 위하여 인간의 영혼을 분석한다. 그에 의하면 인간의 영혼은 이성적 부분과 비이성적 부분 두 분으로 나누어져 있다. 영혼의 이성적 부분은 능동적인 사고와 추론을 담당하는 부분이고, 영혼의 비이성적인 부분은 영양을 담당하는 부분과 욕망을 담당하는 부분 모두를 포함한다. 영혼 중 욕망을 담당하는 부분은(여기에는 욕구, 느낌, 감정 등이 포함되는데) 그 자체가 직접 추론에 관여하지 않기 때문에 이성과 무관한 부분이지만, 이 부분은 또한 이성으로부터 상당한 영향을 받을 수 있으며, 이성에 따르거나 이성의 명령을 받아들일 수 있다. 이에 비해서 영양과 관련되는 부분은 이성의 범위를 넘어서는 것이기 때문에 우리의 도덕적 삶에서 어떠한 중요한 역할도 하지 않는다.

따라서 인간의 고유한 기능인 이성의 활동은 크게 둘로 나누어 볼 수 있다. 우선 이성은 사유하고 추론하는 기능을 가지며, 다음으로 영혼의 비이성적 부분, 즉 욕망과 관련되는 부분을 통제하고 지도하는 기능을 가진다. 전자가 이성의 본질적 기능이라면, 후자는 이성의 비본질적 기능에 속한다. 그러므로 인간이 이성을 소유하고 있다는 말은 ① 사유 및 추론 능력과 ② 이성에 따를 수 있는 능력을 지니고 있음을 의미한다.[78]

아리스토텔레스는 영혼 및 이성에 대한 분석을 통해서 "이제 우리는 인간의 기능이 영혼의 활동, 즉 영혼 자체가 소유하고 있는 이성을 표현하거나 또는 이성에 따르기 위하여 이성을 필요로 하는 영혼의 활동임을 발견하였다."[79]고 하면서, 인간의 최고선, 즉 행복이 무엇인지를 보다 분명하게 제시한다. 인간의 최고선인 행복이 인간의 고유한 기능을 완수하는 것과 동일시된다면 그리고 인간의 고유한 기능이 이성의 활동이라면, 인간의 행복은 이성의 활동에 있어서의 탁월함, 즉 이성의

---

78) 『니코마코스 윤리학』, 1102a~1102b.
79) 『니코마코스 윤리학』, 1098a.

본래적 기능인 사유와 추론에서의 탁월함과 더불어 이성의 지도와 통제를 따르는 능력에 있어서의 탁월함을 의미한다. 요컨대 인간의 행복은 인간의 고유한 기능인 이성을 탁월하게 발휘하고 실현하는 데 있다는 것이다.

그런데 앞서 살펴본 바와 같이 그리스인들은 어떤 활동의 탁월함을 arete, 즉 덕이라고 부르는 언어적 관습을 가지고 있었다. 그래서 아리스토텔레스는 인간의 행복은 "결국 덕에 따른 영혼의 활동이다. 그리고 덕이 하나가 아니라 여럿이라면, 그 중에서 가장 훌륭하고 궁극적인 덕에 따른 영혼이 활동"[80]이라고 주장한다.

그리고 아리스토텔레스에 따르면 행복은 우리 일생을 지배하는 원리인 까닭에 영혼의 덕이 있는 활동은 일시적인 것이 아니라 우리가 삶전체 기간 동안 계속해서 추구해야만 하는 것이다. 우리가 일시적으로 유덕한 활동을 했다고 행복에 도달하는 것은 아니라는 것이다. "한 마리 제비가 온다고 봄이 되지 않는 것처럼 우리가 축복받거나 행복하게 되는 것은 하루나 짧은 시간에 이루어지는 일이 아니다."[81]

여기서 아리스토텔레스도 소크라테스와 플라톤과 마찬가지로 그리스 에우다이모니즘의 핵심인 행복과 덕이 밀접한 연관성을 강조한다. 이 세 사람은 모두 이성의 발휘를 통한 덕의 추구가 곧 행복이며, 행복은 다름 아닌 영혼의 온전함이라는 신념을 공유하고 있었다. 소크라테스에게 있어서 '영혼의 온전함'이 플라톤에게 있어서는 '영혼의 건강'으로, 아리스토텔레스에게 있어서는 '덕을 따르는 영혼의 활동'으로 달리 표현된 것뿐이다.

아리스토텔레스에 따르면 인간의 궁극 목적이자 최고선인 행복은

---

80) 『니코마코스 윤리학』, 1098a.
81) 『니코마코스 윤리학』, 1098a.

덕을 따르는 영혼의 활동이다. 그런데 앞서 살펴본 바와 같이 영혼은 크게 두 부분으로 나뉘며, 이성의 활동도 둘로 구분된다. 따라서 이성의 탁월성인 덕도 그에 상응해서 둘로 나누어진다. 아리스토텔레스는 영혼의 이성적 부분의 탁월성, 즉 능동적인 사유와 추론의 활동에 있어서의 탁월성을 지적인 덕이라 부르고, 영혼의 비이성적 부분의 탁월성, 즉 영혼의 욕망 부분이 이성의 지도와 통제를 받아들이는 데 있어서의 탁월성을 윤리적 덕이라 부른다.

지적인 덕은 이성적 측면이 원활히 작용할 때 구현되는 것으로서 이는 다시 학적 인식, 직관적 이성, 철학적 지혜로 구성되는 인식적 부분의 덕과 기술지와 실천적 지혜로 이루어진 숙고적 부분의 덕으로 나뉜다. 전자의 지적인 덕들이 보편적 진리의 추구와 관계된다면, 후자의 지적인 덕들은 보편적 진리를 구체적 상황에 적용하는 것과 관계된다. 그리고 지적인 덕들은 교육에 의해서 획득될 수 있다.

이에 반해 윤리적 덕들은 이성에 귀 기울이고 이성의 명령과 지도에 따라 욕구하고 느끼고 행위하는 능력의 탁월성, 즉 성품의 탁월성을 의미한다. 아리스토텔레스는 좋고 나쁜 것을 선택함에 있어서 우리가 보여주는 지속적인 경향성을 가리켜 성품이라 한다. 따라서 윤리적 덕은 우리의 욕구와 감정과 행위에 있어서 올바른 이성의 명령에 따라 좋은 것을 선택하는 지속적인 경향성, 즉, 성품의 탁월성을 말한다. 아리스토텔레스에 따르면 지적인 덕들은 교육에 의해서 획득이 가능한 반면에 윤리적 덕들은 습관에 훈련에 의해서 획득이 가능하다.

윤리적 덕이란 한마디로 영혼의 비이성적 부분이 올바른 이성의 명령과 지도를 따르는 것이다. 그런데 아리스토텔레스는 올바른 이성은 우리의 영혼의 욕망 부분에 대하여 '중용'을 명령한다. 따라서 아리스토텔레스는 윤리적 덕을 "중용에서 성립하는 행위 선택의 성품"[82]이라고 말한다. 윤리적 덕은 달리 말해 우리의 욕구와 감정과 행위에 있어서 중용을 선택하고자 하는 지속적인 성품의 경향성을 일컫는 것이다. 그리고 윤리적 덕은 습관을 통해 길러짐으로 아리스토텔레스는 윤리적 덕을 달리 '습관화된 중용'이라고 표현한다.

윤리적 덕은 과도와 결핍이라는 두 극단의 악덕 사이의 중용이다. 공포라는 감정과 관련해서 무모함이라는 과도의 악덕과 비겁함이라는 결핍의 악덕, 이 두 극단의 악덕 사이의 중용이 용기의 덕이며, 쾌락과 관련해서 방탕함(과도의 악덕)과 무감각(결핍의 악덕)의 두 악덕 사이의 중용이 절제의 덕이다.

> 절제와 용기, 그 밖의 다른 덕들의 경우도 이와 마찬가지이다. 예를 들어 어떤 사람이 무슨 일에서나 뒷걸음치며 무슨 일이나 두려워하고 자신의 설자리를 확고하게 지키지 않는다면 그는 비겁한 자가 될 것이다. 반면에 아무것도 두려워하지 않으며 모든 것과 정면으로 대결하려는 사람은 무모한 자가 될 것이다. 이와 마찬가지로 온갖 쾌락을 탐닉하고 어떤 것도 삼가지 않는 사람은 방탕하게 되며 마치 촌뜨기처럼 모든 쾌락을 피하려고만 하는 사람은 무감각하게 된다. 따라서 절제와 용기는 과도함과 부족함에 의해서 파괴되며 중용에 의해서 유지된다.[83]

요컨대, 용감한 사람은 이성적으로 마땅히 두려워해야 할 것을 두려워하며 두려워하지 않아도 될 것을 두려워하지 않는 자이다. 그는 어리석은 모험을 감행하지 않으며, 또한 확고하게 대처하면 얼마든지 합리적으로 물리칠 수 있는 협박 따위를 두려워하지 않는다. 용감한 사람이란 적절한 때, 적절한 대상에 대하여, 적절한 정도로 두려움을 느끼는 사람이라고 말할 수 있다. 마찬가지로 절제 있는 사람은 적절한 때, 적

---

82) 『니코마코스 윤리학』, 1106b.
83) 『니코마코스 윤리학』, 1104a.

절한 대상에 대하여 적절한 정도로 쾌락을 추구하는 사람이다.

그런데 아리스토텔레스에 따르면 중용은 산술적 평균을 의미하는 중간 – 1과 10사이의 중간은 5.5이다 – 과는 다르다. 중간이 평균, 즉 평범함을 의미하는 데 비해서 중용은 하나의 가치론적 절정을 가리킨다. 요컨대, 중용은 욕구, 감정, 행위의 선택에 있어서 넘침도 없고 모자람도 없는 알맞음의 극치를 의미한다. 그런 의미에서 중용은 가치론적 극단이지 결코 평범함이 될 수 없다.

이와 같은 특징으로 인해서 중용은 모든 사람에게 동일한 것일 수 없다. 아리스토텔레스에 따르면 중용은 때에 따라, 상황에 따라, 대상에 따라, 사람에 따라, 동기나 목적이나 방법에 따라 달라지는 상대적인 중간점이다. 그래서 그는 "마땅한(적절한) 때에, 마땅한 일에 대하여, 마땅한 사람들에 대하여, 마땅한 동기로, 그리고 마땅한 태도로 느끼는 것이"[84] 중용이라고 말한다. 따라서 학자에게 요구되는 용기와 군인에게 요구되는 용기는 서로 다른 것이 마땅한 것이다. 이렇듯 과도함과 부족함 사이의 중용이라는 것은 각각의 경우와 개별적인 상황에 따라서 달라지게 마련이다. 경우에 따라서 중용은 행위자에게 극심한 분노를 요구할 수도 있고, 극한의 절제나 용기를 요구할 수도 있다. 그래서 중용은 인식하기가 매우 어렵다. 이리스토텔레스에 따르면 정확한 중용의 식별은 실천적 지혜(phronesis)를 지닌 현자(phronimos)의 소임이며, 우리는 더 큰 악을 피하는 차선책을 다를 수밖에 없다.

중용은 절제에 관한 이론이 아니라, 가치론적 절정의 이론이다. 중용은 우리의 감정, 욕구, 행위에 있어서 우리가 나타낼 수 있는 최고의 가치를 표현하는 것이다. 그러나 아리스토텔레스에 따르면 진정으로 덕이 있는 사람은 단지 자신의 감정이나 행위에 있어 상대적인 중용에 도

---

84) 『니코마코스 윤리학』, 1106b.

달한 사람이 아니라, 올바른 동기에서 행위하고 그렇게 하면서 스스로 쾌락을 느끼는 사람이다. 즉, 그는 덕 있는 행위를 즐길 줄 알아야 한다. 그리고 이는 그의 본성이 습관화를 통해서 올바른 방식으로 고정되었을 경우에 가능하다.

이러한 사실은 진정으로 덕이 있는 사람과 사실상 덕을 갖추지 못했으면서도 단지 흉내만 내는 사람을 구별하는 데 도움이 된다. 아리스토텔레스에 따르면 진정으로 덕이 있는 사람은 올바른 상태에서 덕 있는 행위를 하는 사람이다. 즉, 올바른 동기에서 즐거이 덕 있는 행위를 하는 사람이다. 이에 비하여 덕 있는 행위를 그저 흉내 내듯 따라서 하는 사람은 단지 자기 통제에서 그렇게 하는 사람이다. 그는 자기 통제를 잘 하기 때문에 자신의 욕망을 물리치고 의무를 다하는 사람이지만 결코 즐거이 덕을 행하는 사람은 아니다. 그의 내면의 영혼은 갈등 상태에 있기 때문에 즐거이 중용을 따르지 못한다. 아리스토텔레스에 따르면 덕 있는 행위를 하면서 그것을 즐기는 사람은 분명히 덕 있는 행위를 즐기지 못하고 엄격한 자기 통제에 따라 행위하는 사람보다 행복하다. 후자의 경우와 같이 끝없이 자기 통제를 하는 사람의 삶은 자신의 내부에서 생겨나는, 서로 대립하는 여러 동기들과의 계속되는 갈등으로 점철된다. 덕이 있는 사람은 결코 그런 갈등에 직면하지 않는다. 그는 자신이 덕을 갖추기 위하여 당연히 해야 한다고 인식하는 바를 즐겁게 행할 뿐이다. 그러한 사람은 진정으로 행복하다.[85]

아리스토텔레스는 그의 『니코마코스 윤리학』에서 윤리적 덕에 대해 상당한 부분을 할애하여 논하고 있다. 그러나 윤리적 덕들은 지적인 덕들에 비해 부차적 지위를 차지한다. 아리스토텔레스의 관점에서 볼 때, 윤리적 덕들은 어디까지나 영혼의 비이성적 부분과 관계되는 덕일 뿐

---

85) 로버트 L. 애링턴, 앞의 책, 135~136쪽.

이고, 영혼의 이성적 부분과 관계되는 덕은 지적인 덕이다. 아리스토텔레스는 지적인 덕과 윤리적인 덕의 관계를 가부장적 관계에 비유한다. 아들이 아버지의 명령에 귀 기울이고 순종해야 하듯이, 윤리적 덕은 지적인 덕의 명령이 귀 기울이고 순종해야 한다는 것이다. 아리스토텔레스는 가부장적 관계의 비유를 통해서 윤리적 덕에 대한 지적인 덕의 우위, 즉 성품에 대한 지성의 우위를 분명히 한다. 이와 같은 지성 우위의 관점은 그가 철학자의 행복을 논의하는 데에서 절정에 달한다.

아리스토텔레스는 행복이 덕을 따른 영혼의 활동이라면, 영혼의 덕이 여러 가지일 경우에는 가장 훌륭하고 가장 궁극적인 덕에 따른 영혼의 활동이 인간의 완전한 행복이라고 하면서, 이성의 관조적 활동이 바로 완전한 행복, 가장 궁극적인 행복이라고 주장한다. 그에 의하면 윤리적 덕을 따르는 활동들은 단지 2차적 행복에 불과하다. 왜냐하면 그것들은 외부적 조건에 의존하기 때문이며, 우리 안에 있는 최선의 것이 아닌 복합적 본성의 덕이기 때문이다. 아리스토텔레스에 따르면 윤리적 덕을 따르는 활동은 인간의 활동, 인간적 행복인데 비해서 이성의 관조적 활동은 신의 활동을 닮은 인간의 활동으로서 가장 행복한 활동이다. 아리스토텔레스는 아무런 윤리적 시비에 휘말리지도 않고 어떤 욕망에 부대끼지도 않으면서 고요히 세상을 바라보고 인식하는 것, 그것이야말로 참으로 행복한 일이라고 생각했다. 그래서 그는 철학자가 신에게 가장 사랑받는 사람으로서 가장 행복한 사람이라고 주장한다.[86]

그러나 아리스토텔레스가 최고의 행복을 정신의 활동, 그것도 순수한 사유와 관조의 활동에서 찾았다고 해서 그가 삶의 다른 요소들을 배척하는 것은 아니다. 참된 행복이 정신의 활동에 있는 것은 사실이지만, 정신이 홀로 고립되어 존재할 수 있는 것은 아니기 때문에, 우리는 정신

---

86) 『니코마코스 윤리학』, 1179a.

의 선 이외에도 삶에서 좋은 것들을 골고루 추구하지 않으면 안 된다는 것이 아리스토텔레스의 생각이었다. 아리스토텔레스에 따르면 참된 행복을 위해서는 정신의 선뿐만 아니라 기타의 외부적 선(external goods)도 필요하다.

하지만 앞서 말한 바와 같이 행복은 또한 외부적인 여러 가지 선을 필요로 한다. 왜냐하면 적당한 수단이 없으면 고귀한 행위를 하는 일이 불가능하거나 그렇지 않으면 쉬운 일이 아니기 때문이다. 많은 행동에 있어서 우리는 친구나 재산이나 정치적 세력을 수단으로 사용한다. 그리고 좋은 집안에 태어난다든가 좋은 자녀를 둔다든가 또는 미모와 같이. 그것이 없으면 행복을 흐리게 하는 것들이 있다. 용모가 아주 추하거나 비천한 집에 태어났거나 또는 외롭고 자식이 없는 사람은 행복해지기가 그리 쉽지 않으며, 또 아주 불량한 자식이나 친구를 가진 사람이나, 좋은 자녀 및 친구와 사별한 사람은 행복해지기가 더욱 쉽지 않을 것이다. 그러므로 앞서 말한 바와 같이 행복은 이런 종류의 좋은 조건들을 구비해야만 할 것 같아. 이런 까닭에 어떤 사람들은 행복을 덕과 동일시하지만, 다른 사람들은 행운과 동일시하기도 한다.[87]

요컨대, 아리스토텔레스에 의하면 이성적인 유덕한 삶은 행복한 삶의 필수조건일 뿐 충분조건은 아니다. 참된 행복에 이르기 위해서는 덕을 따르는 영혼의 활동 외에도 외부적 선들이 첨가될 필요가 있다는 것이다. 그렇지만 행복의 핵심이 이성적인 덕을 따르는 삶에, 즉 윤리적 덕을 따르는 활동과 지적인 관조의 활동에 있음은 분명하다. 아리스토텔레스는 "행복을 지배하는 것은 덕이 있는 행위들이며, 행복과 반대되는 것을 지배하는 것 또한 덕이 있는 행위와 반대되는 것들이"[88]라고 말한다. 따라서 우리는 이성적으로 덕으로 가득 찬 삶이 행복의 본질이라고 말할 수 있다.

---

87) 『니코마코스 윤리학』, 1099b.
88) 『니코마코스 윤리학』, 1100b.

4. 키닉 학파의 행복론: 금욕과 자기절제의 자연적 삶

안티스테네스(Antisthenes, 기원전 446~366년경)에 의해서 창시된 키닉 학파는 소크라테스를 따라서 덕 있는 삶을 행복한 삶의 이상으로 제시하였다. 그러나 소크라테스의 단순하고 검소한 삶으로부터 큰 인상을 받은 키닉 학파의 사상가들은 덕 있는 삶을 금욕과 자기절제를 통해 일체의 인위적인 욕구로부터 벗어난 자연적 삶이라고 해석하였다. 그래서 그들은 감각적이고 순간적인 쾌락의 직접적 추구를 행복으로 본 키레네 학파와는 정반대로 쾌락을 악으로 보고 피할 수 있는 모든 욕망을 거부하고 덕을 추구할 것을 권장하였다.

키닉 학파의 사상가들은 덕이 최고선일 뿐 아니라 유일한 선이며, 행복의 절대적 조건이라 보았다. 덕은 행복의 필수조건일 뿐 아니라 행복에 필요한 모든 것을 충족시킬 수 있는 충분조건이라는 것이다. 따라서 덕은 가장 숭고한 유일한 선으로서, 덕이 곧 행복이다. 키닉 학파의 사상가들에 의하면 덕은 본질적으로 결핍, 필요, 욕구, 정욕 등으로부터 자유로운 것이다. 그래서 덕은 개인들의 행운을 좌우하는 일상적인 환경으로부터 사람들을 자유롭게 해준다. 덕을 통해 우리는 육체와 정신의 진정한 독립을 유지할 수 있다는 것이다. 따라서 덕을 추구함으로써 우리는 피할 수 있는 모든 욕망을 피할 수 있으며, 모든 욕구에 대하여 냉담한 태도를 가질 수 있다고 한다. 그들에게 있어서 악이란 다름 아닌 불필요한 욕망과 그 욕망 충족을 위한 불필요한 노력 그 자체이다. 이러한 입장은 '쾌락은 악'이라는 안티스테네스의 단언 속에 잘 표현되어 있다. 그들은 행복에 이르기 위해서 우리가 오직 선(덕)을 추구하고 악(악덕)을 피하라고 가르치는 한편, 선과 악 이외에 존재하는 것들—부귀, 명성, 권력, 지위, 건강 등등—은 하찮은 일들로서 무관심한(adiaphora) 태도를 가지라고 가르쳤다.[89]

키닉 학파의 사상가들은 문명의 가치를 인정하지 않고, 자연에로의 복귀를 주장했다. 그들은 문명의 영향을 치명적인 해독으로 보았다. 그래서 그들은 사회적 지위나 명성, 예술과 과학, 가정, 민족까지도 무관심의 대상으로 간주하였다. 그들은 애국심을 포함한 관습적인 도덕률을 거부하면서, 그들 스스로가 자랑스럽게 생각한 세계시민으로서의 숭고한 역할을 부르짖었다.[90]

키닉 학파의 사상가들은 자연적인 것은 사회적인 삶과 관련되는 모든 인위적인 활동이나 욕구와 상반되는 것이라고 정의하였다. 따라서 이들은 결혼이나 신전의 건축, 심지어 동전 만드는 것까지 비난하였으며, 사회 자체를 불필요한 것으로 생각하였다. 왜냐하면 참된 공동체는 선하고 덕을 갖춘 개인들의 교제를 통해서만 이루어질 수 있기 때문이다. 이들에 의하면 덕 있는 개인은 외부적인 모든 것에, 즉 의복이나 음식, 사회적 지위, 명예, 권력 등에 전혀 무관심한 사람이다. 이런 것들은 좋은 삶을 사는 데 불필요하다는 점을, 더 나아가서 오히려 방해가 된다는 점을 이성을 통해서 알 수 있기 때문에 외부적인 것들은 모두 제거되어야 한다고 주장한다. 쾌락과 명성을 추구하는 사람들은 자주 어려움에 휘말리게 되며, 이런 것들을 추구함으로써 오히려 불행하게 된다. 그들에게 있어서 행복한 삶, 좋은 삶이란 덕을 갖춘 삶이며, 모든 외부적인 강제와 영향에서 벗어난 삶이며, 표리부동한 이중성과 허식으로부터 벗어난 삶이다.[91]

모든 인위적 욕구를 제거함으로써 키닉 학파의 사상가들은 상당히

---

89) W. S. 사하키안, 앞의 책, 22~23쪽.
90) 위의 책, 23쪽.
91) 로버트 L. 애링턴, 앞의 책, 181~182쪽.

넓은 영역에서 외부 세계에 의존하지 않고도 살 수 있었다. 그들은 자신들이 세계를 지배할 수 없으며, 따라서 모든 인위적 욕구들을 충분히 만족시킬 수 없다는 사실을 깨닫고 인위적인 욕구를 제거하는 쪽을 택하였다. 또한 그들은 자신들에 대한 다른 사람들의 태도와 의견을 조절할 수 없음을 깨닫고 대중의 의견에 철저히 무관심하였다. 그래서 그들은 자기 자신을 통제함으로써—즉, 모든 욕구를 조절하고 자신의 통제력을 넘어서는 모든 것에 대해 무관심한 태도를 보임으로써—그들은 모든 좌절과 마음의 동요로부터 벗어날 수 있다고 가르쳤다.[92]

견유 학파의 창시자인 안티스테네스는 쾌락을 악으로 본다. 그는 "쾌락에 굴복하느니보다는 미쳐 버리는 것이 낫다."고 선언했다. 말하자면 정욕의 희생물이 되기보다는 광기의 희생물이 되는 것이 더 낫다는 것이다. 그에 의하면 현명한 사람은 지혜와 덕을 추구한다. 나아가서 지혜와 덕을 추구하는 데는 두 가지 필수요건이 있는데, 지나친 개인적 욕망을 억제해야 하며 다른 사람들에 대한 편견과 인습을 버려야 한다고 주장하였다.[93]

키닉 학파의 사상가들 중 가장 큰 영향력을 발휘한 사람은 안티스테네스의 제자인 디오게네스(Diogenes, 기원전 400~325)였으며, 그에 관한 재미있는 일화는 수없이 기록되어 있다. 디오게네스는 나무통 속에서 기거했으며, 양심적인 사람을 찾기 위해 대낮에 램프를 켜들고 배회했다고 전해지고 있다. 그는 한 농부의 아들이 물을 손으로 퍼마시는 것을 보고 그가 지니고 있는 유일한 소지품인 나무바가지마저 필요 없다고 버렸다고 한다. 자연에 따르는 삶을 살기로 목표를 정한 그는 삶에 필요한 최소한의 것으로 살아보려는 시도를 하였다.[94] 이러한 노력

---

92) 위의 책, 182쪽.
93) W. S. 사하키안, 앞의 책, 23쪽.
94) 위의 책, 24쪽.

과 더불어 사회적이고 정치적인 모든 것에 전혀 무관심하였던 그의 태도는 점차 널리 알려지고 또 칭송받게 되었다. 디오게네스는 가난을 결코 불명예로 생각하지 않았으며, 최소한의 생필품을 구걸하는 것을 부끄럽게 생각하지도 않았다. 한 번은 사람들이 그가 동상에게 구걸하는 것을 보고 왜 그러느냐고 묻자, 그는 태연히 "거절당하는 연습을 하기 위해서"라고 답하였다고 한다. 디오게네스는 이론가라기보다는 오히려 여러 곳을 떠돌아다닌 도덕주의자 또는 설교자로 볼 수 있다. 그는 여러 도시를 여행하면서 많은 시민들에게 그들의 어리석은 야망과 그릇된 쾌락 그리고 사악한 삶의 방식을 버리고 자연과 덕에 따르는 검소한 생활을 하라고 역설하였다.[95]

디오게네스의 제자인 테베의 크라테스(Crates)는 키닉 학파의 생활철학인 빈곤을 택하기 위해 부귀영화를 스스로 버린 사람이다. 그는 인생의 이상은 가난을 통하여 얻을 수 있는 행복에 있다고 가르쳤다.[96]

키닉 학파는 덕이 행복의 필요충분조건이라고 보았으며, 아리스토텔레스가 행복을 위해서 필요하다고 본 외부적 선을 무관심의 대상으로 간주하였다. 덕을 행복의 필요충분조건으로 보고, 그 외의 모든 것을 무관심의 대상으로 간주하는 사고방식은 키닉 학파에 의해서 최초로 제기된 것이라 할 수 있다. 키닉 학파의 이러한 주장은 행복과 덕을 연결 짓는 에우다이모니즘 노선 내에서도 가장 강한 입장을 대변하는 것이다. 키닉 학파의 강한 에우다이모니즘은 스토아 학파에 계승되어 보다 체계적인 모습을 갖추게 된다.

---

95) 로버트 L. 애링턴, 앞의 책, 181쪽.
96) W. S. 사하키안, 앞의 책, 24쪽.

5. 스토아 학파의 행복론: 운명애와 부동심

스토아 학파에서 '스토아(stoa)'라는 말은 '스토아 포이킬레(stoa poikile)'라는 그리스 말에서 유래한 것인데, '스토아 포이킬레'란 '울긋 불긋한 강당'이라는 뜻이다. 이것은 스토아 학파의 창시자인 제논이 채색된 강당에서 강의를 한 데서 비롯된 이름이다. 제논(기원전 335?∼263?)은 자연과 일치하는 삶을 목표로 제시하고, 이러한 삶이 덕 있는 삶과 동일하며, 자연이 우리를 덕이라는 목표로 인도한다고 생각한 최초의 인물이었다.

제논에 의하면 인생의 목적은 행복에 있고, 행복은 자연에 따라 생활하는 데서 비롯된다. 자연은 계획적으로 세계를 창조하는 로고스적 실재로서, 우주는 이것에 의해 가장 선하고 아름답게 형성되고 지배된다. 인간 또한 우주의 로고스를 분유하고 있으므로 그것에 따른다는 것은 자연의 본성을 따르는 것이 되며, 자기의 로고스에 따르는 것은 도덕적 삶을 사는 것이다. 따라서 제논에 의하면 행복한 삶은 자연과 일치하는 삶이고, 자연과 일치하는 삶은 이성적 삶이며, 이성적인 삶은 덕 있는 삶이다. 결국 행복한 삶은 덕 있는 삶에 다름이 아니다.

스토아 학파는 세계가 이성적 전체로서 자연 또는 신과 동일시될 수 있다고 생각한다. 이 전체 안에서 모든 것은 서로 관련되어 있고 밀접하게 연결되어 있다. 자연 안에서 일어나는 모든 일은 자연을 지배하는 신성한 법칙에 따라서 일어나는 것이다. 이러한 법칙들은 또한 이성의 법칙이기도 하다. 왜냐하면 신 또는 자연은 이성적 존재 또는 이성 자체로 생각되기 때문이다. 스토아 학파에 따르면 모든 사건들은 시간상 그보다 앞선 어떤 원인의 필연적 결과이며, 이 원인들 또한 그보다 더욱 앞선 어떤 원인에 의해서 필연적으로 생겨나는 것이다. 그리고 무엇이 발생하여야 하는가는 신적인 이성에 의해서 미리 결정되어 있다. 우리 인간은 이러한 신적인 이성을 나누어 가지고 있다. 따라서 우리는 자연과 우리 자신을 지배하는 이성적 원리를 이해할 수 있다. 이러한 이성적 능력 때문에 우리는 우리에게 일어나는 모든 일이 필연적인 것임을 알 수 있고 또한 그것이 신의 이성적 계획의 일부이기 때문에 일어난다는 점을 알 수 있다.[97] 따라서 스토아 학파에 의하면 신적인 것, 자연적인 것, 이성적인 것, 필연적인 것은 모두 동의어와 같다. 신적인 것은 자연적인 것이며, 자연적인 것은 이성적이고, 이성적인 것은 필연적인 것이다. 그리고 그 역도 마찬가지이다.

또한 스토아 철학자들은 전체가 먼저 있고 부분은 오직 전체의 지체로서만 존재한다고 생각하였다. 개별자는 원자처럼 스스로 존재할 수 있는 것이 아니라 오직 전체의 한 구성원으로서만 존재할 수 있다. 우주 내에 존재하는 모든 것은 거대한 유기체인 우주의 한 부분으로서만 존재할 수 있다. 그리하여 우리들 개인의 삶의 온전함은 언제나 전체 우주, 전체 사회의 온전함을 통해서만 실현될 수 있다. 손이나 발이나 머리가 몸통에서 잘려나가 따로 존재할 수 없듯이 우리들 개개인도 세계 전체의 한 부분으로서 존재하며, 언제나 국가 공동체의 일원으로서만 살아갈 수 있다. 나는 인류의 한 부분이며 한 국가의 구성원이기도 하다. 그런 한에서 나는 동료시민을 위해 유익한 일을 하고 공공의 이익을 위해 노력을 기울이며 국가가 어떤 사명을 부여하든 그에 따르지 않으면 안 된다. 따라서 우리는 개별자로서 자기의 이익을 추구하기에 앞서 언제나 전체에 유익한 것을 먼저 구해야 한다는 것이 스토아 철학자들의 가르침이었다. 왜냐하면 전체가 온전할 때에만 개인의 삶도 온

---

97) 로버트 L. 애링턴, 앞의 책, 178쪽.

전하고 행복할 수 있기 때문이다. 요컨대 스토아 철학에 따르면 개인은 이처럼 국가를 위해, 전 인류를 위해 그리고 전 우주를 위해 살아갈 때, 복되고 선한 삶을 살 수 있다는 것이다.[98]

스토아 학파는 세계 내에서 일어나는 모든 일들은 신적인 이성에 의해서 최선의 상태로 미리 필연적으로 결정되어 있다고 생각했다. 그들은 세계 내에서 일어나는 모든 일이 영원 전부터 운명적으로 돌이킬 수 없이 결정된 것이라 보았다. 따라서 우리 인간은 자연의 진행을 전혀 조절할 수 없으며, 자연의 진행은 태초부터 이미 모두 결정되어 있다. 세계 내에서 일어나는 모든 일들은 우리에게 '운명'인 것이다. 스토아 학파의 사상가들에 의하면 운명이란 "그것에 따라 일어난 것이 일어났고 일어나는 것이 일어나며, 일어날 것이 일어날 그런 원리"이다. 이 운명은 신적인 이성의 법칙에 따라 일어나므로 운명적인 것은 신적인 것이자 이성적인 것이며, 그런 한에서 자연적이고 필연적인 것이다.

이러한 운명 앞에서 우리 인간은 무력할 수밖에 없다. 우주 전체를 지배하는 운명의 법칙 앞에서 개인은 아무런 결정권도, 아무런 저항의 힘도 가지지 못한다. 세네카(기원전 4?~기원후 65)에 의하면 "운명은 순종하는 자를 인도하고 거역하는 자를 강제한다." 에픽테토스(50?~138?)는 인간은 작가의 의도대로 연극 속에 등장하는 배우에 지나지 않는다고 했다. 작가가 단막극을 쓰면 짧은 인생을 사는 것이고, 장막극을 쓰면 조금 오래 사는 것뿐이라는 것이다. 자신의 의사와 관계없이 가난뱅이 역할을 맡을 수도 있고, 절름발이, 지도자 혹은 평범한 시민의 역할을 맡을 수도 있다. 우리가 할 일은 주어진 배역을 최선을 다해 연기하는 것일 뿐, 배역을 선택하는 것은 우리가 할 수 있는 일이 아니라는 것이다.[99]

---

98) 김상봉, 앞의 책, 112~113쪽.

스토아 학파의 사상가들에 의하면 변화시킬 수 없는 운명 앞에서 우리가 취할 수 있는 바람직한 태도는 운명에 순응하고 자신의 운명을 사랑하는 것밖에 없다고 충고한다. 어차피 일어날 수밖에 없는 운명에 대하여 반항하는 것은 쓸데없는 일이며 어리석은 일이라는 것이다. 자기를 버리고 운명의 뜻에 나를 맡기는 것, 이것이야 말로 지혜로운 자의 태도라고 세네카는 충고한다.

> 반드시 당하고야 말 운명에 대하여 버둥거릴수록 점점 사태가 악화될 뿐이다. 이것은 마치 그물에 걸린 새가 날개를 퍼득거릴수록 더욱 사로잡히게 되는 것과 같다. 그러므로 최상의 길은 오직 신의 뜻에 순종하며 조용히 누워 '신의 예정에 의문을 품지 않고. 그 명령을 거역하지 않는다.'는 두 가지 신앙으로 태연자약해 하는 것이다.100)

스토아 학파에 의하면 일어날 모든 일들은 반드시 일어난다. 그리고 신의 법칙들의 결과인 모든 일들은 항상 좋은 방향으로 일어나기 마련이다. 그렇다면 이런 사건들에 대한 유일하고도 적절한 태도는 그것들을 수용하는 것, 나아가 진정으로 환영하는 것뿐이다. 여러 사건들이 지금과 다른 방향으로 일어나기를 바라는 것은 어리석은 일이다. 따라서 현자는 인간으로서 유한한 운명을 직시하고, 그 운명대로 기꺼이 살아

---

99) 그대는 다만 작가의 의도대로 연극 속에 등장하는 배우에 불과하다는 것을 명심하십시오. 작가가 단막극을 쓰면 짧은 생을 사는 것이고, 장막극을 쓰면 조금 오래 사는 것입니다. 가난뱅이 역을 맡으라고 하면 기꺼이 그 역할을 잘 할 수 있도록 노력하십시오. 절름발이, 지도자 혹은 평범한 시민의 역할이 주어질 수도 있겠지요. 그대가 할 일은 주어진 배역을 최선을 다해 연기하는 것입니다. 배역을 선택하는 것은 우리가 할 수 있는 일이 아닙니다. 에픽테토스 저, 아리아노스 엮음, 강분석 역, 『신의 친구 에픽테토스와의 대화』, 서울: 사람과 책, 2001, 48쪽.

100) M. 아우렐리우스 · L. 세네카 저, 황문수 · 최현 역, 『명상록 · 행복론』, 서울: 범우사, 2002, 225쪽.

가는 지혜를 깨닫고, 그렇게 살아가는 사람이다. 운명에 의해 모든 결정되어 있다는 사실과 운명 앞에서 우리는 무력한 존재라는 사실을 이성에 의해 여실히 꿰뚫어 통찰하게 되면 우리는 커다란 위안을 얻게 된다. 자연이나 미래를 두려워하면서 사는 대신에 우리는 오직 최선의 것만이 일어난다는 것을 깨닫고 우리 자신과 세계에 대하여 항상 편안함을 느끼게 된다는 것이다.[101]

스토아 학파에 따르면 우리가 조절할 수 있는 유일한 것은 우리에게 일어나는 여러 사건들에 대한 우리의 태도뿐이라고 주장한다. 모든 것이 자연의 법칙 또는 신성한 법칙에 따라 일어난다는 사실을 이해한다면 우리는 이에 따라 우리의 태도를 맞추어 나가야 하며 모든 일을 필연적이고 우리에게 유익한 것으로 받아들여야 한다. 그렇지 않으면 우리는 우리의 노력을 통해서 여러 가지 사건들을 변화시킬 수 있다고 생각하는 어리석은 태도를 반복할 수밖에 없다. 그래서 에픽테토스는 우리의 의지대로 변화시킬 수 있는 일(의견, 의욕, 욕망)과 변화시킬 수 없는 일(육체, 재산, 평판, 권력)을 분별하고, 변화시킬 수 없는 일에 대해서는 그것을 수용하는 평정심을 가지고, 변화시킬 수 있는 일에만 집중하는 것이야말로 행복과 자유를 얻을 수 있는 유일한 방법이라고 충고한다.[102]

---

101) 로버트 L. 애링턴, 앞의 책, 178쪽.
102) 세상에는 우리의 의지대로 할 수 있는 일이 있고, 우리의 의지대로 할 수 없는 일이 있습니다. 사물에 대해 의견을 내고, 의욕을 느끼고, 그것을 갈망하거나 기피하는 것과 같이 스스로 하는 의지적 활동은 우리 뜻대로 할 수 있는 것입니다. 이같이 우리 마음대로 할 수 있는 것은 본디 자유로운 것이어서 아무런 제약도, 방해도 받지 않습니다. 그러나 육체, 재산, 평판, 권력 등 우리 스스로의 행위가 아닌 것은 우리 뜻대로 할 수 없습니다. 이것들은 다른 것에 예속되어 있는 부자유한 것으로, 남에 의해 좌우됩니다. 그러므로 본래 다른 것에 예속되어 있는 것을 자유로운 것으로 생각하거나, 다른 사람의 뜻에 따라 좌우되는 것을 자기 것으로 생각한다면 장애에 부딪히고 좌절하게 되어 자연히 신과 다른 사람들을 원망하게 됩니다. 오로지 그대의 힘으로 할 수 있는 것만을 자기의

만약 스토아 학파의 주장대로 우주의 모든 일이 운명적으로 결정되어 있고, 그 운명 앞에서 우리가 취할 수 있는 태도가 운명을 수긍하고 그것에 순응하는 것밖에 없다면 선과 악, 덕과 악덕, 행복과 불행은 어떻게 되는 것인가? 모든 것이 미리 결정되어 있다면 선, 덕, 행복도 결정되어 있는 것이 아닌가? 그렇다면 선, 덕, 행복의 추구는 무의미한 것이 아닌가? 이러한 의문에 대해 스토아 학파의 사상가들은 내면의 자유와 정신의 덕을 강조함으로써 대답한다.

그들에 의하면 운명이 아무리 강력한 힘을 가지고 있다고 하더라도, 우리의 내면 속에는 운명도 어찌 할 수 없는 의지의 자유와 그에 바탕한 정신의 덕이 있다는 것이다. 운명은 우리가 소유한 모든 건강이나 재산 그리고 명예를 빼앗을 수는 있지만, 내면의 자유와 정신의 덕까지 빼앗지는 못한다. 에픽테토스는 이것을 다음과 같이 표현 하였다.

> 병에 걸리면 육체는 약해집니다. 그러나 스스로 굴복하지 않는 한, 의지는 영향을 받지 않습니다. 다리를 전다고 해서 의지까지 절게 되지는 않습니다. 세상만사를 이와 같이 생각하십시오. 어떤 일이 일어나든 다른 것에는 장애가 될지언정 그대 자신에게는 장애가 될 수 없습니다.[103]

스토아학자들은 이와 같은 내면의 자유에서 도덕(선, 덕, 행복)의 기초를 찾는다. 외적으로 일어나는 모든 것들은 이미 결정되어 있기 때문

것으로 생각하고 다른 사람들에 의해 좌우되는 것은 남의 것으로 돌리십시오. 그러면 그대에게 강요하는 사람도, 그대를 제지하는 것도 없을 것입니다. 그대도한 누구도 원망하지 않고 비난하지 않게 됩니다. 그대의 의지에 거슬러서 무엇인가를 억지로 해야 하는 일도 일어나지 않겠지요. 누구도 그대에게 해를 입힐 수 없으므로 아무런 고통도 없을 것이고, 그러므로 적도 생기지 않을 것입니다. 이 길이야말로 행복과 자유를 얻을 수 있는 유일한 방법입니다. 에픽테토스, 앞의 책, 19~21쪽.

103) 위의 책, 35쪽.

에 그와 같은 것에 대해서는 우리의 의지대로 변화시킬 수 있는 것이 아무 것도 없다. 따라서 모든 외적인 것들은 선과 덕과는 무관하며, 행복과도 무관하다. 선과 덕 그리고 행복의 기초는 우리의 의지대로 변화시킬 수 있는 것, 즉 우리의 내면에서 찾아져야 한다는 것이 스토아학자들의 주장이다. 그러므로 "우리를 선한 사람으로 만들어 주는 것은 결코 우리의 삶에서 성취한 바가 아니라, 우리가 행위를 하는 태도 또는 행위의 동기이다."[104] 행위의 동기 또는 의지는 우리가 조절할 수 있는 것이므로 오직 그것만이 도덕적 가치를 가진다. 그러므로 스토아 학파에 의하면 우리의 덕이나 행위의 선은 우리의 동기나 의지 또는 내면의 성품에 기초하고 있다.

그런데 스토아 학파에 따르면 우리의 행위의 동기 또는 의지가 신적인 법칙, 즉 자연과 일치하고자 하는 한에서 그것은 선한 것이며, 또한 이성적인 것이다. 왜냐하면 신적인 이성에 의해 계획되고 만들어진 자연의 최선의 것이기 때문이다. 따라서 자연과 일치하고자 하는 시도, 이성을 따르고자 하는 시도만이 선한 것이며, 그러한 시도로 이루어진 삶, 즉 자연과 일치하는 삶, 이성을 따르는 삶이 선한 삶이며 유덕한 삶이다. 따라서 스토아 학파에서 덕에 따른 삶은 다른 것이 아니라 자연에 합치하는 삶이며, 동시에 이성의 인도에 따르는 삶을 뜻한다. 그리고 스토아 학파의 사상가들은 우리가 덕 있는 삶을 살 때 행복하다고 주장한다.

스토아 학파의 사상가들은 바로 이 정신의 덕만이 행복의 필요충분조건이라고 주장한다. 왜냐하면 내면의 정신의 덕 외의 다른 모든 외적인 것들은 신적인 이성에 의해서 결정되어 있기 때문에 우리 인간으로서는 어찌 할 수 없는 운명적인 것이기 때문이다. 그런 외적인 것들은 우리의 내면의 행복과 불행에 아무런 영향을 주지 못한다. 단지 이 운

---

104) 로버트 L. 애링턴, 앞의 책, 180쪽.

명에 대한 태도만이 우리의 의지대로 할 수 있는 것이며, 이 운명을 거스르지 않고 순응하는 태도야 말로 이성적이고, 자연적이며, 따라서 덕 있는 태도이다. 이성은 우리로 하여금 자연 안에서 일어나는 모든 사건들을 구성하는 원인과 결과의 엄밀한 연쇄를 인식할 수 있도록 해준다. 이러한 필연성들을 받아들이고 기꺼이 수용하는 것이 덕의 본질이다. 그러므로 모든 것이 될 대로 되었음을, 모든 것이 순리대로 되었음을 이성적으로 통찰하고 운명에 순순히 따르는 태도, 즉 덕 있는 태도야 말로 우리에게 흔들림 없는 마음의 평정과 행복을 가져다준다.

따라서 스토아 학파에 의하면 덕은 유일한 선이고 악덕은 유일한 악이다. 덕도 악덕도 아닌 것은 기껏해야 우리의 행복과 불행에 아무런 영향을 주지 않는 무관한 것들이다. 아리스토텔레스가 말하는 외부적 선들은 스토아주의자들이 볼 때 모두 선도 아니고 악도 아닌 무관심(adiaphora)의 대상들이다. 행복을 위해서 필요한 것은 오직 덕밖에 없다. 구체적으로 말해 지혜, 절제, 정의, 용기의 덕 이외에는 아무것도 행복을 위해 필요한 것이 없다. 이와 반대로 윤리적 악덕은 불행의 필요충분조건이다. 그 외의 나머지 모든 것들은 예를 들어 삶, 건강, 쾌락, 아름다움, 힘, 부, 명예, 고귀한 혈통, 그리고 이런 것들과 반대되는 것들, 즉 죽음, 질병, 고통, 추함, 허약함, 가난, 나쁜 평판, 비천한 혈통, 등은 단지 무관심의 대상일 뿐이다.

따라서 우리는 행운과 불운에 좌우될 필요가 없다. 행운과 불운이라고 하는 것들은 모두 우리의 내면의 행복과 불행에 아무 영향을 주지 못하는 무관한 것들이기 때문이다. 재난을 만났다고 슬퍼할 일도 아니요, 횡재를 했다고 기뻐할 일도 아니다. 예기치 않은 재난으로 인해 불행해지니 사람이 있다면 그의 불행은 운명이 만들어준 것이 아니라 단지 스스로를 불행하다고 생각하는 그 사람 자신의 어리석은 판단이 만들어낸 것일 뿐이다. 이것은 죽음에 대해서도 마찬가지이다. 죽음 그 자체가 무서운 것이 아니라, 죽음은 두려운 것이라는 생각, 바로 그것 때문에 죽음이 무서운 것이다.[105] 횡재를 해서 기뻐하는 경우도 마찬가지이다. 횡재가 우리를 행복하게 한다면 그것은 일어나야 할 일이 일어났을 뿐이며, 그와 같은 횡재는 나의 행복과 무관하다고 생각하는 마음의 태도가 그를 행복하게 만드는 것이다.

그런데 스토아학자들에 의하면 덕과 악덕 외에는 우리의 행복과 불행에 아무런 영향을 주지 못함에도 불구하고 우리 인간들이 무관심의 대상인 외부적인 것들에 마음을 빼앗겨 마음의 평정을 얻지 못하고 혼란에 휩싸여 동요하는 것은 정념이 우리의 이성을 가리기 때문이다. 스토아 철학자들의 견해에 따르면 "정념은 이성의 명령에 순종하지 않는 과도한 충동 또는 비이성적이고 자연에 반대되는 영혼의 움직임"[106]이다. 우리가 이러한 정념에 빠지게 되면 무관심의 대상인 육체, 권력, 부, 명예, 건강, 질병, 가난 등에 마음을 빼앗겨 근거 없는 기쁨이나 슬픔, 욕망과 공포에 사로잡히게 된다. 정념이 강렬하고 과도하면 할수록 사물에 대한 우리의 이성적인 판단을 흐리게 하고 그 결과 우리를 잘못된 행위로 이끌고 간다. 따라서 스토아주의자들은 우리에게 정념의 지배에서 벗어날 것을 요구한다.

---

105) 나쁜 일을 당했을 때 우리가 괴로워하는 것은 그 일 자체로 인한 것이 아니라, 그 일에 대해 우리가 가지고 있는 관념 때문입니다. 죽음 그 자체는 두려운 일이 아닙니다. 만약 죽음이 두려운 것이라면 소크라테스도 그것을 두려워했을 것입니다. 죽음은 두려운 것이라는 생각, 바로 그것 때문에 죽음이 무서운 것입니다. 그러므로 방해를 받거나 고통스럽거나 슬픔을 당할 때에도 절대 남을 탓하지 말고 자신, 즉 자신의 관념을 탓해야 합니다. 일이 뜻대로 되지 않는다고 남을 탓하는 사람들은 깨우치지 못한 자들입니다. 이제 막 깨우치기 시작한 사람들은 자신을 탓합니다. 그러나 완전히 깨우친 사람은 남도 자신도 탓하지 않습니다. 에픽테토스, 앞의 책, 28쪽.
106) 김상봉, 앞의 책, 128쪽.

스토아학자들이 추구했던 정념이 없는 상태를 '아파테이아(apatheia)'라고 한다. 아파테이아는 어떠한 외부적인 상황 앞에서도 동요하지 않는 정신의 의연함을 의미한다. 이 스토아적 부동심이 바로 스토아 학파의 이상으로서 충동과 정념에 따르는 혼란스럽고 무질서한 삶이 아니라 일관되게 이성적 원리들에 따르는 평온한 삶을 의미한다.

스토아 학파는 키닉 학파의 영향 아래서 강한 에우다이모니즘의 노선을 표방한다. 스토아 학파에 의하면 인생의 목적은 행복에 있으며, 행복은 오직 덕 있는 삶을 통해서만 달성 가능하다. 덕이 유일한 선이며, 악덕이 유일한 악이다. 따라서 덕은 행복의 필요충분조건이며, 악덕은 곧 불행이다. 덕 이외에 행복에 필요한 것은 아무 것도 없으며, 덕(선)과 악덕(악) 이외의 모든 것들은 행복과 불행과는 무관한 것으로서 무관심(adiaphora)의 대상일 뿐이다. 정념의 방해로 말미암아 이성이 가리게 되면 우리는 우리의 행복 또는 불행과는 무관한 것들에 마음을 빼앗겨 동요와 혼란에 빠지게 된다. 따라서 우리는 이성의 지도 아래 일체의 정념으로부터 벗어나서 마음이 흔들리지 않는 부동심(apatheia)의 경지에 오를 때 비로소 마음의 평정을 얻고 행복할 수 있다.

V. 서양 고대 행복 사상의 의의

최고선의 문제로 출발한 서양 고대의 행복론은 쾌락주의와 에우다이모니즘 두 노선으로 나뉘어 전개되었다. 쾌락주의 행복론은 자연철학의 유물론에서 그 맹아적 모습을 드러내기 시작하여 소피스트와 키레케 학파를 거쳐 에피쿠로스 학파에 의해서 완결된 모습을 갖춘다. 이에 비해 에우다이모니즘 노선은 소크라테스에 의해서 최초로 제기된 이래로 플라톤과 아리스토텔레스를 거쳐 키닉 학파와 스토아 학파까지 이어진다.

서양 고대의 행복 사상의 전개 과정에서 제기된 주요 쟁점은 대체로 다음 다섯 가지로 요약할 수 있다. 첫째, 최고선은 쾌락인가? 아니면 행복인가? 둘째, 쾌락은 행복의 필수조건 또는 구성 요소인가 아니면 단순한 부산물인가? 셋째 덕의 본질은 무엇인가? 그것은 지식인가? 아니면 영혼의 각 부분의 균형과 조화인가? 아니면 고유한 기능의 실현인가? 넷째, 덕은 행복의 필요조건인가 아니면 충분조건인가? 다섯째, 행복과 다른 사람 또는 공동체는 어떤 관계인가? 행복은 개인적인 것이므로 공동체로부터 은둔하는 것이 좋은가? 아니면 공동체의 의무를 다하는 것이 행복의 중요 조건인가? 나의 행복과 타인 또는 공동체의 행복 추구가 상충하는 경우, 어떻게 해야 하는가?

첫 번째 문제에 대하여 쾌락주의는 쾌락을 최고선으로, 에우다이모니즘은 행복을 최고선으로 본다. 고대 행복 사상의 전개 과정에서 쾌락에는 좋은 쾌락과 나쁜 쾌락이 있을 수 있음이 어느 정도 분명해진 것 같다. 에피쿠로스조차도 쾌락 자체는 좋은 것이지만 이런 저런 쾌락이 만들어내는 대상들은 여러 가지로 쾌락을 흐리게 만들 수 있다고 인정하고 있다. 쾌락 자체는 좋은 것이라고 보아야 할 것이다. 쾌락이 유일하게 좋은 것은 아니라고 할지라도 쾌락이 좋은 것이라는 것을 부인하기는 어렵다. 그러나 쾌락 그 자체는 좋은 것일지 몰라도 쾌락은 그것의 원천과 결과에 따라 좋은 쾌락도 될 수 있고 나쁜 쾌락도 될 수 있는 것이다. 즉, 쾌락을 낳는 원천에는 좋은 것도 있고 나쁜 것도 있으며, 또 쾌락이 가져오는 결과에도 좋은 것과 나쁜 것이 있다. 쾌락의 원천과 결과에 비추어 평가한다면 전반적으로 좋은 쾌락과 전반적으로 나쁜 쾌락의 구분이 가능해진다. 좋은 활동에 고유한 쾌락은 좋은 쾌락이지만, 좋지 못한 활동에 고유한 쾌락은 나쁘기 때문에 쾌락은 최고선이 될 수 없다는 아리스토텔레스의 말은 이런 맥락에서 경청할만한 가치가 있다. '전반적으로 나쁜 쾌락'이라는 말이 성립할 수 있다면 쾌락은 최고선이 될 수 없다.

최고선은 쾌락이 아니라 행복이라고 보는 것이 타당할 것이다. 쾌락을 느끼면서 후회하는 경우는 있어도 행복하면서 후회하는 경우는 없다는 경험적 사실도 쾌락이 아니라 행복이 최고선일 가능성을 지지해준다. '전반적으로 나쁜 쾌락'이라는 표현은 가능해도 '전반적으로 나쁜 행복'이라는 표현은 행복의 정의상, 그리고 우리의 일상적인 관행상 가능하지 않다. 쾌락과 행복을 동일시하는 사고는 비록 에피쿠로스에 의해서 세련된 모습을 갖추었다고 해도 지지되기 어렵다. 그러나 그렇다고 쾌락을 행복과 전혀 무관한 것을 생각해서도 안 될 것이다. 이것은 두 번째 물음과 관계된다.

그렇다면 쾌락과 행복의 관계는 무엇인가? 쾌락은 행복의 구성요소인가 아니면 부산물인가? 쾌락이 행복의 구성 요소라면 쾌락 없는 행복은 생각할 수 없을 것이다. 행복한 삶에 쾌락이 뒤따라온다는 사실에는 우리 대부분이 동의할 수 있을 것이다. 그러나 이러한 사실은 쾌락이 행복의 부산물일 수 있음을 보여주는 것이지 쾌락이 행복의 구성 요소라는 점을 보여주지는 못한다. 여기서 다시 한번 쾌락은 행복을 완전하게 하는 것이라는 아리스토텔레스의 견해가 도움이 된다. 아마도 쾌락은 행복의 구성 요소나 필수요건이 아니라 행복을 보다 완전하게 하는 것인 듯 하다. 그렇다면 쾌락이 없어도 우리는 행복할 수 있으나, 쾌락이 있으면 더 행복한 삶이라고 할 수 있을 것이다. 아마도 쾌락보다는 만족이 행복의 필수조건일 가능성이 높다. 쾌락 없는 행복은 생각할 수 있어도, 자기 삶에 만족하지 못하는 만족없는 행복은 생각할 수 없기 때문이다. 다만 쾌락을 에피쿠로스처럼 육체의 고통과 마음의 불안이 없는 상태로 정의한다면, 그런 의미의 쾌락은 전반적으로 좋은 것일 가능성이 크기 때문에, 쾌락은 아리스토텔레스가 말한 일종의 '외부적선'으로서 행복의 조건을 구성한다고 볼 수도 있을 것이다.

다음으로 에우다이모니즘 노선에서 중시하는 덕의 본질은 무엇인가? 덕은 지식인가? 아니면 영혼의 균형과 조화인가? 아니면 고유한 기능 즉 인간의 잠재 능력의 실현인가? 덕이 지식이라는 견해는 의지의 나약(akrasia)의 문제를 극복하기 어려울 듯하다. 지식은 덕의 충분조건이라기보다는 덕의 필수조건으로 보는 것이 나을 듯하다.[107] 지식을 덕의 필요충분조건으로 보는 소크라테스의 견해는 우리의 현실적 경험과 조화되기 어려운 점이 있다. 덕을 영혼의 각 부분의 조화와 균형으로 보는 견해도 영혼삼분설이라는 두꺼운 가정에 근거하고 있어서 수용하기 어려운 면이 있다. 덕의 본질을 인간의 고유한 기능의 실현에서 찾는 견해가 앞선 두 견해보다는 수용하기 용이하며, 덕과 행복을 연결하는 데도 무리가 없다.

다만 덕을 인간의 고유한 기능의 실현으로 볼 때, 덕의 윤리적 측면이 희석화되는 문제가 있다. 고대 그리스적 맥락에서 덕이 탁월성을 의미한다고 할지라도 에우다이모니즘 노선 내에서 아리스토텔레스를 제외할 경우 모든 사상가들이 덕을 윤리적 맥락에서 이해한다. 그리고 아리스토텔레스도 비록 지적인 덕의 우위를 인정했다고 해도 사실상 그가 주로 논의하고 있는 것은 윤리적 덕이다. 따라서 덕의 핵심은 윤리

---

107) 이에 대한 자세한 논의는 졸고, "에우다이모니즘에서 지·덕·복의 관계", 『윤리교육연구』 14, 한국윤리교육학회, 2007, 123~126 참조.

적 덕으로 보고, 윤리와 무관한 잠재력의 발휘, 즉 도덕과 무관한 덕들을 부차적인 덕으로 보는 것이 바람직할 것으로 생각된다. 이런 관점에서 보면 행복은 윤리적 덕의 바탕 위에서 각자가 자신의 대표적 잠재 능력을 발휘할 때 실현되는 것이다.

그러면 인간의 고유한 기능 내지 잠재 능력의 실현으로서 덕은 행복의 필요조건인가 아니면 충분조건인가? 이 문제에 대한 소크라테스의 견해는 불분명하지만 플라톤과 아리스토텔레스는 필요조건 내지 핵심 구성 요소로 본 것이 분명하다. 반면에 키닉 학파와 스토아 학파는 덕을 행복의 충분조건으로 본다. 전자가 온건한 에우다이모니즘이라면 후자는 강한 에우다이모니즘이다.

강한 에우다이모니즘의 견해는 온건한 에우다이모니즘에 비하여 수용하기 어렵다. 강한 에우다이모니즘이 덕을 행복의 충분조건으로 보는 논거는 크게 두 가지이다. 하나는 욕망과 정념에 대한 거부이고, 다른 하나는 보통 사람들이 행복의 조건으로 생각하는 것, 달리 말해 아리스토텔레스가 외부적 선이라고 부른 것에 대한 거부이다. 우선, 의식적으로 결핍을 추구하고 스스로 고통을 짊어지는 키닉 학파나 일체의 정념을 거부하고 그로부터 벗어나 냉담한 스토아적 부동심, 모두 참된 행복의 모습으로 보기 어렵다. 우리의 욕망이나 욕구 또는 정념은 그 자체로는 선하지도 악하지도 않은 것으로 보는 것이 마땅할 것이다. 단지 그와 같은 욕망과 정념은 절도의 문제이거나 아니면 아리스토텔레스가 말하는 중용 또는 플라톤이 말하는 질서의 문제일 것이다. 질서가 잘 잡힌 욕망이나 정념 또는 과도하지도 않고 부족하지도 않게 적절한 때에 적절한 상황에서 적절한 방식으로 적절한 대상에게 표현되는 욕망이나 정념은 행복의 방해 요소가 아니라, 도리어 우리의 삶을 보다 풍부하게 하는 행복의 감미료일 것이다. 욕망이나 정념도 우리의 행복한 삶에서 일정한 지분을 차지하고 자신의 요구를 정당하게 제기할 수 있는 것으로 보는 것이 건전한 생각일 것이다. 키닉 학파와 스토아 학파의 엄격한 금욕적 생활은 빈곤의 행복론 또는 "정복당한 자의 철학"으로는 어울릴지 몰라도 행복의 일반론으로는 부적격이다.

다음으로 외부적 선에 대한 거부 역시 수용하기가 쉽지 않다. 친구, 재산, 명예, 권력, 건강, 단정한 용모 등등은 그것이 있다고 반드시 행복한 것도 아니요, 없다고 반드시 불행한 것도 아니다. 그렇다고 행복과 무관한 것이라고 말할 수도 없다. 외부적 선은 행복의 핵심은 아닐지라도 행복의 도를 높여주는 것은 분명하다. 외부적 선에 지나치게 집착하는 것은 분명 문제일 것이다. 아마도 키닉 학파와 스토아 학파가 경계한 것은 바로 이 점일 것이다. 그러나 집착에서 오는 문제를 피하기 위하여 외부적 선 자체를 거부하는 것은 분명 불합리한 반응이다. 외부적 선에 대한 집착의 문제를 해결하는 방법의 한 가지는 행복의 중심 요소와 부차적 여건을 구별하는 것이다. 덕은 행복의 중심을 구성하는 것으로, 외부적 선은 행복의 부차적 여건을 형성하는 것으로 보는 것이 마땅하다.

따라서 덕은 행복의 필요조건으로 보는 것이 온당하다. 행복한 삶을 위해서는 덕(윤리적 덕과 윤리와 무관한 덕) 외에도 외부적 선이 어느 정도 부가되어야만 할 것이다. 그리고 이 외부적 선 가운데 무엇보다도 중요한 것이 에피쿠로스가 말한 육체에서 고통을 제거하고 마음에서 불안을 제거하는 일이 아닐까 생각한다. 그렇다면 에피쿠로스의 쾌락주의는 온건한 에우다이모니즘 내에 포섭될 수 있을 것이다.

마지막으로 나의 행복과 타인 및 공동체는 어떤 관계인가? 소피스트, 키레네 학파, 에피쿠로스 학파, 그리고 키닉 학파는 모두 문명과 대중으로부터 은둔하거나 멀리할 것을 행복의 조건으로 본다. 이에 반해 소크라테스, 플라톤, 아리스토텔레스, 무엇보다도 스토아 학파는 공동체 내에서 타인과 더불어 사는 삶을 행복의 중요한 조건으로 보며, 필요할 경우 공동체를 위해 헌신하는 것이 행복을 위해 요구된다고 생각한다. 행복은 개인의 행복이므로 그것이 때때로 타인에 대한 선의와 상충하는 경우가 있을 수 있으며, 공동체의 행복과 상충할 수도 있다. 그러나 사회를 떠난 개인의 존재를 상정하기 어렵고, 또한 문명의 혜택을 받지 않고 행복한 삶을 생각하지 힘들다는 점을 인정한다면, 극단적인 무도덕주의 행복론이나 반문명적 행복론, 또는 은둔자적 행복론은 수용하기 어려울 것으로 보인다. 은둔자의 행복론이 정치 사회적 혼란기에 안심입명의 차원에서 나온 정복당한 자의 철학임을 감안하면 전시대적 행복론으로는 타당하지 않은 것으로 보인다. 운명에 대한 체념적 달관을 강조하는 스토아 학파 역시 마찬가지이다. 소크라테스와 플라톤의 영혼의 온전함에 대한 강조와 아리스토텔레스에서 볼 수 있듯이 타인의 행복에 대한 배려와 공동체 전체에 대한 배려는 덕 있는 사람의 중요 요건 가운데 하나이다.

참고문헌

강대석, 『그리스철학의 이해』, 한길사, 1996.

김상봉, 『호모 에티쿠스: 윤리적 인간의 탄생』, 서울: 한길사, 1999.

마틴 셀리그만, 『긍정심리학』, 서울: 물푸레, 2004.

로버트 L. 애링턴 전, 김성호 역, 『서양 윤리학사』, 서울: 서광사, 2003.

로베르트 슈페만 저, 박찬구·류지한 역, 『도덕과 윤리에 관한 철학적 사유』, 서울: 철학과현실사, 2001.

류지한, "고대의 쾌락주의", 『철학논총』 제50집 제4권, 새한철학회, 2007.

류지한, "에우다이모니즘에서 지·덕·복의 관계", 『윤리교육연구』 14, 한국 윤리교육학회, 2007.

W. S. 사하키안 저, 송휘칠·황경식 역, 『윤리학의 이론과 역사』, 서울: 박영사, 1993.

스튜어트 매크리트 엮음, 김석희 역, 『행복의 발견』, 서울: 휴머니스트, 2005.

아리스토텔레스 저, 최명관 역, 『니코마코스 윤리학』, 서울: 서광사, 1988.

M. 아우렐리우스·L. 세네카 저, 황문수·최현 역, 『명상록·행복론』, 서울: 범우사, 2002.

양해림, 『행복이라 부르는 것들의 의미: 행복의 철학적 성찰』, 철학과현실사, 2002.

J. O. 엄슨 저, 장영란 역, 『아리스토텔레스의 윤리학』, 서울: 서광사, 1996.

에피쿠로스 저, 조정옥 엮음, 『에피쿠로스의 쾌락의 철학』, 서울: 동천사, 1997.

에픽테토스 저, 아리아노스 엮음, 강분석 역, 『신의 친구 에픽테토스와의 대화』, 서울: 사람과 책, 2001.

오트프리트 회페 저, 이상헌 역, 『임마누엘 칸트』, 서울: 문예출판사, 1997.

오트프리트 회페 엮음, 임홍빈 외 역, 『윤리학 사전』, 서울: 예경, 1998.

코플스톤 저, 김보현 역, 『그리스 로마 철학사』, 서울: 철학과현실사, 1998.

프리도 릭켄 저, 김성진 역, 『고대 그리스 철학』, 서울: 서광사, 2000.

플라톤 저, 박종현 역주, 『국가』, 서울: 서광사, 1997.

플라톤 저, 최호연 편역, 『프로타고라스/메논』, 서울: 두로, 1997.

플라톤 저, 최명관 역, 『플라톤의 대화: 에우튀프론/소크라테스의 변명/크리톤/ 파이돈/향연』, 서울: 종로서적, 1994.

플라톤 저, 박종현 편저, 『플라톤: 메논·파이돈·국가』, 서울: 서울대출판부, 1987.

플라톤 저, 최민홍 역, 『소피스트, 고르기아스, 서간집』, 상서각, 1983.

한스 라이너 저, 이석호 역, 『철학적 윤리학』, 서울: 철학과현실사, 1999.

R. M. 헤어 외 저, 『플라톤의 이해』, 서울: 문학과지성사, 1991.

Annas, Julia, *The Morality of Happiness* (Oxford: Oxford University Press, 1993).

Aristotle, trans., *David Ross, The Nichomachean Ethics* *Oxford University Press, 1992(.

Becker, L. C. & Becker, C. B., *Encyclopedia of Ethics, v. Ⅰ, Ⅱ* (New York: Garland Publishing, Inc., 1992).

Copleston, Frederick, S.J., *A History of Philosophy Ⅵ: Greece and Rome* (Maryland: The Newman Press, 1960).

Christopher Rowe, "Ethics in Ancient Greece," Singer, P. ed., *A Companion to Ethics* (Oxford: Basil Blackwell, 1991).

Gomez-Lobo. Alfonso, *The Foundations of Socratic Ethics* (Indianapolis: Hackett Publishing Company, Inc, 1994).

Hare, R. M, *Plato* (Oxford: Oxford University Press, 1982).

Kekes, John, "happiness", Becker, L. C. & Becker, C. B., *Encyclopedia of Ethics, v. Ⅰ, Ⅱ* (New York: Garland Publishing, Inc., 1992).

Lykken David, *Happiness: The Nature and Nurture of Joy and Contentment* (New York: St. Martin's Griffin, 2000).

Matson, Wallace, "Aristippus of Cyrene", "Cyrenaics", Donald M. Borchert, ed., *Encyclopedia of Philosophy*, vol 1, 2, 2nd ed., N.Y.: Thomson Gale, 2006.

Mitsism Phillip, *Epicurus's Ethical Theory: The Pleasure of Invulnerability*, Ithaca, N.Y.: Cornell University Press, 1988.

Parry, Richard D., "eudaimonia, -ism", Becker, L. C. & Becker, C. B.,

Encyclopedia of Ethics, v. Ⅰ, Ⅱ (New York: Garland Publishing, Inc., 1992).

Rohls, Jan, *Geschichte der Ethik* (Tuebingen: Mohr, 1991).

Rorty, Amelie Oksenberg, *Essays on Aristotle's Ethics* (Berkeley: University of California Press, 1980).

Spaeman, Robert, *Happiness and Benevolence* (Notre Dame: University of Notre Dame Press, 2000).

Spaeman, Robert, "Glueck", Ritter, Joachim, hg., *Historischea Woerterbuch der Philosophie*, Band 3 G-H (Base/Stuttgart, Schwabe & Co.Ag · Verlag, 1974).

Taylor, C.C.W. *Socrates*, Oxford: Oxford University Press, 1998.

Vanier, Jean, *Happiness: A Guide to a Good Life* (New York: Arcade Publishing, 2001).

Vlastos, Gregory, *Socrates, Ironist and Moral Philosopher*, Cambridge, U.K.: Cambridge University Press, 1991.

3장 공리주의 사상의 정치와 행복론

박효종(서울대학교, 정치사상)

정치가 행복을 공여할 수 있음을 자신있게 공언하고 있는 근대의 대표적인 정치비전인 공리주의는 그 성격이 복합적이다. 일부의 공리주의자들은 개인의 실천윤리로서 '효용의 원리(principle of utility)'에 천착하기도 하는 반면, 집단선택의 원리로서 공공정책 입안이나 입법과정에서 효용의 잣대를 원용하는 일에 관심을 갖고 있는 공리주의자들도 있다. 그러므로 개인은 모든 가능한 상황에서 개인의 행복을 산출하는 행동을 해야 한다는 개인도덕적인 명제와 한편으로 정부의 강제적 행위나 공공정책을 정당화시키는 경제, 사회, 정치 이론으로서의 공리주의에 대하여 구분을 할 필요가 있다.

이번 논의에서 주목하고자 하는 효용의 원리의 중요성은 개인행복에 대한 윤리적 판단의 기초를 제공하는 데 있다기보다는 행복의 정치를 위해 얼마나 유의미하게 적용될 수 있는가 하는 점에 있다. 즉 공동체구성원들 전체의 행복을 극대화하는 정치·사회적 비전으로서 공리주의가 온전한 비전으로 방어될 수 있는지 하는 문제를 점검할 필요가 있다.

특히 공리주의가 정치비전에서 그 위력을 떨치고 있는 이유는 지금 이미 시대의 흐름으로 자리잡고 있는 민주주의 이론과 실천이 공리주의 철학과 친화력이 있다는 점일 것이다. 예를 들면『미국의 민주주의』를 저술한 토크빌은 다음과 같이 기술하고 있다. "민주적 법률은 일반적으로 최대다수의 사람들의 복리를 증진하는 경향이 있다. 그 법률들은 다수 시민들의 의지의 산물이기 때문이다. 즉 그들이 잘못을 저지르는 일은 있어도 그들 자신을 불리하게 만드는 이익을 추구하는 일은 있을 수 없다."[1]

한국의 경우는 어떤가. 개인적 자유나 권리를 철두철미하게 주장하려고 하는 풍조가 희박했던 한국에서는 암암리에 공리주의적 사고가 국민일반의 인식 속에 광범위하고 깊숙하게 침투하고 있다고 생각해 볼 수 있을 것이다. 그러므로 공리주의 철학의 근거와 함의를 점검하는 일은 매우 중요하다.

I. 벤담의 공리주의

공리주의 접근방식은 공공정책과 관련, 그것이 사회구성원 전체에 행복의 관점에서 어떠한 결과를 초래하는가 하는, '결과주의(consequentialism)'

---

1) A. de Tocqueville, *Democracy in America*, New York: Vintage Books, 1959, vol.1. pp.220~222.

의 관점에서 평가한다. 물론 결과라는 포괄적인 관점에서 국가의 정책을 평가한다고 해도 그 결과를 구체적으로 어떠한 측면에서 평가하는가 하는 문제에 따라 여러 가지 입장이 가능하다. '자유'의 관점에서 결과를 조망할 수 있는가하면, '평등'의 관점에서 결과를 평가할 수 있지 않겠는가? 공리주의는 '효용'이라는 관점, 즉 행복이라는 관점에 기초해서 공공정책이 초래하는 결과를 평가한다는 점이 특징이다. 즉 공리주의는 사회구성원 전체의 효용, 즉 '최대다수의 행복'이나 '최대다수의 불행'을 정치평가나 정책평가의 궁극적 척도로 간주한다. 따라서 공리주의의 중요성은 단순히 좋은 결과의 관점에서 정치·사회적 정책을 평가한다는 결과주의의 특성을 넘어서서 행복의 관점으로 결과의 개념을 평가한다는 사실에서 그 고유한 특성이 드러나는 셈이다.[2]

벤담에 의하면, 개인이 자기 자신의 행복을 극대화하는 대안을 선택함으로써 삶을 영위해 나가는 것처럼, 국가도 정치공동체의 행복을 극대화할 수 있는 대안이 무엇인지를 결정함으로써 법과 정책을 선택할 수 있다. 그렇다면 정치공동체의 행복을 극대화한다는 것은 어떠한 함

---

[2] 여기서 '효용의 원리'가 중요하다. 효용의 개념을 어떻게 개념화할 수 있는가 하는 점이 문제가 되겠는데, 이에 관한 한, 두 가지 입장이 있다. 행복(happiness)을 중시하는 입장과 욕구(want)를 중시하는 입장이 그것이다. 전자는 효용을 쾌락 내지 만족(satisfaction)이라는 바람직한 감정, 혹은 의식의 상태로 간주한다. 후자는 욕구 내지 선호(preference)라는 동기 부여의 관점에서 효용을 이해한다. 벤담에서 시즈위크(H. Sidgwick)에 이르기까지 고전적 공리주의자들은 쾌락주의를 수용하고 있었으나, 근래에는 욕구를 중시하는 선호공리주의자들이 증가하고 있는 실정이다. 물론 이 두 가지 입장 가운데 어느 입장을 취할 것인지 공리주의자들 사이에는 중요한 쟁점이 되어왔다. 그러나 본 논의의 관점에서는 그 차이가 그다지 중요하지 않다. 고전적 공리주의가 공공이익을 규범적으로 접근하는 과정에서 직면하게 된 흠결을 선호공리주의도 극복하고 있지 못한 것으로 상정되기 때문이다. 따라서 여기서는 고전적 공리주의 기본상정을 따라 효용을 쾌감 내지 만족으로 규정하고 논의를 진행하려한다.

의를 갖는가? 그것은 정치공동체 구성원들의 행복을 극대화한다는 사실을 의미한다. 벤담은 행복을 극대화한다는 것을 효용을 극대화하는 것으로 간주했는데, 후대에 이르러 유명해진 효용에 대한 그의 정의는 다음과 같다.

"효용이란 어떤 대상물의 특성이 관련 대상에게 즐거움, 선과 행복을 산출하거나 어려움이나 고통, 악, 및 불행을 방지할 때 야기되는 현상이다. 만일 그 관련대상이 일반 공동체라면, 그것은 공동체의 행복이 되고 만일 관련대상이 특정 개인이라면, 그것은 그 개인의 행복이 된다."

벤담은 '효용의 원리'가 정치와 공공정책의 기조라고 강조한다. "공동체의 행복을 증진시킬 수 있는 경향이 공동체의 행복을 감소시킬 수 있는 경향보다 많을 때 정부의 조치는 효용의 원리에 부합하는 것이라고 말할 수 있다." 즉 효용의 원리야말로 입법자들이 법을 제정하거나 정치인들이 정책을 수행할 때 반드시 염두에 두어야하는 원리로서 입법행위나 정책수행의 규범적 원리가 되는 셈이다. 한 사회의 행복극대화가 공공정책의 목표라는 것이 '고전적 공리주의(classical utilitarianism)'의 핵심이다. 그러나 고전적 공리주의의 명제인 '최대다수의 최대행복'이 함의하는 내용을 분석적으로 점검하는 차원에서, 고전적 공리주의를 다소 수정한 '평균적 공리주의(average utilitarianism)'에도 주목할 필요가 있다. 여기서는 사회구성원 전체의 행복을 구성원의 숫자로 나누고 있다. '고전적 공리주의'와 '평균적 공리주의'는 거의 유사하며, 다만 공동체 구성원의 증가가 전체 효용을 증가시키는지에 대해서만 다를 뿐이다. 고전적 공리주의에서는 구성원의 숫자가 많아질수록 효용이 증가할 가능성이 농후하다. 새롭게 더해지는 구성원 A의 행복이 매우 미미하더라도 사회 전체적으로는 효용이 증가할 수밖에 없기 때문이다. 이 점에서 고전적 공리주의는 '사회최대 행복'의 범주에 부합한다고 하겠다.

그러나 '사회최대의 행복'과는 달리 '사회 최대다수의 행복'에 관심을 갖는 '평균적 공리주의'에서는 전체의 효용, 즉 전체의 행복을 구성원의 숫자로 나누기 때문에 단순히 구성원의 숫자가 증가한다고 해서 사회전체의 효용이 증가하는 것은 아니다. 즉, 새롭게 더해지는 구성원 A의 행복이 미미할 경우, 전체의 평균효용을 떨어뜨리는 효과를 초래할 것이기 때문이다. 이러한 관점에서 볼 때 구성원들의 숫자를 무조건 증가시킴으로써 사회적 효용이 극대화되는 것이 아니라는 사실만을 예외로 한다면, 평균 공리주의는 벤담의 공리주의 비전과 실제로 같은 것이라고 할 수 있다.

당연히 '효용의 원리', 즉 '행복의 원리'는 고전적 형태나 평균적 형태의 공리주의를 막론하고 정치인들이나 정책 집행자들에게 초미의 관심사가 되었다. 벤담의 공리주의는 나름대로 객관적인 쾌락의 수량화를 가능한 것으로 상정하기 때문이다. 피트나 인치 등에 의하여 물리적 사물들의 길이를 비교할 수 있는 것처럼, 효용, 즉 즐거움은 정책 X와 Y를 비교할 수 있는 객관적 척도가 될 수 있다고 하겠다. 특히 즐거움은 양에 따라 구분이 가능한데, 벤담은 즐거움이 강렬함, 지속성, 확실성, 다산성, 순수성, 근접성, 범위 등 일곱 가지 차원에서 객관적으로 측정될 수 있다는 점을 입증하기 위해서 '쾌락의 계산법(felicific or hedonistic calculus)'을 고안한 바 있다. 따라서 '쾌락의 계산법'에 의거할 때, 정책 Y보다는 X가 더 많은 단위의 즐거움을 산출한다고 진술하는 것이 가능하다. 또한 X정책의 선택과정에서 사회의 복리를 증진시키는 목표가 달성되었다고 말할 수 있다. 이처럼 인간의 모든 행동에 즐거움의 객관적 특성을 추출할 수 있는 만큼 정부정책의 효과는 각 개인에게 얼마나 많은 행복이나 혹은 반대로 고통을 산출하는가에 따라서 규범적으로 평가될 수 있는 셈이다.

한 걸음 더 나아가 벤담의 공리주의는 '방법론적 개인주의(methodological individualism)'에 입각해 있다고 할 수 있다. 국가(state)나 사회(society)라는 용어는 '허구의 실체(fictitious entities)'에 불과함으로 개인들에 관한 진술로 환원되어야 한다는 것이 그의 생각이었기 때문이다. 즉, 공동체의 이익은 개인 구성원들 이익의 산술적 합에 불과하다. 그러므로 '공리주의적 입법자'라면 쾌락에 대한 객관적 척도에 의하여 X정책과 Y정책의 효과를 각기 엄정하게 계산할 수 있을 것인데, 즉 '쾌락의 계산법'의 도움을 받아 각 정책이 산출하는 즐거움과 고통을 계산하고 더 많은 즐거움을 산출하는 정책을 시행할 수 있어야 할 것이다. 예를 들어 범죄자를 처벌하는 형법과 정책을 제정하는 데 있어 입법자는 미래의 범죄를 방지하기에 알맞은 적정수준의 고통이나 처벌을 결정함으로 공동체가 보다 양질의 상태로 발전할 수 있도록 관심을 가져야 한다. 이것은 처벌이 지나치게 가벼워서도 안 되겠지만, 결코 과중해서도 안 된다는 함의를 갖는다. 과중한 처벌은 공동체에게 즐거움을 산출하는 것보다 범죄자에게 더 많은 고통을 강요하기 때문이다. 이러한 과정에서 응분의 벌을 부과한다는 개념이나 도덕적 죄책감 등의 요소들에 대해서는 크게 개의할 필요가 없다. 문제의 요소들은 주관적 느낌에 불과하다는 것이 벤담의 견해였다.

경제적 사안들에 관한 한, 물론 벤담은 개인들의 사적 행위가 자연적으로 자원의 최적 배경으로 이루어진다고 주장했으므로 '자유방임(laissez-faire)'의 정책을 신봉하고 있는 입장이었다. 그러나 여기서도 엄정하게 조망할 경우, 만일 입법자가 사적 시장의 문제점들과 관련, 개선의 여지가 있다면, 원칙적으로 양질의 결과를 산출하기 위한 목적으로 행정명령이나 법률에 의하여 개입할 수 있는 방안이 배제된 것은 아니다. 시장개입은 공리주의자들에게 있어서 이론적으로 열려져있는 대안이 되는 셈이다. 그런가하면 개인의 권리나 자유 등의 추상적 개념들은 이른바 '효용함수(utility function)'에 포함될 수 없기 때문에 공리주의적 입법자가 '사회 효용(social utility)'을 계산하는 데 있어서 고려사항이 될 수는 없다. 사회효용계산과정에서 상이한 개인들의 욕구와 관련하여 질적인 구분은 존재하지 않기 때문이다. 즉 어떠한 개인의 욕구도 도덕적 특성으로 말미암아 법이나 공공정책에서 우선적으로 충족되어야 할 당위를 지녔다고는 말할 수 없다.

이 맥락에서 강조하고 싶은 것은 개인들의 욕구에 대하여 질적인 평가를 배제함으로써 벤담의 공리주의는 '공평성(impartiality)'의 요소를 내포하고 있는 것으로 평가받을 수 있다는 점이다. 그 이유는 무엇인가. 모든 개인들의 욕구는 동등한 범주, 즉 등가(等價)로 취급되고 있기 때문에 모든 개인을 공정하게 대우한다고 말할 수 있기 때문이다. '일인 일표'라는 민주정치의 원리도 이러한 벤담의 공리주의 철학에서 정당화될 수 있다. 그러나 그럼에도 불구하고 공리주의적 척도에 의하여 정치와 입법영역에서, 이른바 엄정한 '정책과학(science of policy)'을 구축하려는 벤담의 통찰 및 시도와 관련하여 문제점을 지적하기란 어렵지 않을 듯하다.

일단 벤담의 공리주의적 주장을 요약해보자. 첫째, 개인 각자는 자기 자신의 행복과 불만을 측정·평가할 수 있다. 둘째, 이 만족도나 불만도 측정 및 평가는 국가의 정책담당자들도 할 수 있다. 셋째, 이 행복과 만족에 관한 한, 질적 차이를 인정하지 않고 양적 차이만 인정한다. 넷째, 각자의 행복은 다른 사람의 행복에 더해질 수 있다. 반대로 각자의 불행은 다른 사람의 행복에서 감해질 수 있다. 즉 사람들의 행복과 불행은 상호가감이 가능함으로 비교가능하고 그들의 행복과 불행을 가감하면 사회의 총체적 행복이 산출될 수 있다.

II. 밀의 공리주의

즐거움에 대한 평가와 관련, 질적 차이를 인정하지 않고 양적 차이에만 관심을 갖는 벤담의 통찰은 이미 당대에 많은 논란을 불러일으켰다. "편견의 문제를 별도로 하면, 푸시핀 놀이는 예술이나 음악, 시와 동일한 가치를 갖는다."고 설파한 그의 주장이 쟁점의 대상이 된 것이다. 물론 벤담은 먹기도 하고 마시기도 하기 때문에 얻어지는 육체적 만족과 고상한 소설이나 시를 읽음으로써 얻어지는 만족이나, 사랑 혹은 우정을 통해 얻어지는 만족 등, 정신적 만족사이에 아무런 차이도 없다는 식으로 생각하고 있는 것은 아니다. 하지만 그가 인정하는 것은 만족의 원천의 차이와 거기서 유래하는 만족의 지속성, 강도, 다산성, 풍요성의 차이에 지나지 않는다. 벤담에 의하면, 이들 차이도 결국에는 만족의 크기의 차이로 환원될 수 있으며 또 실제로 그렇게 해도 행복을 계산하는데 아무런 지장이 없다.

그렇다면 즐거움이 양적으로만 차이를 지니면서 질적으로 차이가 없다는 벤담의 주장은 어느 정도로 옹호될 수 있는가? 벤담에 있어 행복은 인간에 있어 다양한 경험과 느낌이 아니라 다만 즐거움에 대한 경험이었다. 따라서 육체적 쾌락이나 정신적 쾌락은 다 같은 즐거움에 불과하다. 과연 이러한 평가와 판단이 우리에게 반감을 불러일으키지 않을 정도로 설득력이 있는가. 어떤 의미에서 보면 자유와 평등이 보장되기 때문에 얻어지는 만족과 물질적 이익을 부여해주기 때문에 얻어지는 만족사이에는 명백한 질의 차이가 있다고 생각할 수 있을 것이다. 하지만 벤담의 소박한 양적 공리주의는 양자를 상호간에 환치가능한,

따라서 더하기와 빼기의 방식을 통한 산술적 처리를 행할 수 있는 차이로 환산해버리는 것이다.

　'질적 공리주의자'로 평가받는 밀(J. S. Mill)은 정치적 가치와 사회적 가치의 유일한 기준으로 단순히 만족의 양적 범주만을 내세우고 있는 벤담의 비전에 대하여 상당한 불만을 토로하고 있는데, 그 불만의 논거와 내용은 우리에게 널리 알려져 있다. 『자유론』에서 밀은 단순히 양적인 차원에서 효용의 극대화에 기여한다는 점과는 상관없이 행동의 자유는 그 자체로 가치가 있다는 사실을 주장하고 있다. 따라서 자유나 평등이 보장되기 때문에 얻어지는 만족과 물질적 이익을 보장하기 때문에 얻어지는 만족사이에 명백한 질의 차이가 있음을 주장하고 있는 것이다. 또한 『공리주의』에서 밀은 '저차원의 즐거움(lower pleasure)'과 '고차원의 즐거움(higher pleasure)'을 구분함으로써, 양적 공리주의 철학의 취약한 기초에 대하여 의구심을 표시했다. 양자를 질적으로 다른 범주로 구분함으로써 어떤 행동들은 비록 양적인 차원에서 다른 행동들보다 더 적은 행복을 산출하는 것처럼 보일지라도 그 다른 행동들에 비하여 더 높은 질적 특성을 지닐 수 있다는 것이 밀의 입장이었다. 지적인 탐색, 과학적이고 예술적인 탐구 등에 대한 열정은 한 정치공동체에서 우선적으로 충족시켜야할 당위가 성립하기 때문에, 이들의 가치는 단순히 쾌락의 양만을 계산하는 단순한 '쾌락의 척도(hedonistic calculus)'에 의해서 평가할 수 없는 것이다. 밀에 의하면, 이러한 고양된 욕구에 대한 만족은 역시 고품격의 효용과 일치한다고 볼 수 있겠는데, 그것은 특히 '발전하는 존재로서 인간의 욕구에 근거하고 있는 넓은 의미의 효용(a broadened utility grounded upon as a progressive being)'[3]인 셈이다. 밀은 고차원적 즐거움을 추구하면 결국 저차원적 즐거움과는 비교할

---

3) J. S. Mill, *On Liberty*, M. Warnock ed., London: Fontana, 1962, p.70.

수 없는 고상한 만족과 행복을 산출할 것이라고 믿었으며, "배부른 돼지보다 배고픈 소크라테스가 낫다"고 갈파함으로 저차원의 즐거움을 추구하기보다는 오히려 불만족 상태가 낫다고 주장하였다.

이러한 밀의 논의를 어떻게 보아야 할 것인가. 질적 문제에 대한 밀의 지적을 은유적으로 '어린왕자'의 이야기에 비추어 반추할 수 있다고 생각된다. 프랑스의 문호인 생땍쮜베리의 『어린 왕자』를 보면 사물의 질적 차이에 대한 문제가 인상깊게 들어난다. '어린 왕자'는 자신의 별에 한 송이의 장미를 남겨두고 지구로 온다. 그리고는 지구에서 발견한 5천 송이의 장미꽃을 향해 말한다. "너희들은 아름답지만, 그저 피어 있을 뿐이야. 너희들을 위해 목숨을 바칠 생각은 없어. 나의 한 송이 장미꽃도, 그 옆을 지나가는 사람이 본다면 너희들과 똑같은 그저 그런 꽃이라고 생각할는지 몰라. 하지만 그 한 송이의 꽃이 내게는 너희들 모두보다 소중해." 어린 왕자에게 다른 많은 장미꽃들보다 그 한 송이 장미꽃이 소중한 이유는 그것을 정성스럽게 가꾸었기 때문이다. 따라서 그 한 송이 장미꽃은 질적으로 다른 장미꽃들보다 우위에 있는 것이다.

두말 할 나위없이 고차원적 즐거움과 저차원적 즐거움에 대한 밀의 구분은 국가가 시행하는 공공정책의 측면에서 중요한 함의를 지니고 있는 것으로 볼 수 있다. 국가가 선택해야할 정책대안들에 대한 기준은 무엇인가. 예를 들면, 고상한 도덕적·심미적·정신적 만족과 저급한 물질적·육체적 만족사이에는 뛰어 넘을 수 없는 간격이 있고, 양자를 산술적으로 결집하기보다 고상한 즐거움의 결집을 목표로 해야 한다는 밀의 질적 공리주의(qualitative utilitarianism) 철학에 매료되고 있는 공리주의 성향의 입법자라면, 전위예술사업과 고전예술사업 가운데 어느 부문에 국고보조를 결정할 것인가. 전위예술보다는 고전예술에 대하여 재정적 보조를 시행할 가능성이 크다고 해야 할 것이다. 오랜 세월동안

품위있는 것으로 인정받아온 고전예술, 창작, 문예, 출판 부문에 대한 정부의 지원이야말로 인간이 가지고 있는 다양한 욕구 가운데 도덕적으로 우월성을 지닌 것으로 판단되는 정교한 욕구들을 선별하여 특혜적인 대우를 공여하겠다는 질적 공리주의 범주에 부합되기 때문이다. 즉, 10대의 값싼 취향에 영합하는 저급한 대중문화가 끊임없이 생산 혹은 재생산되고 있는 문화영역에서 정부의 개입이나 보조 없이는 품격 있는 진정한 문화·예술활동에 대하여 소수이긴 하지만, 개화된 취향을 지니고 있는 문화 시민들이 갈구하는 강렬한 고차원적 선호를 충족시킬 수 있는 방안이 불가능하다고 판단할 공산이 크다.

같은 맥락에서 정부가 주도하는 간행물심사나 영화심사제도도 정당화될 수 있다. 독자들의 저급한 호기심만을 자극하는 책이나 영화에 대하여 심사·검열하고 그런 책이나 영화에 대한 출판이나 상영을 보류 내지 금지하는 정책이 저급한 즐거움의 확산을 막는 방법이 아니겠는가. 하지만 물론 이처럼 특수 분야의 예술 창작 분야의 정부개입과 지원, 혹은 간행물·영화검열제야말로 순수한 벤담류의 공리주의와는 배치되는 정책일 것이다.

하지만 밀의 질적 공리주의를 받아들인다고 할 때 문제가 없는 것은 아니다. '저차원의 즐거움'과 '고차원의 즐거움'을 구분하는 일이 과연 가능할 것인가. 만일 가능하다면, 그 기준은 무엇인가. 또 그 기준을 정하는 사람은 누구인가. 정치인인가, 도덕전문가인가, 아니면 철학자인가. 그런가하면 그 기준을 결정하는 절차는 어떠한가. 물론 밀은 '불편부당한 관망자'를 말하고 있지만, 과연 정치인이나 입법자, 혹은 관료가 그런 관망자가 될 수 있을 것인가. 혹시 그러한 주장은 "철인이 통치자가 되어야한다."는 플라톤의 주문만큼이나 비현실적이며 허황된 것이 아닐까. 민주사회의 입법자나 정치인이라고 하여 공리주의에서 기대하는 '불편부당한 관망자'가 쉽게 될 수 있는 것은 아니다. 민주사회에서 선거에 의하여 뽑힌 정치인들이나 입법자들은 특정한 정책을 통하여 '고상한 즐거움'을 구현하기로 공약했기 때문에 뽑힌 것은 아니다. 즉 고상한 것을 정책의 목표로 삼았다고는 보기 어렵다. 일반적으로 많은 사람들이 원하는 것—비록 그것이 저급한 즐거움의 범주라고 해도—이라고 판단되는 것을 여과없이 정책으로 공약하는 경우도 허다하다. 일단 사람들의 표심을 잡아야 집권을 도모할 수 있지 않겠는가. 이처럼 일반 사람이 가지고 있을 법한 저급한 선호라고 해도 이에 영합하는 것이 민주정치인들의 특징적 성향이라면, 입법자가 되었다고 하여 사람들의 저급한 선호를 통제하고 고급선호의 만족을 추구하기란 어려운 일이다.

이러한 관점에서 보았을 때, 어떤 차원의 즐거움을 극대화시켜야 하는가 하는 국가의 정책적 판단은 더 더욱 어려워진다. 특히 이 문제는 공공이익과 공공정책 추구에 있어서 '뜨거운 감자'가 될 공산이 크다. 외국영화와 국산영화 가운데, 혹은 독서실과 만화방 가운데 어떤 것이 고차원적 즐거움을 산출하는가? 혹은 사랑에 관한 영화나 범죄에 관한 영화 가운데 어떤 것이 고차원의 즐거움의 범주에 포함되는가? 한편 고급의 즐거움에 대한 가치 평가가 가능하다면, 논리적으로 같은 맥락에서 저급한 즐거움에 대한 평가도 가능해야할 것이다. 예를 들면 여자접대부를 두는 술집과 남자접대부를 두는 술집 가운데 어떤 술집이 더 퇴폐적인가? 경마에 돈을 거는 행위는 고스톱에 돈을 거는 행위에 비하여 더 저급한가? 이에 대한 대답은 결코 자명하지 않다. 예술성과 외설성에 대한 기준, 애국심과 보편주의적 문화관 혹은 남성관, 여성관에 따라 그 대답이 달라질 것이기 때문이다. 이러한 문제에 관한 한, 입법자라고 해서 예외는 아니다.

그런가하면 한 사회는 '소크라테스의 선호'처럼 단순히 고차원의 즐거움만을 극대화해야 할까? 아니면 '돼지의 선호'와 일정수준 혼합하여 극대화를 추구해야 할 것인가. 만일 혼합을 주장한다면, 그 배합비율은 얼마가 되어야하는가. 만일 '고차원의 즐거움'만이 공공이익의 범주에 부합된다는 판단을 한다면, '저차원의 즐거움'의 억압과 '고차원 즐거움'의 산출과 증진이 공공정책의 목표가 되어야 할 것이다. 이 경우 사행심을 조장하는 등, 저급의 즐거움을 산출하는 것으로 보이는 각종 복권제도, 혹은 이른바 "돈 놓고 돈 먹기 상황"을 방불케 하는 경마나 자전거경주에 돈을 거는 경마와 경륜제도, 카지노 등은 폐지되거나 폐쇄되어야 마땅하다. 물론 윤락업소나 퇴폐적인 안마시술소, 단란주점 등은 말할 것도 없다. 혹은 성매매는 법적으로 금지되어야 할 것이다. 마약도 당연히 금기시된다.

그러나 문제는 한 사회가 '고차원의 즐거움'만 가지고 살 수 있는가 하는 점이다. 우선 역사적으로 볼 때 부정적이다. 성매매 등의 환락산업은 오래전부터 존재해왔다. 그 이유는 무엇일까. 인간의 나약한 의지와 본성을 감안할 때, 이들을 '금지'하는 것보다 '허용'하며 '관리'하는 것이 더 큰 악과 불행을 방지할 수 있기 때문이다. 이른바 '필요악'의 개념이다. 그것은 이혼을 선(善)이 아니라고 하여 절대적으로 금지하면 자신이 혐오하는 배우자와 헤어지기 위하여 배우자를 살해하는 사태가 벌어지는 경우를 생각해보면 알 수 있다. 마찬가지로 특정행위들을 저차원의 즐거움이라고 하여 법으로 금지했을 때 발생하는 결과, 특히 역효과를 예측하기란 어렵지 않다. 이른바 '풍선효과'와 같은 것이 발생하기 때문이다. '풍선효과'란 한쪽을 막아놓으면 다른 쪽이 부풀어 오르는 현상이다. 성매매를 법으로 금지하면, 오히려 성폭행 등, 성범죄가 더욱더 기승을 부리게 된다. 자신들의 성적욕구를 보다 사악한 방식으로 표출하기 때문이다. 마찬가지로 도박을 원천적으로 금지하면 집에서 도박판을 벌이는 사적도박이 기승을 부리게 된다.

문제는 또 있다. 사악성이나 저급성에 대한 평가문제이다. 왜 마약만 금지해야할까. 술도 금지되어야하고 담배도 금지되어야하며 혹은 껌도 금지되어야 하지 않겠는가. 그러나 술을 금지하는 사회, 담배를 금지하는 사회, 껌을 금지하는 사회를 실질적 대안으로 생각하기는 어렵다. 미국에서는 1920년대 금주법을 제정하면서 언론들은 '고상한 실험(noble experiment)'이라고 명명했다. 그러나 그 '고상한 실험'은 마피아와 같은 범죄조직으로 하여금 밀주를 양산하는 사태를 불러일으키고 말았다. 마찬가지로 성매매를 금지하면 오히려 성폭력이나 강간 등, 성범죄가 훨씬 더 증가할 가능성은 없겠는가.

특히 만드빌의 『벌들의 우화』는 이점을 역설적으로 증명하고 있다. 도덕적으로 좋은 사람, 고상한 선호만을 가진 사람들이 살게 되면, 물론 범죄자나 혹은 규범일탈자들이 줄어든다. 그러나 이 경우 그 사회는 외부의 침입을 막을 수 있는 능력에서 오히려 더욱 더 취약해질 수 있다는 것이 『벌들의 우화』의 역설적 결론이다. 그런가하면 도스토에프스키의 『카라마조프가의 형제들』에서 대심문관은 자유와 자율을 소중한 가치로 생각하는 사람들은 극소수고 많은 사람들이 자유보다는 빵과 기적 혹은 권력 등을 선호한다고 주장한다. 혹은 『파리대왕』에서 윌리엄 골딩은 사악한 성향의 잭을 따르는 무리가 착한 성향의 랄프를 따르는 사람들을 압도한다고 주장하고 있다. 이러한 주장이 설득력을 가진다면, 우리는 고상한 취미와 인격, 성향의 소수보다 불완전한 다수의 복지에 관심을 가져야 하지 않을까.

같은 맥락에서 양서에 관한 독서나 도덕적 취미만을 권장할 뿐, 복권이나, 경륜, 경마제도 등을 원천적으로 금지하는 것은 신정(神政)국가나 종교국가라면 모를까, 세속국가에서는 부당하다. 오히려 사람들이 삶의 현장에서 끊임없이 직면하는 긴장감과 스트레스를 해소하고자 한다면, 술도 마시고 흡연과 도박도 하는 등, 이른바, '돼지의 선호'로 지칭되는 저차원의 즐거움을 허용하는 것은 '적극적 선(positive good)'이라고 할 수 없다면, 필요악(necessary evil)이라고 할 수 있지 않겠는가? 이처럼 저차원의 만족을 허용할 경우의 정당성이라면, 사회의 도덕성은 저하되나, 반대로 사회의 생산성은 제고될 수 있을 것이기 때문이다.

그런가하면 오늘날 기본권 가운데 하나로 인정받는, 이른바 '행복추구권'은 고차원의 즐거움과 저차원의 즐거움의 구분을 정당한 것으로 판단하지 않는다. '내'가 다른 사람에게 해악(害惡)을 끼치지 않는 범위 내에서 '나'의 즐거움과 쾌락을 추구하는 것은 인간의 기본적 권리에 속한다는 인식은 저차원의 즐거움으로 비난받는 즐거움의 추구라도 정당화된다는 비전이 들어있다. 우리는 권리를 주장하면서 반드시 '진정한 선'이나 '고상한 만족'과 연결시킬 필요는 없다.

"어떤 사람 A가 어떤 행위 X를 행하는 것에 대한 권리를 갖는다." 라고 하는 명제는 "X를 행하는 것이 선하다."거나 혹은 "X를 행하는 것이 고상한 만족을 초래한다."고 하는 윤리적 판단을 전제로 하고 있지 않고, 또한 그러한 판단을 함의하고 있지도 않다.[4] 실제로 우리는 선한 행위나 고상한 행위라고 해서 선하고 고상한 그 모든 행위를 이행할 권리를 갖는 것은 아니고 또 선이나 고상한 만족이라고 판단하기 어려운 행위를 하는 것에 대한 권리가 부인되는 것도 아니다. 예들 들어,

---

4) 이러한 의미에서 권리는 그 자체로 '칭송가능한 행위'의 범주가 아니라 '허용가능한 행위'의 범주이다. 이와 관련, 엄슨은 인간의 행위를 금지된 행위, 허용가능한 행위, 의무적인 행위, 초과의무적인 행위로 분류한바 있다. J. O. Urmson, "Saints and Heroes" A. I. Melden ed., *Essays in Moral Philosophy*, Seattle: University of Washington Press, 1958.

태아를 임신중절하는 것은 누구의 눈에도 분명한 악이라고 단언할 수까지는 없을지라도 선하다고도 말하기는 어려울 것이다. 하지만 그럼에도 불구하고, 특별한 경우 임신중절 수술을 받는 것에 대한 권리는 오늘날 대부분의 국가에서 인정되고 있다. 또한 동성애자들 사이의 결혼도 마찬가지다. 우리가운데 많은 사람들은 동성애자들 사이의 결혼을 사악함을 가진 악이라고 생각하지는 않지만, 그렇다고 해서 바람직한 선이라고 단언하기도 꺼리고 있다. 그럼에도 프랑스에서는 동성애자들 사이의 결혼을 권리로 인정하고 있다.

이처럼, 권리를 말할 때 선한 행위를 하는 것, 바람직한 행위를 하는 것에 대한 권리라고 규정하면서도 그렇다고 해서 자기 자신의 삶에 객관적으로 마이너스가 되는 행위, 혹은 바람직한 선의 범주에 해당된다고는 할 수 없는 행위를 행하는 것에 대한 권리를 인정하게 된다. 단지 돈과 시간을 탕진할 뿐인 '기생적 삶'이나 심지어 '약탈적 삶'을 영위한다고 해도, 그러한 비생산적인 활동을 도덕에 반하는 것으로 격렬하게 비난할지언정, 그것을 법에 의해 처벌해야 한다든지 아니면 그러한 생활을 할 권리를 누구도 갖지 않는다는 식의 주장은 성립하기 어렵다. 즉, 다른 사람의 권리를 침해하지 않는 범위 내에서 자신이 원하는 대로 — 그것이 고급의 즐거움이건 저급의 즐거움이건 상관없이 — 행위를 하는 것, 개개인이 선택한 원하는 대로의 삶을 다른 누구로부터도 방해받는 일 없이 살아가는 것에 대한 권리가 보장된다고 할 수 있기 때문이다.

한편 이보다 더욱 더 심각한 문제가 있다. 공리주의자들이 설정한 바 있는 '공평한 관찰자(impartial observer)'로서의 입법자가 사회전체효용을 엄정하게 계산하기 위해서는 '개인들 사이의 효용비교(interpersonal comparison)'를 할 수 있어야 한다는 문제가 그것이다. 다시 말해서 'X

정책이나 상태(state of affairs)'가 'Y 정책이나 상태'보다 더 많은 효용을 산출하기 때문에 X 정책이 더욱 더 좋다는 판단을 하기 위해서는 정책 시행을 통하여 개인에게 돌아올 이득과 손실을 비교할 수 있는 객관적인 방법이 존재해야 하지 않겠는가? 예를 들어 특정 조세정책, 즉 누진세제도의 도입이 공리주의적 계산법에 의해서 정당화 될 수 있다고 주장하기 위해서는 누진세를 통하여 이득을 얻게 되는 개인 A의 만족이 누진세를 통해 손실을 보게 되는 개인 B의 불만보다 효용의 관점에서 능가한다고 단언할 수 있어야 한다. 그런가하면 한 걸음 더 나아가 공리주의 입법자는 단순히 시민 A의 만족이 B의 불만을 능가하는가의 여부뿐만 아니라, 구체적으로 어느 정도, 즉 1단위 혹은 5 단위 혹은 10단위 능가하는지에 대해서도 파악할 수 있어야 하겠는데, 실상 문제의 비교를 할 수 있는 객관적이며 최소한 간주관적 방식, 즉 엄정한 과학적 방식이 존재하는 지에 대해서는 의문이다. 다시 말해서 개인 A의 만족을 또 다른 개인 B의 만족과 양적으로 비교하는 작업이 과연 가능한 것인가?

우리는 때때로 행복감이나 만족감에 관하여 '서수적 비교(ordinal comparison)'를 하고 있다. 예를 들어 "비교적 건강한 몸의 A는 심장병을 앓고 있는 친구 B보다 행복하다."고 말할 수 있는 경우가 그것이다. 혹은 "수해를 당해 집은 잃었지만, 자식을 잃은 사람에 비하면 그나마 다행스럽다."고 말하기도 한다. 그렇지만 보다 치밀하고 정확하게 A가 B보다 얼마나 더 만족스러운 상태에 있는지, 혹은 집을 잃은 사람이 자식을 잃은 사람보다 얼마나 다행스러운지를 판단하기란 매우 어려운 일이다. 이를 위해서는 A와 B의 심리상태나 경험세계에 정확하게 접근할 수 있어야 하겠는데, 아무리 독심술(讀心術)이 발달하고 커뮤니케이션의 기법이 발달한다고 하더라도, 다른 사람의 마음이나 경험세계를 판독할 수 있는 이러한 방안의 발견은 불가능하지 않을까. 혹시 사람들의 내심을 꿰뚫어볼 수 있는 정신과의사라면 모르겠으나, 정치의 전면에 정신과 의사들이 등장하는 모습을 정상적인 국가에서 상상이나 할 수 있을 것인가. 이처럼 일반사람들에게 '기수적 계산법'이 불가능하다면, 공리주의 입법자들에게도 뾰족한 방법이 있을 수 없다. 즉 사람들 사이에 효용에 대한 '기수적 비교(cardinal comparison)'를 할 수 없다는 의미이다.

그러나 효용의 원리를 유의미하게 구현하여 행복의 정치를 실현가능한 것으로 만들기 위해서는 가장 행복한 사람으로부터 가장 불행한 사람까지 '서수적으로' 순위를 매기는 작업이 필요할 뿐 아니라, 만족을 느끼는 사람이 불만을 느끼는 사람보다 정확하게 얼마나 더 만족스러워하는지를 '기수적으로' 파악할 수 있어야 하지 않겠는가! 이것을 유비적으로 말하자면, 대학수학능력시험에서 시행하는 방식이라고 할 수 있다. 대학수능시험에서는 각 수험자 개인의 정확한 점수가 나옴으로써 기수적 점수와 서수적 서열산출이 동시에 가능하다. 그런데 '행복의 정치'가 이와같은 방식을 공공정책의 고안과 집행과정에서도 적용 가능한 것으로 추진할 수 있을 것인가. 그렇지 못하다면, 즉 수능시험과 달리 개인들 사이의 '효용비교(interpersonal comparison of utility)'나 '행복비교' 혹은 '불행비교'가 불가능하다면, 공리주의적 입법자가 활용할 수 있는 '효용의 원리'의 적실성은 의문시되는 셈이다. 즉, 일반적으로 '사회후생함수(social welfare function)'로 불리는 '행복의 정치'는 아예 불가능하다는 의미이다. A가 B보다 얼마나 더 만족스러워하는가를 평가할 수 있는 방식을 개발할 수 없다면, 여러 가지 가능한 정책들이 사회구성원의 총체적 행복에 어떠한 영향을 끼치는지를 엄정하게 계산해낼 수 있는 방법이 없기 때문이다.

마지막으로 남은 밀의 질적 공리주의에 대한 의문이 있다. 사실 질적 공리주의라고 하지만, 벤담의 양적공리주의와 어느 정도로 차이가 존재하는 것인가 하는 문제에는 불확실성이 있기 때문이다. 진정한 밀류의 질적 공리주의자라면, 혹은 그런 성향을 가진 입법자라면, 사회의 총체적 행복을 계산하는데 있어서 도덕적·심미적·정신적 만족과 물질적·육체적 만족을 질적으로 구분하여 반영할 것인가? 그렇기는 어려울 것으로 생각된다. 양자를 질적으로 구분하여 저급한 즐거움을 포기하기 보다는 고상한 즐거움과 관련, 그 바람직스러움의 정도에 따라 계수를 곱하고 바람직한 점에서 뒤떨어지는 만족에 대하여는 그보다 낮은 계수를 곱하므로, 즉 가중치의 차이를 둠으로 구성원들의 만족을 집계하는 것이 현실적이 아니겠는가?

하지만 문제가 있다. 사실 이런 방식으로 전체의 효용이 계산되는 공리주의는 기묘한 형태의 공리주의라고 말하지 않을 수 없기 때문이다. 엄밀한 의미에서 질적 공리주의자가 직면하는 문제는 공리주의자들이 전통적으로 '효용'이라고 이해해 왔던 범주에서 이탈하고 있는 것이 확실하다. 고상한 즐거움만을 '의미있는 즐거움'이라고 규정할 때, 그것은 이미 개개인이 실제로 체험하는 만족과는 거리가 멀다. 오히려 자신이 아닌 다른 사람, 즉 도덕적 전문가나 만족의 질에 민감한 입법자가 바람직스럽다고 생각하는 가치, 즉 '주관적 가치'가 아닌 '객관적 가치'로 변해버리기 때문이다. 물론 밀의 이러한 시도는 벤담의 소박한 공리주의를 이상주의적 관점에서 수정하는 것으로서 중요한 위상과 의미를 갖는다고 볼 수 있겠지만, 효용을 개개인의 주관적 만족으로 이해해온 방식과는 전혀 다른 방향으로 나아갈 수밖에 없다.

그렇다면, 이러한 방식으로 나아갈 바에야 효용을 개인의 주관적 만족으로 이해하고, 그 밖의 바람직한 가치들은 효용과는 전혀 별개의 것으로 간주하고 그러한 기반위에서 효용을 포함한 가치 상호간의 상대적 비중을 고찰하는 편이 훨씬 낫지 않겠는가.

이제 벤담과 밀의 공리주의를 종합적으로 평가해보자. 우선 벤담과 밀은 개인자신이 자신이 얼마나 행복한지에 대한 평가가 가능하다고 주장한다. 하지만 이것이 과연 가능한 것인가. 우리는 우리자신이 얼마나 행복한지 말할 수 있으며, 우리자신의 행복지수를 유의미하게 계산할 수 있을 것인가. 혹은 즐거움과 행복이 우리자신에게 투명하여 정확하게 측정할 수 있는 것인가. 특히 질적 차이를 강조하는 밀의 경우는 훨씬 복잡하다. '소크라테스의 배고픔'과 '돼지의 배부름'처럼, 고상한 만족과 저급한 만족을 구분했을 때, 전자만 계산하고 후자는 생략할 수 있는가. 그렇지 않고 양자를 다 살린다면, 즉, 즐거움이 고차원의 즐거움과 저차원의 즐거움 등, 여러 가지 형태를 대상으로 삼는다면, 그런 행복의 측정은 더욱 어렵다고 할 수 있을 것이다. 총체적 행복에 대한 정확한 계산과 합계를 위해서는 적어도 단위가 통일되어야 하지 않겠는가.

두 번째로, 이러한 조건들이 충족되기 어렵다면 우리자신이 우리자신의 행복을 측정하기 어렵다는 의미가 된다. 그렇다면 항차 다른 사람이 우리의 즐거움을 어떻게 산정할 수 있을 것인가. 특히 우리자신이 알 수 없다면, 어떻게 정치인이나 입법자가 자기 자신이 아닌 우리의 행복을 알 수 있겠는가. 그럼에도 불구하고 우리의 행복에 기초한 공동체의 행복을 산출하려한다면, "소경이 소경을 인도하면 둘 다 개천에 빠진다."는 준칙을 생각나게 하지 않는가.

세 번째로, 문제는 또 있다. 이미 지적한 것처럼, 우리가 우리자신의 '행복지수'를 알 수 있다고 해도, 어떻게 우리의 행복지수를 다른 사람들의 그것과 '비교'할 수 있는가. 우리는 '서수적 관점에서' 행복을 다른 사람들과 비교하는 데는 익숙하지만, 그 다른 사람들에 비하여 얼마나 '더' 혹은 '덜' 양적으로 행복한지 파악할 수 있을 만큼 다른 사람들의 경험세계에 들어갈 수 없다. 문제는 효용의 원리가 정책의 원리가 될 수 있을 만큼 완벽하려면 얼마나 행복한지 '기수적 범주'로 표현할 수 있어야한다는 점이다. 특히 기수적 비교의 어려움은 이른바 '한계효용 체감현상'에서 나타난다고 하겠다. '한계효용 체감현상'은 재화를 소비할수록 한 단위씩 효용이 감소한다는 원리이다. 우리는 첫 번째 잔의 맥주 맛이 두 번째 잔의 맥주맛보다 더 낫다는 사실을 경험적으로 확인한다. 이 현상이 유의미하다면, 1000원은 부자보다 가난한 사람에게 더욱 더 가치가 있다. 1000원은 부자보다 가난한 사람에게 급격히 그 효용이 감소하기 때문이다. 따라서 문제의 현상이 현실적으로 적절하다면, 재화는 사람들에게 불평등하게 분배되는 것보다 평등하게 분배되는 것이 최대다수의 행복을 산출한다. 예를 들어 부자가 집 열채를 갖기보다 일반사람 10명이 각각 한 채씩 집을 소유하는 것이 행복극대화의 철학에 부합한다.

하지만 이러한 '한계효용체감현상'이 확고한 사실인지 경험적으로 '입증(verification)'된 것은 아니다. 오히려 '반증(falsification)'되는 사례가 적지 않다. 예를 들어 흥부와 놀부의 경우를 보면, 문제의 현상이 사실이 아님을 알 수 있다. 놀부의 아내는 처음에 밥풀이 묻어있는 주걱으로 흥부를 때리다가 흥부가 이 사실을 고마워하자 밥풀을 물로 씻고 맨 주걱으로 흥부를 때리기 시작한다. 이것은 "부자가 더 하다"는 항간의 속언(俗言)을 입증하고 있는 사례가 아니겠는가. 부자가 구두쇠인 경우는 생각보다 많다. 즉 낡은 바지를 몇 십년동안 입는다든지 혹은 낡은 구두를 고쳐가며 신는다든지 하는 경우가 바로 그러한 경우일 것이다. '한계효용체감현상'이 법칙이라고 할 정도로 견고하다면, 오헨리의 소설에 나오는 스크루지와 같은 부자 구두쇠나 절약정신이 몸에 밴 짠돌이 기업가의 행태를 이해할 수 없을 것이다. 그들의 행위는 '한계효용 체감현상(marginal utility decreasing)'이 아니라 '한계효용 체증현상(marginal utility increasing)'으로 설명할 수 있을 것이기 때문이다.

물론 우리는 비관적으로만 사물을 볼 필요는 없다. 이와 마찬가지로 공리주의의 장점은 분명히 있다. 어떤 정책의 도입의 개인들의 효용에 초래할 것으로 예상되는 변화의 크기를 기수적으로 결정하는 것, 그것도 과학적으로 승인될 수 있는 방법으로 그렇게 하는 것은 후생경제학도들이 일찍이 지적해온 것처럼 불가능할 수밖에 없을 것이다. 하지만 행태론적 방식을 이용해서 그 근사치를 추정하는 것조차 불가능하다고 단언할 필요는 없을 것이다. 또 그렇게 하는 것이 무의미하거나 유해하다고 말할 이유도 없을 것이다. 마찬가지로 개인 간의 효용을 집계하여 전체 효용을 구하려고 하는 것도 무의미하거나 불가능하다고는 생각되지 않는다. 물론 구성원전체의 효용을 문자 그대로 조사하고 그 조사에 기초하여 전체의 효용을 상정하는 것은 불가능한 일일 것이다. 하지만 통계학상의 법칙에 입각한 표본조사를 기초로, 전체 효용의 근사치를 추정하는 것은 그것이 어느 정도로 정확한 것인가는 제쳐 놓고라도 불가능하지는 않을 것이다. 더욱이 이러한 방식으로 얻어진 전체 효용에 관한 정보는 정책 평가에서 나름대로 중시 되어야 한다. 적어도 어떤 정책의 도입에 사회 구성원이 전체의 추세로서 어느 정도의 만족이나 불만을 나타내는가, 혹은 그 정책을 시행할 때 대규모의 폭동이나 내란을 촉발시키지 않을까 하는 등등의 경우처럼, 오로지 전체효용에 관한 고려는, 다른 여러 가지의 정치적 가치에 관한 고려와 마찬가지로 정책 평가의 과정 중에서 완전히 무시되어도 지장이 없는 사항이라고는 도저히 생각되지 않는다.

뿐만 아니라 개개인의 다양한 효용을 상호간에 치환가능한 것으로 보는 것도, 그 자체로 볼 때 부당하다고 단언할 이유는 없다. 이런 시도들은 개인효용을 기수적으로 확정하고 그것을 기반으로 하여 전체효용을 추정하려고 하는 의미있는 시도인 이상, 정당한 것으로 판단할 수 있다. 적어도, 필자의 입장에서 보면 그렇다. 하지만 전체효용을 정책평가의 유일한 기준이나 궁극적 지침으로 삼는다는 대전제를 세우고 그런 방식을 취하는 것, 즉 여러 가지 효용을 서로 간에 치환가능하다고 단정하는 것은 그 타당성을 인정받기 어렵다고 생각된다. 왜냐하면 공리주의의 이 대전제에는 해명되어야할 부분이 적지 않기 때문이다.

III. 공리주의 정치비전에 대한 비판적 고찰: 행복의 극대화나 고통의 최소화는 정치의 궁극적 목적이 될 수 없다

'최대다수의 최대행복의 증진'이나 '최대다수의 불행의 방지'가 국가나 공공정책의 목표가 되어야한다는 고전적 공리주의자들의 주장이 정치의 기능과 관련, 중요한 기여를 한 것은 사실이다. 그것은 또 현대의 정치비전에도 엄청난 영향력을 미치고 있다. 특히 범법자들의 처벌을 포함한 국가의 형벌권이 필요이상으로 가혹해서는 안 된다는 점을 역설함으로써, 엄벌위주의 반인권적인 교도행정을 개혁하는데 기여한 공리주의의 결코 사소한 것이 아니다. 또 공리주의는 민주정치와 각별한 친화력을 가지고 있다. '다수의 행복'이나 '다수의 이익'이 좋은 민주정치를 판별하는 핵심적 기준이 되어온 것이다. '다수의 행복'에 관심을 갖지 않거나, 심지어는 그와 반대되는 정책을 추진하는 민주국가가 과연 살아남을 수 있겠는가. 그런가하면 현대복지국가의 출현에도 도덕적 정당성을 부여하는 역할을 했다고 할 수 있다. 또 국가사회주의 국가의 행태를 정당화하는데도 일부 유효하게 작용한 측면이 있다.

하지만 엄밀한 의미에서 볼 때 '행복의 증진'이나 '불행의 방지', 특히 '행복의 극대화'가 국가나 공공정책의 현저한 한 기준이 될 수 있으나, 궁극적 기준이나 최고의 목표가 될 수 있는가하는 점에는 적지 않은 의문이 있다. 이러한 문제와 관련, 즐거움과 고통의 본질에 관한 심도 있는 성찰이 요구된다고 생각된다.

1. '최대다수의 행복극대화'가 공공복리의 관점에서 정당화 될 수 있는가

1) 도덕적 비대칭성

고전적 공리주의자들이나 현대의 선호공리주의자들은 사회구성원들의 만족과 불만, 행복과 불행을 모두 동일한 효용이라는 잣대로 접근할 수 있을 것으로 생각해왔다. 물론 공공복리에 대한 이와 같은 접근방식은 사회구성원들의 고통과 즐거움, 혹은 만족과 불만을 등가(等價)로 설정하고 또한 한 집단이나 개인의 행복과 불만을 또 다른 집단이나 개인의 행복이나 불만과 동질적인 범주로 간주한다는 차원에서 단순성과 일관성을 보장할 수는 있을 것이다. 그러나 문제는 그것이 우리가 직면하고 있는 삶의 복합성과 다원성 및 다양성을 진지하게 고려하고 있는가하는 점일 것이다. 만일 그렇지 못하다면, 총체적 효용산출을 목표로 하는 공리주의의 척도의 정당성과 순리성은 인정받기 어려울 것이다.

사실 벤담과 밀 등, 고전적 공리주의자들은 '쾌락의 척도'를 고안하고 운용하는 데 있어 우리의 일상적 경험과 딱히 부합한다고 말하기 어려운, 매우 의문스러운 상정을 하고 있다. '공리주의 척도'의 핵심적 상정은 즐거움은 +로 고통은 −로 계산하고 있다는 점에 있다. 이것의 의미는 즐거움과 고통이 상쇄될 수 있음을 뜻한다. 예를 들어 즐거움이 2건이고 고통이 1건이라면, 총체적 합은 하나의 즐거움으로 계산된다. 혹은 10명이 즐거움을 느끼고 2명이 불행을 느낀다면, 10에서 2를 뺀 8이 총체적 즐거움으로 계산된다.

문제는 즐거움과 고통사이에 이러한 가감법과 상쇄법이 타당한가에 있다. 또한 타당하다면, 어느 정도로 타당하다고 말할 수 있을 것인가. 일단 롤즈의 통찰에 주목해보면, 한 '개인 안'에서 즐거움과 고통은 충분히 상쇄될 수 있다. 즉 젊을 때의 고생이 노후의 안락에 의하여 상쇄될 수 있다고 말할 수 있는 근거가 있다면, 후자의 안락이 전자의 노고를 보상한다고 볼 수 있기 때문이다. 사람들은 이 경우 "젊을 때의 고생은 사서도 한다."고 돼낼 만큼 별 불만이 없다. 그러나 즐거움과 고통이 한 개인안의 범주를 넘어서서 사람들 사이에서 배분되는 관계라면, 문제가 달라진다. 내가 고통을 받는 것이 다른 사람이 누리는 즐거움에 의하여 과연 정당화될 수 있을 것인가. 아마도 특별한 이타주의 성품의 소유자가 아니라면, 그러한 논리에 수긍할 수 없을 것이다. 은유적으로 말해, 내가 갈증으로 목이 타는데, 다른 많은 사람들이 물을 마실 수 있다고 해서, 그것이 과연 내게 위안이 될 것인가. 다른 사람들의 목마름해소로 인해 오히려 나의 타는 목마름의 고통은 더욱 가중될 가능성조차 크다.

오죽하면 알렉산더대왕이 전쟁터에서 결사대가 목숨을 걸고 떠온

물을 부러운 듯이 쳐다보고 있는 많은 군인들 앞에서 물을 마시지 않고 그냥 땅에 부어버렸을까. 그 결과 자신들의 목마름에 동참하는 알렉산더의 모습을 보고 병사들은 용기백배하여 적군을 물리친 것이다. 이와 마찬가지로 아무리 많은 사람들이 즐거움을 누리고 있다고 해서 그것이 나의 고통에 특별한 의미와 가치를 주는 것이라고 생각할 사람은 많지 않을 것이다. 그들의 즐거움은 '그들의 문제'이고 나의 고통은 '나의 문제'라는 인식이 팽배할 것이기 때문이다.

이 문제는 특히 포퍼(K. Popper)가 제시한 통찰에 주목해 보면, 설득력이 있다.[5] 무슨 이유로 양적으로 즐거움과 고통을 비교하는 것이 설득력을 갖지 못하는가. 이와 관련, 두 가지 이유를 들 수 있을 것이다. 첫째로 즐거움과 고통 사이에 존재하는 '도덕적 비대칭성(moral asymmetry)' 문제다. 즐거움과 고통 사이에 '도덕적 비대칭성'이 존재한다는 것은 1건의 즐거움과 1건의 고통이 상쇄될 수 없고 도덕적 호소력(moral appeal)의 측면에서 고통이 언제나 즐거움을 압도한다는 뜻으로 판독할 필요가 있다. 사람들은 흔히 길가에서 울고 있는 어린아이의 울음소리를 듣고 그냥 길을 가지 않고 걸음을 멈춘다. 그리고 그 어린아이가 왜 우는지 궁금해 한다. 이런 현상은 단순한 '호기심의 발로'가 아니라 '도덕적 응답의 발로'라고 할 수 있을 것이다. 물론 길가에서 어린아이의 웃음소리를 듣고 발걸음을 멈추는 사람들은 거의 없다. 만일 멈춘다면, 이상한 사람으로 오해받을 가능성이 크지 않겠는가. 울음은 사람들의 발걸음을 잡을 정도의 '도덕적 호소력'을 가지고 있으나, 웃음은 그렇지 않기 때문이다.

---

5) 포퍼의 이런 입장, 즉 즐거움과 고통의 비대칭성에 관한 특성을 일반적으로 '소극적 공리주의'라고 한다. 그러나 물론 포퍼가 자신의 입장을 소극적 공리주의라고 생각하는 것은 아니다. 이와 관련, K. Popper, *Open Society and its Enemies II*, London: Routledge and Kegan Paul, 1962, pp.237~240을 참조할 것.

이러한 '도덕적 비대칭성'의 명제가 의미가 있다면, 우리는 『어머니와 두 아들』의 이야기에 나오는 내용에 대하여 의문을 갖지 않을 수 없다. 한 아들은 짚신을, 한 아들은 우산을 팔았는데 그 어머니는 언제나 울었다. 날씨가 좋을 때는 우산을 파는 아들을 생각하고 울고, 비가 올 때는 짚신을 파는 아들을 생각하고 울었다. 그러자 옆집에 사는 아주머니가 와서 그 어머니를 위로하면서 울기보다 웃어야 할 나름대로의 근거를 제시하였다. 날씨가 좋을 때는 짚신을 파는 아들을 생각하고 웃고, 날씨가 나쁠 때는 우산을 파는 아들을 생각하고 웃으라는 것이었다. 문제의 우화를 보면, 어머니가 그 충고를 듣고 느낀 바 있어 매일 웃었다고 결론을 내리고 있다. 그러나 이것이 과연 사실일까. 울음과 웃음 사이에 존재하는 '도덕적 비대칭성'에 관한 논의가 의미가 있다면, 우화의 메시지는 옳다고 평가하기 어렵다. 같은 맥락에서 '도덕적 비대칭성'이야말로 국가의 공공정책에서 '웃고 있는 사람들'의 웃음이나 행복극대화보다 '울고 있는 사람들'의 눈물과 고통최소화에 더욱 더 관심을 가져야 할 당위적 필요를 시사하고 있는 셈이다.

그런가하면 두 번째로 즐거움과 고통 사이에는 '인식론적 비대칭성(epistemological asymmetry)'이 존재한다. 고통에 대해서는 그 고통을 해소하는 방식을 비교적 쉽게 알 수 있으나, 즐거움에 대해서는 그 즐거움에 도달하는 방식을 알 수 없다는 것이 인식론적 비대칭성의 핵심이다. 예를 들면 울고 있는 아이의 고통의 소재를 파악하기 위해서는 울고 있는 아이에게 "왜 울고 있느냐"고 직접 물어보면 된다. 그 아이는 "엄마를 잃어버렸다"든지, "배가 고프다"든지 하는 방식으로 정확하게 우는 이유를 말할 것이고, 따라서 엄마를 찾아주거나 빵을 사준다면, 그 아이는 울음을 그칠 것이 확실하기 때문이다. 그러나 아이를 행복하게 만드는 것은 어렵다. 어른이 아무리 즐겁게 놀아 주어도 그 아이는 얼마간의 시간이 흐른 다음에는 "지겹다"든지, 아니면 "또 다른 재미있는 일은 없을까" 하고 궁리하며, 바닷물을 마심으로 더욱 극심한 갈증을 느끼는 아이처럼, 끊임없이 "즐거움에 목마르다"는 하소연을 되 낼 것이기 때문이다.

실상 행복을 찾는 것이 어렵다는 점은 많은 사람들이 이구동성으로 실토하고 있는 사실이다. 『제인에어』를 썼던 샬롯트 브론테(Charlotte Bronte)는 한 친구로부터 "어디선가 행복을 가꾸라"는 우정어린 축고를 받았다. 그러자 그녀는 반문했다. "그런 충고가 무슨 의미가 있는가? 행복은 텃밭에 심거나 퇴비로 경작해낼 수 있는 감자같은 것도 아닌데 …"

행복과 고통의 인식론적 비대칭성의 문제는 사람들이 '공공악(common bad)'과 '공공선(common good)'을 인식하는 문제에서도 들어난다. 사람들은 일반적으로 '좋은 삶(good life)'이 무엇인가 하는 점에서는 의견이 분분하지만, 피해야할 '나쁜 삶(bad life)'에 대해서는 공감을 하고 있다. 특히 거악(巨惡)부분에 있어서는 거의 의견이 일치한다. 이미 석가모니는 '생노병사(生老病死)'를 지적했거니와, 누구나 폭력, 살인, 억압, 고문, 기아, 가난, 질병과 같은 것들이 불행이며, 회피해야할 거악(summum malum)이라는 점에 대하여는 쉽게 동의하고 있다. 그러나 행복에 대해서는 다르다. "오복(五福) 조르듯이 조른다."고 할 경우의 '오복'은 무엇인가. 이와 관련, 수(壽), 부(富), 강녕(康寧), 유호덕(攸好德), 고종명(考終命) 등이 거론되고 있다. 그러나 그것은 옛날 사람들의 인식일 뿐, 현대 사람들이 동의하는 내용이라고 말하기는 어렵다. 한편 그렇다고 해서 현대 사람들이 행복에 대해 일관된 인식을 가지고 있다는 것은 아니다. 오히려 사람들의 행복관은 십인십색이다. 따라서 피해야할 악의 내용에 대해서는 사람들 사이에 합의를 이루기 쉬워도 이루어야할 행복의 내용에 대해서는 합의를 일구어 내기가 어렵다.

이처럼 행복의 범주가 다양하여 행복이나 '최고선(summum bonum)'의 소재를 파악하기가 힘들고 고통이나 거악의 소재를 파악하기가 쉽다면, 국가의 공공정책은 사람들을 웃고 행복하게 만드는 데 애쓰기보다 눈물과 슬픔을 그치도록 하는데 노력을 경주해야 한다는 결론이 나올만하다. 실제로 바로 그것이 국가와 공공정책이 '행복극대화'보다는 '고통최소화'에 각별히 열려 있어야 하는 중요한 이유일 것이다. 즉 즐거움과 고통 사이에 '도덕적으로나' 혹은 '인식론적으로' 비대칭성이 존재한다면, 국가나 정치인들은 '도덕적 선(moral good)'이나 혹은 '정치적 선(political good)'을 극대화하거나 추구하겠다고 공언하기보다는 '도덕적 악(moral bad)'이나 '정치적 악(political bad)'을 최소화하겠다는 것을 목표로 삼을 필요가 있다. 특히 '정치적 선'을 극대화하는 문제보다 '정치적 악'을 최소화하는 문제는 현실적으로 비교적 가능하고 도덕적으로도 호소력을 갖고 있는 문제라고 볼 수 있기 때문이다. 특히 "악과 고통을 최소화해야한다"고 하는 명제에 대해서는 "행복을 극대화해야한다"는 명제보다 사람들 사이에 합의를 이루기도 쉽지 않겠는가.

2) 행복의 역설과 간접공리주의

상기의 지적과 같은 맥락에서 우리는 결과의 불확실성에 새삼 주목할 필요가 있다. 행복과 불행이라는 결과의 불확실성을 상징하고 있는 인상적인 우화가 있다면, 아마도 '새옹지마(塞翁之馬)'에 관한 이야기일 것이다. 변방에 사는 노인이 말을 우연히 얻어 매우 기뻐했다. 얼마 후 말이 도망가자 노인은 낙담한다. 그러나 도망간 말이 다른 수말을 데리고 들어오자 노인은 기쁨을 이기지 못했다. 그 후 아들이 말을 타다가 떨어져 부상을 입었다. 노인의 근심과 고통은 말로 표현할 수 없었다. 그러나 병역문제가 나오자 아들은 부상으로 말미암아 병역을 면제받았다. 노인은 다시 즐거워할 수 있었다.

　뿐만 아니라 한편 우리는 우연한 사고로 팔과 발이 완전히 못쓰게 되어 농구선수로서의 꿈을 접을 정도로 불행을 느낀 사람이 입으로 그림을 그리는 탁월한 예술가로 변신함으로써 놀라운 자기극복을 통하여 행복을 찾은 사례들을 알고 있다. 이런 경우는 자기실현(self-realization)보다 자기초월(self-transcendence)의 경우라고 해야 할 것 같다. 고통과 즐거움이 이처럼 가변적이라면, 고통을 줄이고 행복을 얻기 위한 해법과 관련, '직접공리주의'보다 '간접공리주의(indirect utilitarianism)'에 주목해보는 것도 한 방법이다. '간접공리주의' 방식의 특징이라면, 우리가 어떤 목표를 달성하려고 할 경우, 그 목표를 정조준 하는 것이 오히려 잘못된 방법일 수 있다는 상정에 근거한 것이다.

　예를 들어 화살을 쏘아 과녁을 맞추려고 하는 사람은 그 과녁을 '정조준'하기보다 그 과녁에서 몇 걸음 틀리게 '사조준'할 필요가 있다. 그 이유는 무엇인가. 바람이 세차게 불 수도 있고 또한 날씨, 사수의 시력이나 활의 조건 때문에 차라리 사선으로 목표를 조준하는 것이 더욱 바람직할 수 있기 때문이다. 이와 마찬가지로 공리주의자, 그 가운데서도 '행위 공리주의자들(act utilitarians)'은 그 행복극대화의 목표를 제시하고는 있으나, 그 목표에 도달하는 방법에 대하여는 자신있게 장담하지 못하고 있다. 그 이유는 여러 가지다. 최대의 선이나 행복이 무엇인지에 대하여 실사구시적으로 계산하는 방식은 결코 쉽지 않으며, 시간이 많이 소요되고 또한 즐거움을 추구한다고 한 행동이 불행의 문을 두드리는 결과를 초래할 수 있기 때문이다.

　실제로 우리에게 친숙한 일련의 역설현상들은 목표설정과 목표추구에 괴리가 있을 수 있음을 시사하고 있다. 특히 '행복의 역설(paradox of happiness)' 현상이야말로 이 사실을 입증해주는 것으로 '간접공리주의'의 핵심적 논거라고 할 수 있다.[6] 행복이라는 목표를 직접적으로 추구하다보면 오히려 고통에 직면하게 되고 반대로 고통을 추구하다 보면 오히려 행복이 산출될 수 있다는 것이 행복의 역설의 내용이다. 마약중독자나 노름중독자, 및 술 중독자의 패가망신은 '행복의 불확실성'을 실증하는 사례가 아닐 수 없다. 우리생활에서 널리 알려진 역설이라면 "지는 것이 이기는 것이다." 혹은 "죽기를 작정하면 오히려 살고 반대로 살기를 작정하면 오히려 죽는다(必死卽生, 必生卽死).", "바쁠수록 돌아가라." 등등이다. 이기려면 왜 져야하는가. 이기기 위한 것이 목표라고 해도 이길 수 있는 방안에 관하여 누구도 장담할 수 없다. 오히려 짐으로써 이길 수 있다는 논리가 성립하는 이유가 여기에 있다.

그렇다면 행복을 산출하기 위해서는 우리에게 깊이 뿌리박혀 있고 일반적으로 유용하다고 인식되고 있는 준칙이나 성향과는 거리를 두고 행동할 것을 요구한다고 할 수 있다. 따라서 전통적인 공리주의가 요구하고 있는 데로 행복의 직접적 추구를 목표로 삼기보다 일정한 원칙을 추구하는 것이 더 나을 수 있다. '규칙공리주의자들(rule utilitarians)'은 이러한 관점에서 규칙추구의 정당성을 호소하고 있다. 구체적 행위에서 행복을 찾기보다 원칙에서 행복을 찾는 것이 '규칙공리주의자들'의 입장이다. 따라서 어떤 의미에서 보면 간접공리주의자들과 규칙공리주의자들은 철학을 공유하고 있는 측면이 있다. 우리가 간접공리주의자들과 규칙공리주의자들의 주장에 귀를 기울인다면, 효용보다 자유라든지 평등, 혹은 정의, 관용, 평화와 같은 가치들을 추구하는 것이 훨씬 더 나을 수 있기 때문이다. 행복을 직접목표로 추구하기보다 그러한 가치들을

---

6) 이점에서 레일톤(P. Railton)의 지적이 가장 유명하다. 레일톤은 간접결과주의를 옹호하면서 도덕분야의 역설문제를 본격적으로 제기한 바 있다. 이문제와 관련, P. Railton, "Alienation, Consequentialism and the Demands of Morality" S. Scheffler ed., *Consequentialism and its Critics*, Oxford: Oxford University Press, 1988.

추구하면 그 과정에서 행복은 수반되어 따라 나오지 않을까.

2. 고통과 불행의 최소화가 공공복리의 관점에서 정당화될 수 있는가

상기의 논의에서는 '즐거움의 극대화'보다는 '고통의 최소화'가 도덕적으로 더 중요하다는 점에서 전통적 공리주의에 대한 비판을 제기하였다. 전통적인 공리주의, 즉 즐거움 극대화의 '적극적 공리주의(positive utilitarianism)'에 대한 이러한 비판과 반론은 나름대로 설득력을 가지고 있는 것으로 보인다. 하지만 엄밀한 의미에서 볼 때 '고통의 최소화'는 '즐거움의 극대화'보다 도덕적으로 우위에 있는 것일까. 앞으로의 논의에서는 그러한 주장이 일정한 의미는 갖고 있으나, 절대적 정당성을 갖는 원칙으로 자리매김하기는 어렵다는 점을 역설하고자한다.

1) 고통의 최소화가 최고의 규범이 될 수 있는가

우리는 일반적으로 '덜 긴급한 필요'보다 '더 긴급한 필요'를 돌보는 일이 당연하며, 또 중요하다고 생각한다. 경험적으로도 그러한 사례들은 우리주변에 많다. 그러나 그렇다고 하여 전자가 후자를 언제나 도덕적으로 압도한다고 말할 수 있을 것인가. 그렇다고 단언하기는 힘들 것으로 생각된다. '더 긴급한 필요'보다 '덜 긴급한 필요'를 돌보는 일이 도덕적으로 우선하는 경우도 허다하며, 혹은 '덜 절박한 고통'보다 '더 절박한 고통'을 감소시키는 것이 덜 절박하게 느껴지는 경우도 적지 않다고 볼 수 있기 때문이다.

예를 들어보자. 고통을 받고 있는 사람의 외침이 아무리 심각하고 절실하다고 하더라도, 혹은 물에 빠져 도움을 외치는 사람의 비명이 아무리 절박하더라도, 문제의 사람이 우리와 멀리 떨어져 있고 또한 우리에게 그를 도울 힘이 부칠 경우에ㅡ내가 다리를 다쳐 현장으로 빨리 다가갈 수 없거나 헤엄을 치지 못하는 경우처럼ㅡ, 그 사람의 고통을 최소화시키는 일을 최우선으로 하기는 어렵다. IMF 시대에 수많은 실직자와 노숙자들이 생겨났고 자살하는 사람들조차 다수 생겨났지만, 그렇다고 해서 그들의 절박한 필요충족을 위하여 또 기업의 도산을 인위적으로 막고 해고를 포함한 구조조정을 중단하고자 정부의 재정지원을 우선적으로 요청할 수는 없는 일이다. 제한된 국가의 재정을 생각할 때 실직자와 노숙자 구제에만 전력투구를 할 수는 없는 일이다. 산업경쟁력제고와 국방력강화를 위해서도 국가재정은 쓰여야 하지 않겠는가!

이러한 정책적 선택과 관련하여 "당위는 역량을 함의한다(ought implies can)."는 칸트의 지적을 음미할 필요가 있다. 도덕적 의무(moral duty)란 그것의 이행이 가능할 때 비로소 성립할 수 있는 것이다. 같은 맥락에서 문제의 절박한 필요를 감소시키거나 완화하는 행동이 우리에게 엄청나거나 상당한 수준의 희생을 요구할 경우, 곤경에 처한 관련된 사람들의 고통감소를 최우선 목표로 할 수는 없다. 암초에 좌초하거나 재난을 당한 선박을 구조하기 위해서 헬리콥터 등 구조대원들이 신속하게 현장에 급파되어야 하겠지만, 만일 사고해역에 폭풍경보가 내려져 있는 상황이거나 어두움이 깔려있는 상황이라면, 그 모든 위험을 무릅쓰고 구조에 나서기보다 상황이 좋아질 때까지 구조활동을 중지하거나 지연할 수밖에 없지 않겠는가? 혹은 대형붕괴사고의 경우처럼, 붕괴된 건물에 깔려 있는 절박한 상태의 희생자를 구조하려고 해도 건물이 무너질 위험에 처해 있다면, 희생과 봉사를 철칙으로 삼는 119 구조대원들도 기다릴 수밖에 없다.

우리는 이 문제와 관련,『바이블』에 나오는 '착한 사마리아인'의 이야기에 귀를 기울일 필요가 있다. 예리고에서 에루살렘으로 올라가는 길에 어떤 사람이 강도를 당했다. 그는 중상을 입고 쓰러져 있고 그 곁을 많은 사람들이 지나간다. 관심의 초점은 이 가운데 어느 착한 사마리아인이 가던 걸음을 멈추고 도움을 주었다는 사실이 아니라 다른 사람들이 절박한 도움을 필요로 하는 그 희생자를 외면했다는 사실에 있다. 분명 랍비도 지나가고 율법학자도 지나갔다. 만일 고통에 대한 '도덕적 호소력'이 절대적 수준의 설득력을 가진다면, 그냥 지나가는 랍비나 율법학자를 상상할 수 없었을 것이다. 그러나 그럼에도 불구하고 그들은 그냥 지나쳐 갔다. 그러므로 많은 비난을 받고 있다. 하지만 지나쳐간 그들에게도 할 말이 있을 수 있지 않겠는가. 또 그들의 변명도 '무덤에서 죽은 사람들이 할 수 있는 변명'처럼, '변명을 위한 변명'이 아니라 '도덕적으로 정당화될 수 있는 변명'이 가능하리라고 생각된다. 아마도 그들에게는 그 희생자를 돕는 일보다 자신을 사로잡는 절박한 관심사가 있어 그 도움을 부르짖는 소리를 외면했을 것이다. 자신의 설교를 기다리는 많은 신자들, 혹은 자신의 결정을 애타게 기다리는 민원인들의 존재가 그 절박한 관심사가 아니었을까. 이러한 입장에서는 도움을 부르짖는 소리가 절박하기는 하나, 내가 아닌 다른 사람들이 도움을 베풀 수 있을 것이라는 생각도 했을 법하다.

그런가하면 보다 중요한 의미에서 '고통을 최소화하는 행동'보다 '즐거움을 극대화하는 행동'이 '그 자체로(ipso facto)' 도덕적으로 정당화될 수 있는 상황이 있다. 예를 들면 어린이날 자기 자신의 자녀를 즐겁게 해주기 위하여 자녀를 데리고 롯데월드를 가는 일과 멀리 떨어져 있는 고아원에 부모없는 아이들을 위해 위문을 가는 일 가운데 어떤 것이 한 가족의 아버지가 된 입장에서 더 중요할까? 만일 어린이날 자신의 자녀를 버려둠으로써 자녀의 즐거움극대화를 포기하고 고아들의 고통을 최소화하기 위해 고아원을 위문하러 간 가장이 있다면, 훈훈한 미담으로 신문의 한 구석에 날 수는 있으나, 자신의 자녀로부터는 '의붓아버지'가 아닌가하는 의구심을 받을 가능성을 배제할 수 없을 것이다. 물론 자신의 자녀를 데리고 고아원에 간 경우라면, 그 사정은 다소 달라질 수 있는지 모른다. 혹은 집중호우로 삶의 터전을 잃은 수재민들이 있어도, 갓 결혼한 신혼부부는 자신들의 가정구성의 의미를 극대화하기위해 신혼여행을 떠날 수 있다. 물론 신혼여행은 수재민을 도움으로써 그들의 고통을 감소시키는 일에 비하여 즐거움을 증진시키는 선택임에 틀림없지만, 그러나 그렇다고 해서 신혼여행을 포기해야 한다고 말할 수 있을 것인가. 아마도 그럴 수는 없을 것이다. 신혼부부로서는 '즐거움 극대화'의 대안이라고 해도 신혼여행이 축차적 질서의 관점에서 우선적 일이라고 할 수 있기 때문이다. 혹은 환자를 보살피는 일을 업으로 삼고 있는 의사나 간호사도 절박한 처지의 환자를 지키며 돌보기보다 자신들의 삶의 재충전이나 가족들의 즐거움을 위하여 휴가를 갈 수 있지 않은가?

한 가족의 가장으로서 롯데월드를 가는 일이나 신혼부부로서 신혼여행을 가고 혹은 휴가를 떠나는 일은 분명 '즐거움 극대화'에 속하는 일이다. 목적지로 가는 도중에 아무리 교통체증이 발생해서 짜증이 난다고 해도 즐거운 일이라는 사실은 변하지 않는다. 이에 비하면 고아원 방문이나 수재민 돕는 활동 등은 관련자들의 고통을 최소화하는 일이다. 그러나 그렇다고 하더라도 즐거움을 극대화하는 일이 '도덕적 의무'가 되고 고통을 최소화하는 일이 매우 보람된 일이기는 하나, '도덕적 의무'라고 하기는 어려운 상황임을 인정해야 할 것이다. 물론 '도덕적 의무'가 아니라고 해서 그 의미나 보람마저 평가절하되는 것은 결코 아니다. 왜냐하면 '의무이상의 선행', 즉 '초과의무(supererogation)'[7]이라고 규정할 수 있을 것이기 때문이다. 하지만 그럼에도 불구하고 중요한 것은 고통최소화가 '도덕적 의무'가 아니라거나 '의무이상의 선행'이라고 했을 때 '고통의 최소화'보다 '행복의 극대화'가 더욱 더 도덕적으로 의미있는 경우가 존재한다는 점을 입증한다는 사실이다.

2) 고통과 즐거움은 쉽게 구분될 수 있는가

고통과 즐거움사이에 존재하는 '도덕적 비대칭성'을 주장하기 위해서는 고통과 즐거움의 구분이 질적으로 확실해야 한다는 점이 요청된다. 그렇다면 현실은 과연 그러한가. '고통같은 즐거움'이나 '즐거움같은 고통'은 없는 것인가. 그러나 유감스럽게도 우리의 일상을 보면 즐거움과 고통의 경계가 불확실한 사례에 익숙해져 있다. 혹은 이 두 가지가 뒤범벅이 되어있는 경우도 허다하다. 예를 들면 자녀를 키우는 일은 고된 일로 보아야 할까, 아니면 행복한 일로 보아야 할까. "무자식 상팔자"를 외치는 부모의 상황이라면, 혹은 자식을 '보물단지'가 아니라 '애물단지'로 보는 경우라면, 자녀양육을 고된 일로 보는 전형적인 경우일 것이다. 그러나 자녀가 없어 인공수정까지 마다하지 않는 부모가 있다면, 분명 자녀 양육은 즐거움이고 자녀의 울음소리는 음악소리처럼 들리지 않겠는가. 물론 경험적으로 볼 때 자녀양육은 이 두 가지 요소가 혼합되어있는 경우라고 말하는 것이 자연스러울 것이다. 하지만 엄밀한 의미에서 볼 때 즐거움의 범주에 넣을 것인가 아니면 고통의 범

---

7) 초과의무란 개념은 불가타역의 성서에서 착한 사마리아인의 비유에서 나온다. 사마리아인이 부상당한 사람을 데리고 병원에 가서 치료한 다음 자신의 바쁜 일정 때문에 병원을 떠날 수밖에 없게 되었다. 이때 병원에서 치료를 담당한 의사에게 "무엇이든 돈이 더 들면 내가 다 부담하겠소."라고 말한다. 이 상황에서 "quodcumque supererogaveris"라고 말한 대목이 초과의무의 어원이 되었다.

주에 넣을 것인가.

그런가하면 공부는 즐거운 일인가, 아니면 고통스러운 일인가. 대학 입시를 준비하는 수험생의 입장에서 볼 때 공부하는 것은 분명히 고통스러운 일이다. 그 결과 스트레스에 시달린다. 하지만 공자는 다르게 생각하였다. 논어에서는 "때때로 배우고 익히면 이 아니 즐거운가." 하면서 삼락지도(三樂之道)의 하나로 포함시키고 있기 때문이다.

물론 즐거움과 고통 양자의 범주가 뚜렷하게 갈라지는 경우가 없는 것은 아니다. 비극(悲劇)이 관객들을 슬프게 하기 위한 것이라면, 희극(喜劇)은 관객들을 유쾌하기 위한 드라마이다. 진정제가 환자의 고통을 감소시키기 위한 것임에 비해, 코미디 프로그램은 시청자들로부터 웃음과 즐거움을 선사하기 위한 것이다. 혹은 마취가 사람들의 고통을 최소화하기 위한 것이라면, 칭찬은 '고래도 춤추게 할 만큼' 사람들을 즐겁게 하기 위한 것이 아니겠는가. 또 장례식은 죽은 자를 애도하고 그 가족들의 슬픔을 위로하기 위한 것이라면, 결혼식은 인생의 새로운 만남과 새 출발을 약속하는 남녀를 축하하기 위한 것이다. 그러므로 혼사(婚事)때 상사(喪事)일을 말하는 것은 금기사항이 아니겠는가.

그러나 고통과 즐거움의 구분이 '두부 자르듯이' 그렇게 명쾌하지 못한 경우가 적지 않다는 점을 인정할 필요가 있다. 단적으로 말해 '슬픔의 눈물'도 있지만, '기쁨의 눈물'도 있다. 혹은 기쁨이 넘쳐 흘러내리는 눈물이 있는가 하면, 슬픔에 기가 막혀 나오는 웃음도 있다. 그런가하면 비아그라는 발기불능의 남성 환자의 고통을 최소화시키기 위한 약인가, 아니면 일반남성들의 성적 즐거움을 극대화시키기 위한 약인가? 그런가 하면 시한부 삶을 살고 있거나 백혈병을 앓고 있는 아이들에게 마술을 보여줌으로 웃음을 자아내고 경쾌한 음악을 들려줌으로 즐거운 마음을 갖게 하는 자원봉사자들의 행동은 고통을 감소시키기 위한 것인지, 혹은 즐거움을 제고시키기 위한 것인지 확실치 않다. 또한 수재의연금 모금을 위한 음악회는 관객의 즐거움을 제고시키기 위한 것인가, 아니면 수재민들의 고통을 최소화하기 위한 것인가.

뿐만 아니라 혼자 외롭게 살고 있는 이웃사람에게 꽃을 선물하는 것은 그의 고통을 감소시키기 위한 것인가, 아니면 즐거움을 제고시키기 위한 것인가? 혹은 실직자나 노숙자들에게 크리스마스 선물을 나누어주는 구세군 관계자의 행동은 고통의 감소가 목적인가, 혹은 즐거움의 제고가 목적인가? 그 선물을 받는 사람은 누구나 크게 웃을 가능성이 크지만, 그럼에도 그 웃음 속에는 슬픔이 배어있지 않은가. 그런가 하면, 때때로 '행복한 고민'이 존재하기도 한다. 취업준비에 정신이 없는 대학 졸업반 A에게 굴지의 대기업 X에서도 오라고 하고 또 다른 세계적 대기업 Y에서 오라고 한다면, A는 '행복한 고민'에 빠진다. 그런가 하면 미모의 여성 W가 청혼하는가하면 엄청난 부를 가진 여성 Z가 청혼하기도 한다. 이 때 남성 B는 잠을 이루지 못할 정도로 실존적 고민에 빠질 수밖에 없다. 물론 그 고민은 인기가 없어 청혼하는 여성이 없는 경우에 체험하는 소외감이나 고민과는 다른 것이 확실하다. 하지만 그 고민을 고민이 아니라고 말할 수는 없는 일이다. 그렇다면 '행복한 고민'의 정체는 무엇인가? '행복의 범주'에 속하는 것인가, 아니면 '고통의 범주'에 속하는 것인가? '행복한 고민'에 빠져 있다고 해서 심각한 고민으로부터 자유로운 것은 결코 아닐 것이다.

이와 같은 일련의 질문들은 고통과 즐거움에 대한 경계선이 자의적이거나 주관적 경계선이 될 가능성이 농후하다는 점을 시사한다. 고통과 즐거움에 대한 경계선이 자의적이거나 주관적이라면, 양자사이를 엄격하게 구분하는데서 출발하는 '도덕적 비대칭성'이 성립하기 어렵고, 따라서 그 사실에서 도덕적 근거를 찾는 '축차적 질서'도 구축되기 불가능한 셈이다.

이와 같은 맥락에서 우리는 고통과 행복의 성격과 본질에 관해 보다 정교하고 섬세한 인식을 가질 필요가 있다. '최소수혜자'는 고통을 받고 있고 '최대수혜자'는 즐거움을 누리고 있다는 통찰에 입각한 단순한 이분법적 구도는 엄밀하게 따지고 보면 비현실적이기 때문이다. 과연 누가 고통을 당하고 있는 사람이며, 누가 즐거움을 누리고 있는 사람인가. 우리는 흔히 롤즈의 주장을 따라 '최소수혜자(the worst-off)'를 '고통받는 사람'으로 생각한다. 하지만 반드시 그런 것은 아니다. '최소수혜자'란 사실은 절대적 의미에서 어렵고 가난한 사람이 아니라 주어진 상황에서 상대적 의미에서 형편이 가장 나쁜 사람일 뿐이다. 따라서 전체의 상황이 유복하다면, 그 상황에서 최악의 경우라고 해서 반드시 고통을 받는 사람이라고 단언하기 어렵다. 은유적으로 말하자면, 100억대 재산가들이 다수인 상황에서는 이른바 '억대거지'도 존재하게 마련이다. 그러나 '억대거지'를 '고통받는 사람'이라고 말하기란 어색한 일이 아니겠는가.

그런가하면 우리에게 보다 친숙한 일반적 상황으로 생각해보자. 최소수혜자의 상황보다는 약간 나은 상황이라고 하더라도 삶을 유지하기 위해 안간힘을 써야하는 사람들의 경우, 그들의 한숨소리와 신음소리에 '도덕적 호소력'이 없다고는 할 수 없을 것이다. 이런 경우, 최소수혜자들의 처지와 비교하여 선택해야하는 상황이라면, 즐거움과 고통사이의 선택이라고 하기는 어렵고 한 범주의 고통과 또 다른 범주의 고통 — 비록 그 정도는 약간 덜하다고 하더라도 역시 힘든 고통임에는 틀림없는 상황 — 사이의 선택상황이라고 해야 타당하지 않겠는가. 이러한 상황에서 특히 후자가 전자보다 많은 수의 경우라고 할 때 양의 문제를 도외시한 채 최소수혜자의 생활조건개선을 위하여 외곬으로 자원을 투여

하는 것이 도덕적으로 정당화될 수 있을 것인가.

3) '축차적 질서'와 생명의 문제

총체적 효용의 극대화를 목표로 하는 공리주의자들이 최대의 효용을 산출하는 방식과 그에 대한 비판은 널리 알려져 있다. 그 가운데 대표적인 것이 롤즈의 입장이다. 이제 공리주의자들에 대한 비판이 적절한지, 적절하다면 어느 정도로 적절한지 하는 문제에 주목해보자. 예를 들면 다수를 살리기 위해 소수를 희생하며 혹은 다수의 편익을 위해 소수의 죽음을 허용하는 계산법을 정당화할 수 있겠는가. 실상 이러한 문제에서 공리주의자들의 선택과 관련한 비판의 핵심은 간단하다. 죽음과 생명이 관련된 문제에서 결과의 선이나 효용에 대한 계산은 정당성을 가질 수 없다는 것이다. 인간의 생명은 너무나 소중한 것이어서 효용적 계산은 '그 자체로' 거부될 수밖에 없다는 논리가 그것이다.

그러나 이 문제에 대해서 두 가지 유형의 반론이 가능하다고 생각된다. 무엇보다 먼저 우리는 무제한적인 자원을 가지고 있지는 않다는 사실에 주목할 필요가 있다. 즉 자원의 제한성으로 말미암아 우리는 어떤 경우, 어떤 사람에게 죽음을 허용하는 대안을 선택할 수밖에 없다는 사실이다. 중환자실에서 산소 호흡기에 의지하여 가냘픈 생명을 이어가고 있는 식물인간의 경우를 생각해보자. 가족을 포함한 누구라도 살아날 가망이 없는 그에게 산소 호흡기를 뗄 수는 없다. 그것은 생명의 존엄성 때문이다. 그러나 그렇다고 하더라도 산호 호흡기에 대한 일일 비용이 감당할 수 없을 정도로 막대한 경우에 산소 호흡기를 무작정 연장하기는 어렵지 않겠는가. 또한 인명피해가 났을 때 보상 문제 때문에 유족들과 회사들 간에 심각한 다툼이 벌어지는 경우도 적지 않다. 이것은 생명이 귀중하다는 사실에 대한 인식 부족 때문이 아니라 희생된 목숨을 보상하기 위한 자원이 부족하기 때문에 일어나는 현상이 아니겠는가.

그런가하면 인간의 생명이 가격을 매길 수 없을 정도로 소중한 것이라고 해도 우리는 항상 그런 생명존중의 철학에 의해서만 행동하는 것은 아니다. 이와 관련, 고속도로의 제한속도의 문제를 생각해보자. 왜 고속도로는 제한속도제를 운영하고 있는가. 자동차의 제한속도를 낮추면 낮출수록 인명 손실에 대한 위험도도 낮아진다. 시속 80㎞로 했을 때와 시속 50㎞로 했을 때 사망율은 커다란 차이가 있다. 그렇다면 왜 우리는 시속 10㎞나 20㎞로 속도제한을 하지 않는가. 그 이유는 자명하다. 많은 아까운 생명은 구할 수 있겠지만, 사회전체의 효용은 엄청난 수준으로 저하될 수밖에 없기 때문이다.

따라서 우리는 사회제도를 운영하는 과정에서 생명에 관한 문제라고 해도 효용이나 효율성이라는 문제와 비교해서 선을 긋는 경우가 많다. 그 효용은 다수의 사람들에게 돌아가는 편익에 기초하고 있다. 그렇다면 일정한 한도 내에서 인간의 생명에 대한 소중함을 전제하면서도 효용계산을 허용하는 것이다. 제한속도를 높였을 경우, 생명이 희생될 가능성과 확률이 높아진다고 했을 때, 이때의 희생은 분명 무고한 생명이다. 뿐만 아니라 이 고속도로의 교통사고의 희생자가 운전미숙이나 음주운전 등, 개인적인 귀착사유가 있는지도 확실치 않다. 하지만 그럼에도 불구하고 상당한 속도를 허용하는 것은 효율성 등 다수의 편익에 근거한 고려사항이 생명의 소중함에 대한 의무론적인 고려사항보다 우선시되고 있으며, 편익의 극대화가 고통최소화보다 중요시 되고 있는 것이 정당화되고 있다는 증거가 아니겠는가.

뿐만 아니라 다른 사례도 들 수 있다. 왜 우리는 스턴트맨이나 공중곡예비행처럼 사망위험 부담이 높은 이벤트를 한갓 오락거리로 허용하고 있는가. 왜 조난율이나 사망가능성이 높은 에베레스트 등정과 같은 모험을 TV를 통하여 널리 홍보하는가. 생명보험제도는 편리한 제도이기는 하지만 때때로 보험금을 노리고 살인을 저지르려는 유혹을 사람들에게 부추기기도 한다. 생명이 가격을 매길 수 없을 정도로 절대적인 가치라면, 이러한 제도나 이벤트들은 단연 금지되어야 마땅하다. 하지만 이러한 제도와 이벤트들을 정당한 것으로 받아들이고 있다면, 위험성에도 불구하고 관련되는 사람들의 자유의지나 책임성을 더욱더 존중한다는 사례가 아니겠는가. 혹은 관련자들의 생명에 대한 위험보다 혹은 그에 못지않게 다수 관람자들의 즐거움제고가 중요한 가치를 가진다는 반증이 아니겠는가. 이것은 다시 말해 인간의 생명에 관한 영역이라도 '공리주의적 계산법(hedonistic calculus)'이 금지되는 것이 아니라 허용되고 있음을 말해주는 것이다. 우리가 이 사실을 받아들이기를 어려워한다고 해도 실제로는 일상을 통하여 그런 계산법을 적용하고 있다면, 그것은 나름대로 도덕적 정당성을 갖고 있는 셈이다.

4) 가상적 사례

공리주의의 문제와 관련하여 다음과 같은 가상적 사례를 생각해보자.

A는 최근 어떤 회사의 사장이 되었다. 문제의 회사는 과거의 부실경영으로 사정이 어려워져 종업원들의 구조조정 등 정리해고를 단행할 수밖에 없는 처지이다. 1000명의 종업원들 중 100명을 강제퇴직 시키지 않으면 그 회사는 문을 닫을 수밖에 없다는 것이 컨설팅회사의 결론이다. 물론 평소에 A는 종신고용, 혹은 평생직장이라는 철학을 가지고 있었기 때문에 종업원들의 강제퇴직에는 반대했다. 물론 A는 이 회사의 경영에 참여하지는 않았기 때문에 부실경영에 책임은 없다.

혹은 이보다 더 가혹한 사례[8]를 설정해보자.

---

8) 이 사례는 그 유명한 짐과 인디안들에 대한 윌리암즈(B. Williams)의 사례를 변형

B가 우연히 어떤 길을 지나가게 되었는데 정부군이 20명의 주민들을 강제로 불러 모아놓고 죽이려고 하는 광경을 보게 되었다. 이들이 반란군과 내통했다는 혐의이다. 이때, 진압군의 대장이 B를 체포한 다음 그에게 선택의 방안을 제시한다. B가 20명의 주민들 가운데 한사람을 사살하면 나머지 19명의 주민들은 살려준다. 그것은 19명의 주민들에게 커다란 경고가 될 것이기 때문이다. 그러나 B가 이러한 제안을 거부하면 20명 전부가 사살된다. 물론 B는 무고한 살인을 하는 데 있어서 극구 반대하는 입장이다.

이 상황에서 최대다수의 행복을 추구하는 공리주의자라면 A나 B는 어떤 선택을 할 것인가. 100명의 종업원을 강제해고하고 또한 한사람의 무고한 주민을 사살하는 것이 최선의 대안이라는 점에 대해서 의문의 여지가 없다. 그것이 900명의 종업원과 19명의 무고한 주민을 살리는 셈이 되기 때문이다.

물론 우리는 이 상황에서 A가 강제해고의 책임자 혹은 B가 방아쇠를 잡아당기는 장본인이라는 사실에 대해 특별한 무게를 둘 필요는 없을는지 모른다. 하지만 그렇다고 해도 A와 B는 각기 자기 자신의 행위로 말미암아 귀책사유가 있었다고 말할 수 없는 다른 사람들의 운명에 대해 책임을 지게 되는 것이 현실이다. 다시 말해서 A와 B는 1000명의 종업원과 20명의 체포된 주민들에 대한 책임이 있다. 왜냐하면 종업원들 가운데 10분의 1을 해고함으로 또한 20명의 죽게 될 주민들 가운데 한사람을 죽임으로 인하여 회사부도나 집단학살이라는 비극을 피할 수도 있는가 하면, 그 모두를 거부함으로 재앙을 초래할 수도 있을 것이기 때문이다.

시킨 것이다. 이와 관련, J. Smart and B. Williams, *Utilitarianism For and Against*, Cambridge: Cambridge University Press, 1973을 참조할 것.

A와 B가 공리주의자가 아니라 의무론자라면, 이 상황에서 어떤 선택을 할 것인가. 당연히 무고한 종업원들을 강제해고하고 또 한편 무고한 사람을 죽이는 것은 '그 자체로(ipso facto)' 악이기 때문에 허용될 수 없다고 주장할 가능성이 크다. 그러나 이러한 의무론자로서 A와 B의 선택에 대하여 공리주의자는 의미있는 반론을 제기할 수 있을 것이다. "자기 자신만 깨끗한 척하고 손을 씻는 행위"에 불과하다는 비난이 그것이다. 그것은 악역을 담당하기를 거부하는 무책임한 행위가 아니겠는가. A와 B가 강제해고나 한사람의 사살을 거부할 경우, 더 커다란 재앙이 벌어질 것은 분명하기 때문이다. 따라서 10분의 1을 해고하고 한 명을 죽이는 것은 악임에 틀림없으나, 1000명 모두 직장을 잃고 20명이 다 죽는다는 것이 더 커다란 악이라고 할 수 있다면, 공리주의자는 더 큰 악을 방지하기 위하여 더 작은 악을 저지르는 것이 허용될 수 있다고 생각한다.

사실 이러한 공리주의자의 선택을 정당화하는 것은 결과의 좋음과 나쁨 혹은 결과가 더 나쁘고 덜 나쁘다는 평가와는 독립적으로 목숨자체의 소중함이라는 '축자적 질서론'의 입장만으로 선택할 수는 없는 것이다. 생명자체의 소중함만 가지고는 그러한 판단을 할 수 없을 것이기 때문이다. 이러한 논의가 의미가 있다면, 악들 가운데서의 선택의 경우 '더 적은 악'과 '더 큰 악'을 구분하고 '더 적은 악'쪽으로 결과를 선택한다는 공리주의자들의 주장이 설득력이 있다.

한편 이 맥락에서 짚고 넘어가야 할 점이 있다. 19명의 죽음이 아니라 19명을 건강한 사람들로 만들기 위하여 1명을 희생시켜 장기를 나누어 갖는 방안은 정당화될 수 있을까. '적극적 공리주의자'나 '절대적 공리주의자'라면 이 대안에 찬성할 수 있을 것이다. '최대다수의 최대 행복'에 부합하는 측면이 있기 때문이다. 하지만 '직견적 공리주의자

(prima facie utilitarian)'라면 어떤 선택을 할 것인가. '직견적 공리주의자'는 결과나 효용을 중시하면서도 효용과 결과만이 무조건 행위의 도덕적 위상을 결정할 수 있는 유일한 요소라고는 생각지 않는다. 오히려 '다른 조건이 동일하다면' 최선의 결과를 산출하는 행위를 수행하라는 준칙을 존중할 것이다. 결국 특정한 실제상황에서 결과이외에 다른 규범적 요소들도 작용할 수 있고 따라서 최선의 행위는 최선의 결과를 산출하는 행위가 아닐 수 있음을 의미한다. 이러한 관점에서 '직견적 공리주의자'라면 이 경우 19명의 환자를 건강한 몸으로 만들기 위해 1명의 목숨을 빼앗는 일을 정당화할 수는 없을 것이다. 그것은 분명히 '허용할 수 있는 악'의 범주를 넘어가는 것이고 '위해원리(harm principle)'가 현저하게 적용될 수 있어 다른 조건이 동일하지 않다는 점을 의미할 수 있을 것이기 때문이다.

5) 도덕적 비대칭성은 '보편적 사례'라기보다는 '제한된 사례'

상기 사례에서의 지적이 유의미하다면, 즐거움과 고통, 만족과 불만 혹은 '더 절박한 필요'와 '덜 절박한 필요'사이의 서열과 차이를 롤즈나 포퍼의 주장처럼 일반적 사례(general case)로 받아들이기보다 제한된 사례(limiting case)로 받아들일 필요가 있다. 혹은 일반적 사례로 받아들인다 해도 그 서열을 유보하거나 혹은 역전시키는 것이 바람직한 한계적 상황이 엄존한다고 생각해야 할 것이다. 그것은 달리 말하면 고통과 즐거움, 혹은 더 절박한 필요와 덜 절박한 필요사이에 관한 축차적 질서가 '절대적 판단'이 아니라 오히려 분별력있는 상황판단에 입각한 '프래그마티즘'을 전제하고 있음을 시사하는 셈이다.

이제까지의 논의에서 공리주의의 강점과 약점 및 이에 대한 비판들을 평가했지만, 결국 문제의 핵심은 최대다수의 행복을 주장하는 '적극적 공리주의'의 약점을 극복하기 위해 안출된, 고통최소화에 역점을 두는 '소극적 공리주의'를 어떻게 평가할 것인가 하는 문제에 있다. '적극적 공리주의'의 지나친 허용성을 우려한 상당수의 소극적 공리주의자들은 '고통최소화'의 원리와 관련, '즐거움극대화'의 원리를 대체할 절대적 범주로 접근할 것을 강조해왔다. 하지만 '소극적 공리주의'의 절대적 범주가 갖는 취약성은 그것이 '역직관적'이라는 점에 있다.

고통받는 한 사람의 고통감소를 위해 100명의 커다란 이익을 포기하는 일이 과연 얼마나 의미가 있는가? 이 점에서 네이글(T. Nagel)의 사례는 매우 흥미롭다.[9] 1명의 장애자와 1명의 정상아를 키우고 있는 집안에서 집안의 경비나 경영 등, 제반 살림살이를 누구위주로 해야 할 것인가 하는 문제가 네이글이 던지는 물음이다. 도덕적 비대칭성에 의하면, 1명의 장애자의 고통을 최소화하기 위해 1명의 정상아는 희생할 각오를 해야 할 것이다. 그런데 만일 2번째, 3번째의 정상아가 태어났다면, 장애자 위주의 살림살이는 정상아 위주의 살림살이로 전환되어야 하지 않겠는가? 그러나 네이글의 답변은 다르다. 도덕적 비대칭성이 존재하는 한, 태어나는 정상아의 숫자가 아무리 많아도 장애자 위주로 살림이 꾸려져 가야 한다고 생각하기 때문이다. 그러나 우리에게 친숙한 경험적 사례에서 볼 때 이처럼 관련되는 사람들의 숫자가 간단히 무시될 수 있는지는 분명치 않다. "티끌 모아 태산"이라는 준칙이나 "손가락도 모아지면 주먹이 된다."는 준칙이 매력을 지니고 있다면, 숫자의 위력은 결코 간과될 수 없으며, 사람들의 숫자가 많아질수록 도덕적 의미를 투영할 가능성은 충분하다고 사료되기 때문이다.

우리는 즐거움의 극대화에 초점을 맞추는 '적극적 공리주의'의 문제

---

9) 토마스 네이글, "평등", 로버트 M. 스튜워트 편, 박효종 편역, 『정치철학의 제문제』 서울: 인간사랑, 1990, 212~247쪽.

점을 고려할 때, 때때로 역직관적 결과를 초래하는 고통의 최소화에 중점을 두는 '소극적 공리주의'보다 '적극적 공리주의'나 '소극적 공리주의'에 공히 제약사항으로 작용하는 '직견적 공리주의'가 보다 타당하다고 생각한다. '직견적 공리주의'는 '다른 조건이 동일할 때' 효용이나 고통을 고려해야할 유의미한 도덕적 기준을 삼아야한다는 철학을 가지고 있다. 하지만 '다른 조건이 동일하지 않다면', 효용 이외에 다른 요소들을 고려해야 할 것이다. 이때의 다른 요소라면, 자유나 자율성, 책임, 평등과 같은 가치들을 들 수 있지 않겠는가.

두말 할 나위없이 '고통최소화'의 원리는 '즐거움최대화'의 원리에 비하여 개인에 관한 존중에서 나온다고 하겠다. 그것은 롤즈의 적절한 표현대로 '인간의 개별성(separateness of persons)'에 대한 존중이라고 할 수 있을 것이다. 그러나 문제가 있다. 개인의 고통최소화나 불만최소화를 국가의 공공정책이 지향해야할 절대적인 가치로 보아야 할 것인가. 실제로 '고통최소화'를 단순히 주목할만한 원리의 범주를 넘어서서 절대적인 원리나 궁극적인 원리로 관철하기에는 난관들이 너무 많다. 첫째로 '고통최소화'의 원리를 관철하려고 해도 고통최소화에 대한 요구들이 다양하고 또한 서로 상충할 경우 어떻게 의미있는 해법이 나오겠는가. 국가의 공공선택은 반드시 '한가지 선'과 '또 다른 선' 혹은 '더 큰 선'과 '더 작은 선' 사이의 선택에만 있는 것은 아니다. 그런가하면 즐거움과 고통사이의 선택에만 있는 것도 아니다. '한 가지 고통'과 '또 다른 고통', 즉 '더 큰 고통'과 '더 작은 고통' 사이에서 선택해야하는 경우도 적지 않다. 이 경우 고통최소화를 표방하는 '소극적 공리주의'가 어떤 제안을 할 수 있을지는 분명치 않다.

두 번째로 '고통최소화'를 절대적 범주로 접근할 경우 절대적인 부분과 절대적이지 않은 부분을 구분할 수 있어야한다. 고통이라고 하더라도 질적 차이와 정도의 차이가 있기 때문이다. 『바이블』에서 나오는 '돌아온 탕아'의 경우에서 알 수 있는 것처럼, 탕아의 고통은 스스로 자초한 측면이 농후한 만큼 인과응보(因果應報)의 성격이 있다. 하지만 어떤 고통은 그야말로 억울한 고통이다. 『바이블』에서 묘사되고 있는 욥의 고통이야말로 그런 전형적인 사례일 것이다. 이처럼 고통최소화의 원리를 절대적인 규범이라고 규정할 경우, 이 준칙을 유의미하게 설명하려면 인과응보적 성격이 강한 고통과 그렇지 않은 무고한 성격의 고통을 구분할 수밖에 없다. 즉 인과응보적 성격의 고통까지 절대적인 '고통최소화'의 '소극적 공리주의'의 대상으로 삼는 것은 곤란한 일이 아니겠는가. 하지만 '무고하다는 것'과 '무고하지 않다는 것' 사이를 구분하는 것은 쉬운 일이 아닐 뿐더러, 그 이외에도 '무고한 것'과 '덜 무고한 것' 혹은 '더 덜 무고한 것'을 구분할 수 있어야 하겠는데, 이는 무척 어려운 일이다. 즉, 수많은 구분들을 만들어 놓아야하기 때문이다. 설사 이러한 구분이 가능하다고 하더라도 '결의론적인(casuistic)' 성격을 가진 구분으로서 '법률적 범주'일지언정 '도덕적 범주'라고 하기 어렵다. 모름지기 공공선택의 지침으로 작용하는 도덕적 규범이라면 단순해야지 복잡해서는 곤란하다.

그렇다면 '고통최소화'의 원리는 '즐거움최대화'의 원리와 마찬가지로 '절대적(absolute)'이라기보다는 '직견적(prima facie)'인 범주로 보아야할 것이다. 즉 '모든 조건을 고려해보았을 때' 타당하다고 할 수는 없고 '조건이 같다면' 타당하다고 할 수 있는 정도의 원리가 아니겠는가. '다른 조건이 같다면(ceteris paribus)' 절대적이라고 할 수 있겠으나, '다른 조건이 같지 않다면' 절대적이라고 할 수는 없는 일이다. 따라서 조건이 같은 것인지, 아니면 같은 것이 아닌지 점검하는 것은 우리의 몫이다. 이것은 다시 말해 국가의 공공정책의 원리로서 순수한 '적극적 공리주의'나 순수한 '소극적 공리주의'보다 '직견적 공리주의'가 타당할 수 있다는 의미이다.

이러한 관점에서 우리가 '직견적 공리주의'라고 말하는 원리의 특징은 간단하다. 그것은 '적극적 공리주의'나 '소극적 공리주의'에 다 같이 제약조건으로 원용될 수 있다는 점이다. '적극적 공리주의자'의 경우, 효용과 즐거움을 극대화하지 않는 것이 '요구'되지는 않지만, '허용'은 된다는 것이며, 한편 '소극적 공리주의자'의 경우, 고통을 최소화하지 않는 것이 '요구'되지는 않지만, '허용'은 된다는 것이 그 핵심이다. 이러한 '직견적 공리주의'의 명제는 즐거움이 언제나 '극대화'되거나 고통이 '최소화'될 필요는 없고 다만 다른 가치들을 고려할 수 있어야한다는 것이다. 결국 중요한 것은 행복의 극대화나 고통의 최소화를 절대적 범주나 궁극적 범주보다는 '직견적 범주'나 '상대적 범주'로 본다는 것이다. 즐거움을 언제나 극대화하는 것은 아니라는 점에서 '직견적 공리주의'는 '소극적 공리주의'와 가치를 공유하고 있고, 한편 고통최소화를 언제나 추구하는 것은 아니라는 점에서 '적극적 공리주의'와 가치를 공유하고 있다.

특히 '직견적 공리주의'는 축차적 질서론을 정당화하는 '소극적 공리주의'에 대한 제약의 의미가 있다. 실상 우리는 축차적 질서에 유보나 예외를 인정하는 경우를 적지 아니 접하고 있다. 예를 들어 자유민주주의국가에서 정치적 자유는 반드시 보장되지만, 전쟁이나 내란 혹은 심각한 위기 등, 국가가 절박한 상황에 처했을 때 언론의 자유나 집회의 자유를 제한하는 것이 정당화되지 않는가? 혹은 대학교에서 장학금을 수여할 때 그 주요 기준으로 학생들의 성적이 우선하지만, 그렇다고 해도 학생들의 생활형편을 고려하는 경우도 적지 않다. 뿐만 아니라 올림픽에서 동메달보다 금메달이 더 귀중한 것은 틀림없으나, 때로는 동메달을 딴 선수가 금메달을 딴 선수보다 더 커다란 박수를 받는 경우도 적지 않다. 동메달을 딴 선수가 역경을 딛고 일어선 인간승리의 사례일 경우가 전형적이다. 우리는 여기서 '금메달보다 더 값진 동메달'을 생각해 낼 수 있다. 혹은 국제태권도에서 우리 한국선수의 동메달이 금메달보다 의미 있는 것으로 평가되는 것은 태권도의 국제화에 그 기여도가 훨씬 크다고 보이기 때문이다.

결국 상기의 지적에 유의할 때, '소극적 공리주의' 개념에 입각한 축차적 질서의 개념이 공공불행을 최소화하는데 있어서 유용한 측면이 많다는 점을 인정하면서도, 한편으로 그것만으로는 국가의 공공공정책의 절대적 기준이나 궁극적 기준으로 작용할 수 없다는 사실을 인정해야한다는 것이 이번 논의의 결론이다.

3. 행복극대화와 불행최소화 정치의 함정: 의존적 태도의 극대화

상기의 논의를 통하여 행복극대화와 불행최소화의 비전의 강점과 약점을 지적하였다. 특히 문제의 결론이라면 어떤 방식이라도 결함을 가지고 있다는 점이다. 물론 그 결함은 이론적 차원에서 지적될 수 있는 결함일 것이다. 이제 우리의 관심사는 그러한 원리들, 즉 즐거움의 최대화나 고통의 최소화의 원리 혹은 양자의 혼합과 같은 원리들이 정치현장에 적용되었을 때 어떠한 파장을 가져오는지에 있다.

행복극대화나 고통의 최소화가 정치의 목적이라고 할 때, 우리가 직면해야할 현실적 문제는 그것이 다른 반작용을 불러올 수 있다는 사실이다. 앞에서의 논의가 이론적 논의였다면, 이번에 고통의 최소화정책이 가져올 문제에 대하여 주목할 필요가 있다. 특히 행복극대화나 고통의 최소화를 국가의 목표로 삼을 때 그 도덕적 호소력에도 불구하고 '정치적 후견인주의(political paternalism)'를 정당화할 가능성이 크다. 이 '정치적 후견인주의'의 핵심적 상정은 무엇인가. 국가가 사람들에게 행복을 가져다 줄 수 있고 혹은 불행을 없앨 수 있다는 믿음이 그것이다. 이것이 왜 문제인가. '정치적 후견인주의'는 유난히 자기결정, 혹은 개인주의에 대하여 비판적이며 부정적이다. 따라서 '독립적인 것'이나 '자율적인 것'을 모두 이기적인 것으로 환원시키거나 폄하하게 된다. 반대로 '의존성(dependence)'과 '의존적인 태도'를 권장하게 된다. 특히 사람들에게 정부에 의존적인 삶을 살기를 요구하게 되기 때문이다.

그렇다면 행복의 극대화나 고통의 최소화를 표방하는 정부에 의존적인 삶을 영위하게 될 사람들은 누구인가. 일단 물질적으로 결핍된 사람들, 즉 가난한 사람들을 들 수 있다. 그러나 그 뿐만은 아니다. 삶을 살아가는 데 어려움을 겪는 사람들이 다 포함된다. 어떤 사람들은 도덕감이 낮아서 불행에 허덕이고 혹은 건강이 나빠 불행을 겪는다. 이러한 불행을 없애기 위하여 현대의 민주정부나 정치인들은 도덕과 가난, 심지어 위생의 문제에 까지 초미의 관심을 갖게 되었다. 바로 이점이야말로 현대의 정부나 정치인들이 '의존성'의 의미를 '재발견'하게 된 소이(所以)라고 하겠다. 의존성이란 좋은 개념인가. 미성년인 자녀가 부모에게 의존하는 것은 자연스러운 일이겠지만, 이른바 "마마보이"처럼 성인이 된 아들이 어머니에게 의존하는 현상은 비정상적인 것으로 평가된다. 또한 술이나 마약에 의존하는 삶은 어떤가. 참담하고 가련한 삶이 아니겠는가. 물론 자비나 배려의 가치가 의존성을 전제로 하는 것은 사실이다. 그런데 자비나 배려, 자선, 이타주의 등의 가치가 지나치게 정치화되어 정치를 접수할 정도로 확장된 것이 바로 '정치적 도덕주의'와 '정치적 후견인주의'의 실체라고 할 수 있을 것이다.

실상 '의존성'의 개념은 현대 대의민주주의의 핵심적 담론이 되기 이전에 그리스도교사상의 영향을 보여주기 때문에 매우 흥미로운 개념 이라고 할 수 있다. 그리스도교가 전하는 메시지의 주요내용은 인간 전체가 신에게 전적으로 의존하는 피조물이라는 사실이 아니겠는가. 포이에르바하(L. Feuerbach) 등, 19세기 무신론자들은 신이란 단지 불완전한 인간의 완전성과 무한성의 욕구를 충족시키기 위한 환상일 따름이라고 설파했지만, 인간이 의존적인 피조물이라는 주장 자체를 부정하지는 않았다. 그렇지만 그들이 주장하는 인간의 의존성은 '신'에 대한 것이 아니라 '사회'에 대한 것이었다. 마르크스의 패러다임에서 개인주의자들은 마치 인간이 스스로 창조되었다는 환상으로부터 고통받고 있는 것처럼, 그리스도교 용어로 말한다면 교만이라는 '원죄'로부터 고통받는 사람들에 해당된다고 할 수 있다. 개인주의자나 자유주의자들은 우주의 한 가운데에 신이나 사회를 대신하여 자기 자신을 두는, 소외된 존재가 아닐 수 없다. 이러한 주장은 마르크스주의자들뿐만 아니라 샌델(M. Sandel)[10]이나 왈쩌(M. Walzer)[11] 등, 현대의 공동체주의자들이 역설하는 내용이기도 하다. 즉 인간은 사회에 부담을 갖는 '연고적 자아(encumbered self)'라는 것이 롤즈 등 자유주의자들이 주장해 온 '비연고적 자아(unencumbered self)'와 대비되어 나온 명제이다. 따라서 '개인' 보다 '사회'에 중점을 두는 마르크스주의나 공동체주의의 기본입장을 감안할 때, 자기중심주의는 자아가 사회로부터 독립되었다고 주장한다는 점에서 '원죄'에 해당되는 셈이다.

결국 '좋은 질서를 가진 사회'를 이루기 위해서는 우리 모두가 이타적으로 사회에 기여해야하고 정부나 사회가 시민 모두에게 평등한 방

---

10) M. Sandel, *Liberalism and the Limits of Justice*, Cambrige: Cambridge University Press, 1982.

11) M. Walzer, *Spheres of Justice*, New York: Basic Books, 1983.

식으로 제공하는 도덕, 건강과 교육, 그리고 복지 등 도덕적 서비스와 물질적 서비스에 의존하기만 하면 되는 것이다. 이와 같은 내용을 강조하는 정치적 도덕주의와 정치적 후견인주의에는 도덕적 경건함과 도덕적 엄숙성이 배어있다. 정치적 도덕주의는 정치가 주로 자기희생적인 삶의 방식을 요구하는 정치인들에 의하여 관리될 때 시민들이 도덕적 부패와 타락은 물론 고통으로부터 벗어날 수 있다고 주장한다. 여기에는 교화와 계몽의 메시지가 현저하다. 국가나 정치인들은 단순히 시민들을 '대표'하는 것이 아니라 '관리'하는 존재가 되는 셈이다. 이러한 비전이 왜 문제인가. 민주적 통치자들은 시민에 의해 선출되지만, '정치적 도덕주의'와 '정치적 후견인주의'에 의하면 시민들은 교화의 대상, 의존적 존재, 관리의 대상으로 간주된다. 그렇다면 시민들은 '어리석은 군중'이나 '피교육자'로 치환되는 셈인데, '우중(愚衆)'이나 '피교육자', '계몽의 대상'으로 간주되는 유권자들이, 그들을 계몽할 통치자들을 선출할 권한을 가지고 있다는 것은 당혹스러운 사실이 아닐 수 없다.

그리고 심각한 것은 그것이 민주주의의 현실이라는 사실이다. 예를 들어, 현대의 대의정부가 하는 일들을 일견해 보자. 정부는 "금년이 관광 진흥의 해이니 외국인들에게 더욱 더 친절해야 한다."라는 캠페인을 벌인다. 그런가 하면 '신토불이(身土不二)'라며 국내산 돼지와 닭고기 먹기 캠페인을 벌이고 3월 3일을 '삼겹살 데이'로 공포하며 주요 공직자들이 시범적으로 시식을 한다. 많은 대의제 국가에서 입법은 국민들이 농담 삼아 말하는 그런 내용들까지 서슴지 않고 포함하고 있다. 술이 해로우니 술을 금지하라는 금주법을 만든 나라가 있는가하면, 성인들의 비만을 문제삼아 비만금지 법제화를 추진하는 국가도 있다. "자녀출산율이 떨어지니 아이를 더 많이 출산해라." 혹은 "김치를 많이 먹어라." 혹은 "모유를 먹이면 항체가 생겨 아이가 더욱 더 건강해진다."는 메시지도 국민들의 세금으로 조성된 공익자금에 의한 공익광고를 통해 내보낸다. 뿐만 아니라 고아의 해외입양은 부끄러운 일이니 국내입양을 해야 한다고 역설한다. 또한 맹인이라고 하지 말고 '시각장애인'이라고 부르며 '살색'이라는 표현이 인종차별적 개념이므로 '정치적 올바름(political correctness)'의 관점에서 사용하지 말라고 강조한다. 현대 대의민주주의에서 친숙하게 발견되는 이러한 일련의 계몽화 현상들은 시민들을 '도덕적으로나 물질적으로 도움이 필요한 프로레타리아' 혹은 '정부에 의존하는 존재'로 간주하고 있음을 반증한다.

경제문제이건 사회문제이건, 그 해결책은 정부가 찾아내야 하는 것으로 생각하는 경향도 '정치적 후견인주의'와 '정치적 도덕주의'에서 기인한다. 최근 우리 한국사회에서 많이 인용되는 정약용(1762~1836)이 쓴 『목민심서(牧民心書)』에서도 "백성을 치는 마음의 글"이라는 제목이 함의하는 것처럼, 관(官)은 목자로, 백성은 양떼로 간주한다. 그 『애민6도』에 보면 혼기가 지나도록 혼인을 하지 못한 사람은 마땅히 관에서 성혼시켜야 할 정도로 관의 역할을 후견인의 권위로 파악하고 있다. 그러나 민주정부나 민주적 대표자라면 목민심서적인 발상에 의하여 모든 백성의 문제를 풀어야만 한다는 발상에서 벗어나야 하지 않을까. 백성을 양떼처럼 치는 '목민(牧民)'의 태도보다 백성의 이익을 대변한다는 차원에서 백성을 섬기는 '사민(事民)'의 태도를 요구하는 것이 대의민주주의의 정신이기 때문이다.

물론 정부가 정치적 행복 공여자로서 시민들에 대하여 관심을 갖거나 걱정해주기를 원하는 사람도 있을 것이다. 그런가 하면 각자의 방식대로 성공을 하건 실패를 하건 혼자 내버려두는 쪽을 선호하는 사람들도 있을 것이다. 여기서의 문제는 시민들이 두 가지 범주로 나누어진다는 것이 아니라, 시민들에게 도덕이나 건강, 복지 등, 행복의 관점에서 배려와 관심을 보이는 정부는 의존성을 강조하면서 '간섭하는 정부'로 돌변하여 '시민들의 대리자'보다 '시민들의 보호자'나 '관리자'로 자리 매김할 가능성이 크다는 사실이다. 문제는 행복의 이름으로 계몽주의자와 보호자로 자처하는 정부는 그러한 개인의 자율적 영역을 위험에 빠뜨릴 수밖에 없다는 점이다. 이른바 '군림'하는 정부는 무의식중에 시민에 대한 주권행사는 물론, 개인들에 대한 소유권 행사까지 대리할 가능성이 있기 때문이다. 이러한 상황이 벌어진다면, 의존성을 강요하는 정치적 행복론은 시민들에 대하여 소중한 이상이 아니라 은근한 위협이 되는 셈이 아닐까.

참고문헌

A. de Tocqueville, *Democracy in America*, New York: Vintage Books, vol.1, 1959.

J. O. Urmson, "Saints and Heroes" A. I. Melden ed., *Essays in Moral Philosophy*, Seattle: University of Washington Press, 1958.

J. Smart and B. Williams, *Utilitarianism For and Against*, Cambridge: Cambridge University Press, 1973.

J. S. Mill, *On Liberty*, M. Warnock ed., London: Fontana, 1962.

K. Popper, *Open Society and its Enemies II*, London: Routledge and Kegan Paul, 1962.

M. Sandel, *Liberalism and the Limits of Justice*, Cambrige: Cambridge University Press, 1982.

M. Walzer, *Spheres of Justice*, New York: Basic Books, 1983.

P. Railton, "Alienation, Consequentialism and the Demands of Morality" S. Scheffler ed., *Consequentialism and its Critics*, Oxford: Oxford University Press, 1988.

Stewart, Robert, 박효종 역, 『정치철학의 제문제』(서울: 인간사랑, 1990).

4장 동양사상에서의 환경관과 행복한 삶, 그 장소성

손용택(한국학중앙연구원, 인문지리)

I. 유교와 도교에서 본 행복한 환경

1. 유교에서의 행복한 환경

유교는 먼저 하늘과 땅의 존재를 인식하였다. 인식의 방법은 위치의 관점에서 출발하여 하늘은 위, 땅은 아래 등의 상하개념을 구체적으로 적용하였다. 한편에서는 하늘과 땅을 내외개념으로 파악하여 하늘은 밖, 땅은 안이라 하였다. 부부의 관계도 내외로 정립하여 역할 분담과 영역에 있어서도 전자를 외부지향적인 하늘과 양, 후자를 내부지향적인 땅과 음으로 규정하는 것은 유교적 우주관에 연유하는 것이다. 여기에다 고도와 거리의 개념을 도입하여 하늘이 높고 끝이 없는 무한공간임을 지적하고 있다.

그 중에서도 하늘은 구름과 연기와 같은 기(氣)로 형성되어 있으므로 구름과 연기가 없으면 상태가 맑고 투명하며 형체가 없는 것이 하늘의 본질이라 하였다. 그런데 기는 두 가지의 성질이 있으므로 열기를 띤 양이 모여 불이 되고, 한기를 띤 음이 모여 물을 만든다고 하였다. 이에 반하여 땅은 형체가 있는데 물이 농축한 물질로 되어 있다는 성질을 제시하고 있다. 물을 땅의 근본으로 본 것은 수분을 함유한 토지상태에 연유하여 수권과 육권에서 증발이 중요한 물 순환 체계를 유지하는 사실에 유의하고 물과 흙의 기(氣)가 상승하여 하늘을 이루는 것으로 관찰하고 있다. 기(氣)가 올라간 상태에서 찌꺼기가 곧 땅이고 가볍고 맑은 것이 하늘이라면 무겁고 탁한 것이 땅이라고 규정한 것이다.

결국 음의 성질을 띤 물질이 밑바닥에 침전하여 땅이 되었으므로 유택한 것이 흙이고 흙에 기(氣)가 작용하여 만물이 생성하게 된 것이라고 하였다. 여기에 생산과 보육력에 직접적 영향을 주는 토지에 대하여 지모사상(知母思想)이 접목되어 풍수설이 등장되었다고 본다. 그리하여 모든 것은 음양이며 음양이 아닌 사물은 없다고 하였음을 볼 때 비교개념으로 환경을 인식하고 모든 존재를 파악하였음을 인정할 수 있다. 남녀로 구분된 인간과 마찬가지로 모든 사물이 음양으로 구분되어 있다. 인간을 둘러싼 자연현상도 마찬가지여서 정지된 나무와 풀은 음기, 달리고 날아다니는 짐승과 새는 양기를 얻는다고 봄으로써 동식물의 속성 차이에 따라 유형을 구분하고 있다. 속성이 같다 하더라도 서식장소에 따라 육지에 사는 것은 상대적으로 양이 많고 물속에 사는 것은 상대적으로 음이 많은데 그 이유는 육상생물이 수중으로 들어가지 못하고 수중생물이 육상으로 진출하지 못하는 데 있다고 함으로써 지역차를 가져오는 요인까지 제시하였다.

심지어 방위의 개념도 음양의 상대적 관점에서 이해하여 동쪽의 양과 서쪽의 음, 남쪽의 양과 북쪽의 음이 바로 그것이며 봄은 양의 시작, 여름은 양의 극이고 가을은 음의 시작, 겨울은 음의 극이라고 보았던 것이다. 이것은 사물의 속성을 관찰한 것에 그치지 않고 발전적으로 유형을 구분하였다. 음양의 속성을 구분함에 있어서 동정(動靜)의 관점에서는 동(動)이라는 한정된 기(氣)가 양이고 정(靜)이라는 한정된 기가 음이므로 전자에 달리고 날아다니는 속성을 지닌 동물, 후자에 정적 상태의 초목을 포함시키는 것은 당연하다. 승강과 청탁의 관찰에서도 연기처럼 맑게 흘러서 상승하는 것이 양이고 물처럼 흘러 무겁게 하강하는 것이 음이라고 전제할 때 전자에 양지생물, 후자에 젖어 있는 음지의 수중생물을 포함시키는 것은 당연한 귀결이다.[1]

유교는 모든 사물이 대립물을 갖는다고 보는 데서 출발하고 있다. 음이 있으면 양이 있고 선이 있으면 악이 있다고 하였다. 이것은 사물의 존재를 대립의 관점에서 바라보며 하나로서 산물이 생성 현멸하여 영원무궁하게 계속되는 대자연의 이치를 찾는 불교의 이이불이(二而不二)의 사상과 맥락을 같이 하고 있다. 다만 양자의 관계정립에 있어서 동류상동(同類相動)의 입장보다 친화적 작용이 탁월하며 무궁무진한 굴신상감(屈伸相感)의 입장을 유지한 점이 유교적 특색으로 드러나고 있다. 그것은 만물의 근원을 기(氣)에서 찾고 있으므로 음양도 하나의 기(氣)에 불과할 뿐만 아니라 양의 후퇴는 음의 성장이라는 굴신상감의 취지에 연유하는 것이다. 굴신상감은 음양의 수축과 신장, 후퇴와 전진의 순환적 반복을 인정하는 것이므로 사물의 존재형태에서 양립되지 않는 이치를 전제한 것이다. 이것은 근원적 물질로서 기(氣)가 늘어나고

1) 오홍석, 「동양의 전통적 환경인식과 환경관」, 『환경교육』, 1992년 학술대회보고서, 한국환경교육학회, 1992, 57~58쪽.

줄어들지 않으며 대신 모이고 흩어지는 성질에 연유한 것이다.

순환적 반복은 한 번 움직이면, 한 번 정지하는 데 뿌리를 두고 있다. 움직임이 있으면 감(感)이 있고 감이 있는 곳에 응(應)이 있으므로 하늘과 땅 사이에서 감응(感應)의 이치가 아닌 것이 없다고 보는 것이 유교의 입장이다. 예를 들면, 해가 가면 달이 오고 달이 가면 해가 나오며 추위가 가면 더위가 오고 더위가 가면 추위가 오는 것이 그러한 이치이다. 여기에서 가는 것이 굽어지는 것이고 오는 것이 펼치는 것이라면 펴지는 것과 굽어지는 것이 감응의 결과인 것이다. 특히 봄이 시작하여 여름에 양극을 이루고, 가을이 시작하여 겨울에 음극을 이루는 것처럼 계절변화에 초점을 맞춘 음양론적인 순환원리를 제시하였다.[2]

2. 도교에서 본 행복한 환경

도교는 움직임이 극한에 닿으면 반드시 돌아옴이 있으며, 움직임이 없으면 돌아오는 것이 없다고 하여 반복에 초점을 맞추고 있다. 움직임은 돌아옴을 가져온다 하더라고 道가 만물의 주행에 가지 않는 곳이 없다는 사실을 통하여 모든 사물이 운동방향을 반복하면서 순환하고 있음을 인정할 수 있다. 이것은 천지간의 이치를 풀무에 비유함으로써 비어있는 것 같으면서도 쭈그러들어 없어지지 않고 움직일 수 있도록 많은 것을 산출해 내는 생명의 원리를 표현하고 있다.

이런 관점에서 도교의 환경관은 시작과 끝이라는 일직선상의 시간 배열 속에 출발지에서 목적지를 향해 진보적인 생활방식을 일관되게 추구하는 헤브라이 민족의 환경관과는 다르다. 하나의 현상은 그것과 반대되는 현상을 향하여 움직이므로 동적인 것에서 정적인 것으로, 정

---

2) 오홍석, 위의 글, 1992, 60~61쪽.

적인 것은 다시 동적인 것으로 반복하여 순환하는 것이라고 보았던 것이다.

여기에다 독립된 상태에서 변화되지 않고 두루 운행하되 위태롭지 않다는 논리는 모든 현상이 독립적으로 존재하는 것이 아니라 상대적 존재의미를 부여하고 있다. 이런 관점에서 낮과 밤, 여름과 겨울의 변화 중 어느 하나를 절대적인 것으로 착각하거나 고집함으로써 다른 것을 외면하거나 버릴 수 없는 이유를 알게 되므로 이는 불교의 연기설(緣起 說)과 맥락을 같이 한다고 말할 수 있다. 따라서 모진 사람도 한나절을 지나지 못하고, 억센 비도 하루 종일 내리지 않는 것은 현상과 생활이 언제까지 그대로 지속할 수 없는 이치를 내포한 것이므로 불교의 제행 무상(諸行無常)적인 환경과 연계되고 있다.

그러나 근원적인 귀환점은 뿌리로 돌아가는 것이다. 뿌리는 우주근 원에 해당하는 혼돈 황홀한 정적 상태를 의미하므로 천지가 자연에 맡 겨야 함도 없고 지음도 없이 만물이 스스로 상치(相治)하는 단계를 말 한다. 결국, 도교의 자연은 無爲와 無造作의 자연을 내세워 인위적 조 작의 폐단을 막으려는 데 궁극적인 목표를 두고 있다. 다시 말하자면 虛의 극치를 이루고 고유함이 돈독하게 지켜지는 곳에서 만물이 '함'이 나 '이어짐'을 바라는 것이 도교의 자연관이다.

老莊의 환경관을 요약해 보면 다음과 같다. 첫째, 우선 도교는 일종 의 자연철학과 개인주의를 전개하였다. 자연철학의 전개는 매우 투철한 무신론이 되었고, 개인주의의 전개는 극단적인 개인적 자유로 흘렀다. 이런 점에서 도교사상은 유교사상과 정반대 입장에 서고 있다. 도교에 서 말하는 천(天)은 자연이며 인간 또한 순수한 인간이다. 자연환경은 누구의 힘에 의하여 만들어 낸 것이 아니고 그저 그렇게 스스로 그렇게 될 수밖에 없어서 그렇게 되고 또한 그렇게 존재하고 또 그렇게 변화하는 것이다. 아무리 훌륭한 과학적인 성과를 거두어도 그것은 자연의 道에서 그렇게 되는 것이다. 인간이나 만물은 道를 벗어나서 존재할 수도 행동할 수도 없다.

둘째, 도교사상에서는 人爲는 배척되고 無爲自然은 존중되므로 자연환경의 힘은 확대되고 인간의 행위영역은 축소된다. 따라서 도교사상은 자연환경을 개조하는 것을 배척하고 자연환경에 대한 순응만을 강조함으로써 인간은 자연환경이 주는 이득만 취하면 그만이지 더 이상 물질적인 과욕을 부려서는 아니 된다는 것을 강조하고 있다. 도교에서는 인위적인 모든 활동을 부정하고 인간은 오로지 자연 질서인 天에 따라야 함을 주장하고 있다. 이러한 도교적 관점은 사람들에게 자연환경에 대한 동경심을 불어 넣었을 뿐만 아니라 사람들로 하여금 자연과 조화를 이루도록 하기 위하여 無爲의 태도를 취하도록 요구한다.

셋째, 노장의 이러한 자연환경관은 인문환경에도 그대로 적용된다. 노장은 유약함 내지는 겸손이라는 방법으로 개인의 자존을 보장하였으며 또한 무위의 방법으로 개인의 자존에 적합한 하나의 사회 환경을 보장하고자 하였다. 그렇다고 노장이 무정부주의자나 숙명론자, 허무주의자이거나 은둔 주의자였던 것은 아니다. 오히려 경쟁이 치열하고 다툼이 있는 곳에서 지극히 겸허한 보다 구체적인 자세를 보여주고 있을 뿐이다. 노장의 마음속에는 세속적인 가치를 초월하는 깊은 道에 입각한 정직성과 순박성을 바탕으로 하는 달관의 자연주의 인간관이 뿌리하고 있는 것이다.

II. 불교에서 본 행복한 환경

인류는 동서고금을 막론하고 이상적인 삶의 터전을 소망하여 왔다. 그런데 동아시아의 이상향은 서양의 유토피아와 비교할 때 사유방식 및 형태상의 분명한 차이점이 있다. 서양에서는 유토피아(Utopia) 즉, 현실에 없는[U=not] 장소[topia]를 꿈꾸는 관념적 이상향을 지니고 있고, 토마스 모어의 유토피아(Utopia)에 잘 표현되어 있듯이 이상향을 기하학적 도형위에 설계된 추상적 평면공간으로 인식하려 한다.[3] 뿐만 아니라 서양에서는 대칭 질서를 이루는 도시환경에서 이상적 사회나 국가를 구성함으로써 이상향을 달성하려 하는데, 그들의 자연관 및 지리적 태도는 지배적 속성을 띤다. 그러나 동양의 동아시아적 이상향에 대한 관념은 현실적이고 자연의 질서를 따르려 하며 따라서 조화적인 자연관 및 지리적 태도를 지니고 있다. 여기서 현실적이라 함은 현실세계 내에 이상적 삶의 터전을 발견하려 하거나 혹은 성취하려는 것으로서 이러한 태도는 불교의 타계적(他界的)인 서방정토사상과 미륵상생사상(彌勒上生思想)마저도 현지정토(現地淨土)나 미륵하생(彌勒下生)의 구현으로 변용시키기에 이른다. 그리고 자연에 따르는 혹은 자연조화적인 속성이란 자연적 조건이 구비된 이상적 환경을 가리키고 있으며, 비보는 이상적 자연조건을 가꾸기 위하여 자연조건을 보완하는 동아시아의 현실적이거나 자연조화적인 이상향 관념에 기초한 지리적 태도라고 할 수 있다.

---

3) 최영준, 『국토의 민족생활사』, 한길사, 1997, 102~105쪽.

1. 현지정토(現地淨土)의 구현

불교적인 이상향은 불국토(佛國土)또는 정토(淨土)를 들 수 있다. 여기에는 두 가지의 뜻이 있는데 그 중 하나는 불보살에 의해 이루어진 불국정토(佛國淨土)이고 또 하나는 중생과 보살이 현실사회를 정토로 만든다는 정불국토(淨佛國土)로서 능동적인 뜻이다. 한국불교사에서 나타나는 이상세계로서의 미타정토는 전자의 유형이고, 미륵정토는 후자의 신앙 형태를 띤다. 미타정토는 내세적이고 피안의 공간에 이미 완성된 세계로서 아미타경에 "여기서 서쪽으로 10만억 국토를 지나서 한 세계가 있으니, 이름을 극락이라 한다."고 하였듯이 초현실적인 공간이다. 미타정토관은 개인적 신앙의 성향이 강한데 곧 정토에 나기를 원하는 중생은 일념이라도 지극한 마음으로 향하여 예를 다하면 곧 왕생할 수 있게 되며 그때 서방(극락)에서 성스러운 중생들(聖衆)이 나타나 그 사람을 맞이하여 간다는 것이다. 반면 미륵정토는 인간세상이 혼란에 빠질 때 미륵이 출현하여 새로운 사회(龍華世界)를 실현시킨다는 능동적인 미륵하생사상(彌勒下生思想)으로 그 특징은 미타정토의 내세적 속성과는 달리 당세적(當世的)이고 미륵이 차안(此岸)의 현세에 출현하며 현실사회를 개혁하려는 사회사상으로 나타나게 된다.[4] 다음은 미륵정토의 이상세계를 묘사한 내용이다.

"그 국토는 편안하고 땅이 평탄하게 넓고 토지가 비옥하여 농작물이 풍성하고, 잡초와 병충해가 없어서 한 번 심어 일곱 번을 수확하며 사람은 질병과 탐욕과 성냄과 어리석음이 없고, 악인의 행태와 도둑의 환난이 없으므로 도시와 촌락에 모두들 대문을 잠그지 않으며, 또한

---

4) 김두진, 「弓裔의 彌勒世界」, 『韓國史 市民講座』 10, 일조각, 1992, 19쪽.

고뇌와 수화도병(水火刀兵) 및 기근독해(饑饉毒害)의 모든 재난이 없다."(『佛說彌勒大成佛經』, 大正藏, 420~434쪽)

한국의 불교사상사에서 나타난 불국정토 관념의 지향은 "예토(穢土)를 정토(淨土)로, 피안(彼岸)을 차안(此岸)으로, 내세(來世)를 당세(當世)로, 왕생(往生)을 현신(現身)으로"라고 요약할 수 있다. 곧 죽어 왕생하여 서방의 극락에 간다는 내세적이고 타계적인 시공간 관념은 살아 있는 이 몸 그대로, 지금 살고 있는 세상에서 정토를 이루려는 방향으로 나아간 것이다.

신라시대에는 구체적인 설화와 빈틈없는 사례설정 및 사실성 부여를 통해서 신라인들의 신라불연국관(新羅佛緣國觀)이 얼마나 적극적이었으며 또한 얼마나 진지하고 철저하였는지를 알 수 있으니, 이는 현실에 이상국가(淨土)를 적극적으로 이룩하려는 노력이었다. 신라인들의 초기 정토사상(淨土思想)은 내세적인 미타정토관(彌陀淨土觀)이 주류를 이루고 있었으나 차츰 이 땅(경주)의 현세를 불국토로 만들기 위한 상징적이고도 구체적인 노력으로 나타났다. 신라 말에 이르러는 왕과 귀족의 주거지인 경주의 중심부만이 아니라, 지방의 호족들이 웅거하고 있는 주변부를 사탑으로 골고루 비보하여야 국토 전체가 불국토가 될 수 있다는 사회사상적 차원의 국토계획안이 등장하게 되는데 이것이 바로 비보 사탑 설이었다. 이러한 국토사상은 당시의 호족들에게 널리 적극 수용되어 사회개혁사상으로 힘을 발휘할 수 있었다. 그리고 같은 시기에 마음을 깨치면 곧 임하는 자리마다(處處)가 극락이라는 선종의 가르침이 확산되었다. 이렇게 마음 밖(心外)의 정토를 인정하지 않은 것은 기존의 정토관에 대한 전면적 부정이기도 하였다. 이와같이 역사적 과정에서 통일신라시대에 실천된 현지정토의 구현을 지리공간적인 차원으로 보면, 왕실 및 귀족의 왕도(王都) 중심에서 호족의 지방으로 확장된 것이었고, 동시에 선종의 영향력으로 인하여 개개인의 심지정토(心地淨土)로 지리 심성적 차원의 발전을 가져온 것이었다.5) 이러한 의식은 고려시대를 거쳐 뿌리내려 오다가 이윽고 조선 중후기에 이르러서는 촌락의 형성과 함께 마을 단위에서 미륵정토를 구현하려는 노력으로 전개된다. 비보적 기능의 미륵은 조선후기에 호남지방의 취락을 중심으로 나타나는데, 촌락의 분화가 본격화되면서 마을신앙으로서의 미륵신앙이 성행하였고 그 과정에서 풍수적 비보 기능의 미륵신앙이 구체화되었다.6) 여기서 미륵은 마을 공간을 미륵정토세계로 구현하려는 신앙적 조형물로서의 마을미륵이며 아울러 풍수적 비보 기능도 갖는다.7)

한편, 사리탑 신앙이란 사리탑에 호국의 영력(靈力)이 깃든다는 신앙이다. 한국 비보사리탑의 기원에 관해『삼국유사』의「황룡사구층탑」조에는 7세기 중엽에 신라 승 자장이 선덕왕 12년(643)에 당에서 귀국하면서 불사리 100과를 가져와서 황룡사 구층탑, 통도사 계단(戒壇), 대화사탑(大和寺塔)에 봉안하였다고 했는데 이는 호국진호탑(護國鎭護塔)으로 후일에 풍수 탑으로 변모하는 비보 탑의 전신이 된다. 탑 신앙은 이후 산천을 밀교적 만다라의 체계로 보고 그 적재적소에 사탑을 배치하는 논리로 발전되었다. 또한 밀교에는 치지법(治地法) 혹은 정지법(淨地法)이 있는데 이는 길지(吉地)를 선택할 시간적인 여유를 갖지 못하고 급속하게 작업하여야 할 경우나 흉지(兇地)를 다스려 길지(吉地)로 변화시키는 방법을 말한 것이다. 그리고 천태사상의 측면에서 살펴보면, 도

---

5) 최원석,『嶺南地方의 裨補』, 고려대학교 박사학위논문, 2000, 57쪽.

6) 송화섭,「조선후기 마을미륵의 형성배경과 그 성격」,『韓國思想史學』6, 1994, 221쪽.

7) "마을미륵은 마을주민들이 마을 입구나 인근지역에 자연석을 미륵불로 조형하여 세워놓고 민중구원을 위한 미륵하생을 기원하거나 마을공간을 미륵정토세계로 구현하기 위하여 제작한 석불상을 말한다"(송화섭,「조선후기 마을미륵의 형성배경과 그 성격」,『韓國思想史學』6, 1994, 275쪽).

선의 비결을 받은 능긍(能兢)이 법화경과 천태지자(天台智者)의 일심삼관선법(一心三觀禪法)의 비보적 공능을 말하고 있다.

이상의 논의를 토대로 불교적 비보관을 한마디로 요약하면"불법으로 자연을 보살펴 불국정토를 이룩함"이라고 할 수 있다. 「高麗國師道詵傳」의 인용문에는 불교에서 바라본 비보적 관념을 잘 드러내고 있다.

> "사람이 만약 병이 들어 위급할 경우 곧장 혈맥을 찾아 침을 놓거나 뜸을 뜨면 곧 병이 낫는 것과 마찬가지로, 산천의 병도 역시 그러하니 이제 내가 점을 찍은 곳에 사찰을 짓거나 불상을 세우거나 탑을 세우거나 부도를 세우면 이것은 사람이 침을 놓거나 뜸을 뜨는 것과 같은지라. 이름하여 말하기를 비보라고 한다."[8]

梵海覺岸이 비보에 관해서, "부처는 큰 의사이니 산천 토지를 다스리면 흉함과 길함이 이로움으로 바뀐다. 비보설은 약쑥과 같다."는 말도 같은 맥락으로 볼 수 있다.[9] '산천을 보살핀다'는 관념은 '땅을 고친다'는 적극적인 태도로서의 의지법(醫地法) 또는 혈맥법(血脈法)으로 발전하였다.

> "도선 국사는 이에 침과 뜸의 혈맥 법을 써서 恩津의 땅에는 큰 사람 모양의 석불을 세우고, 운주의 골짜기에는 천개의 불상과 탑을 세움으로써 가히 돛대와 노를 이루었다 할 것이니 능히 가벼이 요동하는 배를 바다 가운데서 보호하고 안정케 할 수 있는 것이다(「日封庵記」)."
> "부처의 道를 빌어 약쑥으로 삼아 산천의 병든 땅을 치료하도록 하십시오. 결함이 있는 땅은 사찰을 지어 보완하고, (땅의 기세가) 과도한 곳은 불상으로써 누르며, 달아나는 곳은 탑을 세움으로써 머무르게 하

『朝鮮寺刹史料』下, 377~379쪽(최원석, 『嶺南地方의 神補』, 고려대학교 박사학위논문, 2000, 59쪽에서 재인용).

8) 『朝鮮寺刹史料』下, 377~379쪽(최원석, 『嶺南地方의 神補』, 고려대학교 박사학위논문, 2000, 59쪽에서 재인용).
9) 梵海覺岸, 『東師列傳』券1, 「道詵國師傳」; "佛者大醫王也, … 以治山川土地, 則凶害變爲吉利, 禪補之說, 比如艾也."(최원석, 59쪽 각주 재인용)

4장 동양사상에서의 환경관과 행복한 삶, 그 장소성

4장 동양사상에서의 환경관과 행복한 삶, 그 장소성 199

며, 등진 땅은 당간으로써 불러들이니, 해치러 드는 것은 방지하고, 다투려는 것은 금지시키며, 좋은 것은 북돋아 키우고 길한 것은 선양하게 하니, (비로소) 천하고 태평하고 법의 수레바퀴가 스스로 굴러가는 것입니다(「白雲山 內院寺 事迹」)."

이상의 내용에서처럼 자연의 결점은 불법(佛法)으로 보완하고 조절할 수 있다는 불교적 비보관과 비보적 태도를 낳았다.

2. 선가지리설(禪家地理說)

인간은 현실적인 존재로서 이상의 꿈은 현실로 되돌아오기 마련이다. 일찍이 중국에서는 '불토(佛土)'를 천상(天上)에서 지상으로 끌고 내려와 건립할 것을 희망하였다. 이 임무를 완수한 것은 선종(禪宗) 가운데의 남종(南宗)이었다.[10] 慧能은 『六祖壇經』에서 "불(佛)은 자성(自性)이 작(作)한 것이니 몸 밖에서 구하지 말라(佛是自性作 莫向身外求)."고 경계하면서, 심지(心地)의 각성이 곧 서방정토와 다르지 않음을 설파하였다.[11]

선(禪)은 사상적·역사적·지리적인 혁명아로 탄생했다. 선을 불교의 한 종파나 사상이라는 좁은 범주로 가두어 버리면 그 생명력은 죽어버리고 만다. 선은 기존의 지리사상을 포함하여 모든 굳어 있고 차별적인 상(相)을 해체시켜 버리는 대 자유와 대 평등의 사상인 것이다. 선기(禪機)는 기존의 모든 것을 비워버린 자리에서 비롯한다. 그것은 맑은 샘물이 줄기차게 솟아오르듯 순간순간의 섬광 같은 우주적 생명의 발

---

10) 陳正炎·林其金炎 著, 이성규 역, 『중국의 유토피아 사상』, 지식산업사, 1990, 270~273쪽(최원석, 60쪽 재인용).

11) "自心地上 覺性如來 尨大智慧 光明照耀 六門淸淨 照破六欲諸天 下熙三毒若除 地獄一時消滅 內外明徹 不異西方".

현일 뿐이다. 시간적으로 과거나 미래는 허상이고 구속일 뿐 그래서 과거도 미래에도 마음을 둘 수 없어 오직 지금 이 순간만 실재한다. 공간적으로 저 곳이나 그 곳은 굴절된 가상의 장소일 뿐 서방에 있다는 극락정토도 선에서는 인정치 않는다. 다만 선(禪)에서 정토(淨土)는 '이 순간 현재의 나에게' 있을 뿐이다.

선(禪)은 모든 것에 불성(佛性)이 있다고 선언하였다. 불교사(佛敎史)에서 '無情物 佛性'에 관한 논의는 이미 6세기부터 중국에서 제기되었는데, 그것은 산천초목 등 무정의 자연물에게도 불성이 두루 있어 성불할 수 있음을 밝히는 학설이다. 따라서 국토에도 불성이 있다면 어느 장소든지 불성이 있다는 해석으로 이끌 수 있는 것이며 풍수적 용어로 표현한다면 모든 장소가 명당(明堂)의 가능성을 지니고 있다는 뜻이 된다. 이러한 사상은 풍수의 좁은 뜻의 명당 관을 부정하고 나선 셈이다. 왜냐하면 풍수적 명당은 제한적이고 우열적이며 차별적인 관점을 바탕에 깔고 있기 때문이다. 바로 이런 점에서 선(禪)의 혁명성과 긍정적 보편성, 그리고 민중성을 발견할 수 있다. 누구나 부처의 성품을 지니고 있다는 대중 불교 사상이 귀족불교와 현학불교의 높고 비좁은 문을 타파하고, 온 민중들에게 부처에게 이르는 길을 열어 주었듯이, 어디나 명당이 될 수 있다는 선적(禪的)인 명당 관이자 신 풍수(新風水)관이라 할 수 있다. 이는 기존의 왕족들이나 귀족들에게 독점되었던 명당과 영지(靈地)에 집착된 좁은 풍수를 밀어 제치고 여느 고을의 산사나 평범하게 들어선 마을도 명당이 될 수 있는 가능성을 열어 놓았던 것이다. 그 이론적 기초가 바로 지리 비보설(地理裨補說)이다.

선종의 지리사상은 궁극적으로 현재 있는 자리의 선(禪)적 긍정에서 출발하며, 풍수적 이해에 있어서도 자연조건에 지나치게 집착하거나 호오를 차별하지 않고, 결점이 있는 곳은 인문적인 노력으로 보완해 나가면 좋은 터전이 될 수 있다는 혁명적이고 민중적인 풍수사상으로 탈바꿈 시켰다. 이는 도선을 종(宗)으로 하는 선가지리설(禪家地理說)의 새로운 패러다임이었던 것이다.

Ⅲ. 풍수(지리)사상과 발복 기원, 비보(裨補)의 원리

풍수지리사상은 장소의 지형과 방위 및 물의 조건을 고려하여 길지를 선택하고, 그 곳에 무덤이나 집을 지음으로써 발복을 기원하는 택지술(擇地術)의 일종이다. 이 사상은 죽은 이의 무덤자리를 정하는 음택 풍수와 집터나 취락의 위치를 잡는 양택 풍수로 나누어지는 동양 특유의 택지기술 신앙으로 발전하여 왔다. 이 풍수지리사상이 한반도에 도입된 이후 한국인의 사유구조 안에 깊이 자리 잡아, 일반인의 현실 생활뿐만 아니라 정치적으로도 자주 이용되었으며 국가적 운명과 관련하여서도 깊이 논의되어 왔다.12)

한국의 국토는 구석구석 풍수의 세례를 받았고, 한국인의 전통문화는 풍수와 깊이 연결되어 있다. 그렇기 때문에 풍수원리와 그것이 한국인의 생각에 미친 영향을 고려하지 않고는 한국 문화를 제대로 이해한다는 것은 거의 불가능하다고까지 말할 수 있다. 그리고 풍수와 관련된 한국사상의 연구과제는 실로 산적해 있다고 여겨진다. 따라서 한국사상

---

12) 풍수지리사상이 전통적으로 한반도에서 발생한 것이냐 중국으로부터 건너온 것이냐 아니면 전통적으로 발생한 바탕위에 건너온 사상이 더해진 것이냐에 대해서는 학자들의 견해가 다양하다.

을 연구하는 사람들은 풍수사상을 어느 정도 이해하는 것은 필요하다.

이러한 까닭으로 풍수지리사상은 이미 역사학이나 지리학, 문학 및 철학 분야에서 주목을 받아왔다. 그리고 특히 문화지리학과 건축학 분야에서 풍수의 원리와 그 적용 과정에 관한 본격적인 연구가 시도되었다. 최근에 이르러서 풍수지리사상은 환경학 내지 생태학과 관련해서 다시 주목받고 있다.

오늘날 일부 연구자들은 풍수지리사상을 일종의 종교적 차원에서 실천하고 접근하는 것으로 보인다. 이로 인하여 풍수지리사상에 대한 객관적 연구가 오히려 저해되고 있는 상황이기도 하다. 그러므로 풍수지리 연구자들은 풍수지리사상에 대한 입장을 명확히 할 필요가 있다. 즉, 풍수지리를 지관(地官)이나 명당의 발복을 증언하는 입장에서 서술할 경우에는 학문의 범위를 벗어난다고 생각된다. 이 주제는 어디까지나 풍수사상을 객관화하여 보고 풍수지리설이 어떻게 '자연에 대한 태도'에 영향을 미쳤으며 어떻게 당대 사회에 영향을 미쳤는가 등을 객관적으로 밝히려는 입장에서 연구되어야 한다. 이와 같은 입장이 견지될 때에만 풍수지리사상에 대한 학문적 접근의 가능성이 확인될 수 있기 때문이다.

그러나 여기서는 초점을 풍수지리 사상의 개략 및 발복 기원에 맞추고 우리 조상들이 과거에 어떻게 자연과 지형을 바라보았는가를 검토하며, 그것이 오늘날에도 영향을 미쳐 우리들의 행복 관에 어떤 영향을 주고 있는가에 주목하고자 한다. 그리고 환경결정론적 측면의 풍수지리 환경을 인위적으로 보하려 했던 조상들의 지혜인 비보(裨補)의 내용을 살피기로 한다.

1. 풍수지리사상

풍수지리설은 현대 통용되고 있는 서양적 개념으로 볼 때는 종교나 과학이나 미신 중 그 어느 것 하나로 딱 집어서 분류하기는 어렵다. 풍수는 종교적, 합리적(과학적), 미신적인 면이 다 조금씩 녹아들어 있는 택지술인 것이기 때문이다. 한국문화에 심각한 영향을 미쳤고, 지금도 우리 한국사회 일부에서 인기를 끌고 있는 풍수지리사상의 이론과 신앙은 다음의 몇 가지 조건을 전제로 한다.

> 첫째, 풍수는 지표 가까운 땅속에 생기가 흐르고 있음을 전제한다.
> 둘째, 생기는 길지(吉地)에 고여있다가 집이나 무덤을 쓰면 좋은 영향을 미친다.
> 셋째, 길지인지 흉지인지는 풍수에서 말하는 지형과 방향에 달려 있다.
> 넷째, 풍수원리는 명당을 소유한다고 해서 발복하는 것이 아니다.

지표 가까운 곳에 생기가 흐르는 것을 전제할 때, 이 생기는 항상 어느 곳에서부터 어느 곳으로 흘러가고 있는 유동적인 것인데. 이것은 모든 생명을 낳게 하고 유지하게 하는 힘의 원천이라고 한다. 풍수 고전 술서 가운데 가장 중요한 『금낭경(錦囊經)』 또는 『장경(葬經)』이라고도 알려진 郭璞(276~324)의 『장서(葬書)』에 의하면 생기의 원천은 음양의 기(氣)인데, 이 기운이 입으로 트림을 하듯이 뿜어 나오면 바람이 되고 바람이 올라가면 구름이 되고, 구름이 싸우면 천둥이 되고, 구름(천둥)이 내려오면 비가 되며, 비가 땅속으로 스며들면 생기가 된다고 했다.[13] 따라서 생기는 땅속으로 흘러다니거나 땅 속에 고여 있는 것이

---

13) 郭璞, 『葬書』, 臺灣竹林書局, 1967, 1쪽(윤홍기, 『한국 풍수지리 연구의 회고와 전망』, 2003, 14쪽에서 재인용).

고 땅 밖으로 빠져 나오면 바람도 되고 구름도 되어 생기로 쓸 수 없게 변해 버린다는 것이다. 생기를 현대 한국말로 옮기면 식물의 자양분이나 영양소와 비교할 수 있다. 육안으로 보지는 못하지만 식물이 크는 것을 보고 그 땅의 비옥도를 알 수 있는 것과 같이 발복하는 것을 보고 풍수에서는 그 땅에 생기가 고여 있는 것을 아는 것이라고 볼 수 있다.[14]

이러한 생기가 풍수적으로 길지(吉地)인 땅 속에 고여 있다가 사람이 집이나 무덤을 그곳에 쓰면 그 사람에게 좋은 영향을 준다는 것인데. 다시 말하자면 땅 속의 생기가 살아있는 사람에게 감응(感應)된다는 것이다. 이 전제는 곽박의 『장경』에 나와있는 다음과 같은 이론에 기초를 두고 있다.

> 땅 속에 묻힌 시체는 생기를 탄다(입는다). 땅속에는 오기(五氣. 다섯 가지 생기)가 흘러다니는데. 사람은 곧 부모가 남긴 몸이다. (그래서 땅속에 묻힌) 부모의 본 몸(뼈)이 생기를 받으면 자손(남긴 몸)도 복(생기)을 받게 된다.[15]

이 풍수 논리에 의하면 생기가 고여 있는 좋은 땅에 죽은 조상이 묻혀서 생기에 감응이 되면 그것이 살아 있는 자손에게 직접 전달된다는 것이다. 왜냐하면 부모와 자손은 같은 기를 나누고 있고, 자손은 조상이 남긴 몸으로서 본질적으로 조상과 같은 몸이기 때문이다. 곽박은 이러한 조상과 자손의 관계를 다음과 같은 신비적인 예를 들어 설명하고 있다.

> 경은 말하길 귀신으로부터 (생기의) 기운이 (조상의 뼈에) 감응되어 복이 사람(자손)에게 전달된다. 이것은 마치 서쪽에 있는 구리 광

---

14) 尹弘基,「風水地理說의 本質과 起源 및 그 自然觀」,『韓國史 市民講座』14, 1994, 188~189쪽.
15) 郭璞, 위의 책, 1쪽.

산이 무너지자 동쪽에 있는 영종(靈鍾)이 우는 것과 같고, 봄에 나무에 꽃이 피자 방에 있는 밤이 싹이 나는 것과 같다.

구리 광산과 종의 감응관계에 관한 비유는 옛날 중국 한(漢)나라 때에 미앙궁(未央宮)의 지붕에 매달아 놓은 구리종이 스스로 울어서 그 까닭을 알아보니 종이 울었던 바로 그 시각에 구리를 캐 내어온 광산이 무너졌다는 옛 이야기에 의한 것이다.16) 이렇게 구리 광산(부모)과 구리종(자식)은 서로 같은 기운을 나누고 있기 때문에 부모 쪽이 큰일을 당하면 자식 쪽이 그 영향을 받는다는 것이다. 곽박은 구리광산과 구리종이 같은 구리 기운을 나누어 갖고 있어서 서로 감응하는 것과 같이 무덤 속에서 생기에 감응된 부모의 기운이 자손에게 감응한다고 했지만 어떤 경로로 어떻게 감응되는지를 설명하지는 않고 있다. 곽박의 『장경(葬經)』에 의하면 설명이 안 되는 신비적인 수단에 의하여 그렇게 감응된다는 것으로 짐작할 수밖에 없다.

봄철에 나무에 꽃이 피는 것과 방에 있는 밤이 싹이 나는 것과 같은 관계도 마찬가지로 두 가지 모두가 같이 계절적인 봄기운을 나누고 있다는 것을 암시할 뿐 기운의 감응과정은 설명하지 않고 있다. 이러한 곽박의 논리에 의하면 땅 속에 묻힌 죽은 조상과 살아 있는 자손은 생기를 같이 나누어 갖고 있으므로 그들의 기운도 신비적인 방법으로 서로 감응한다고 해석할 수 있다. 이러한 곽박의 풍수 생기론의 논리적 전제를 현재 풍수를 논하는 학자들은 친자감응론(親子感應論) 또는 동기감응론(同氣感應論)이라고 하는데 이러한 용어들은 재래 전통적인 풍수지리 용어가 아니고 근대에 만들어진 말로 여겨진다.17) 특히 무라야마지준(村山智順)의 『조선의 풍수(朝鮮の風水)』에서 처음 나온 용어로

---

16) 최창조 역, 『청오경; 금낭경』, 민음사, 1993, 65쪽.
17) 윤홍기, 『한국 풍수지리 연구의 회고와 전망』, 2003, 15∼16쪽.

여겨지기도 하지만 그 이전에도 이러한 용어가 쓰였는지는 더 조사해 볼 만하다.

이 곽박의 동기감응 논리 때문에 땅 속에 묻힌 조상의 뼈를 통하여 땅 속에 고인 생기를 직접 받을 수 있는 음택 풍수가, 살아 있는 사람이 땅 위에서 땅 속의 생기를 받아야 하는 양택 풍수보다, 더 효율적이고 보게 되었고 그래서 음택 풍수가 더 성행하게 된 것이 아닌가 판단하기도 한다.[18] 명당의 생기를 입는데 있어서 음택이 양택보다 보다 더 효율적이라고 볼 수 있는 풍수 논리는 곽박의 『장서』에서 비로소 찾아볼 수 있다.

풍수에서는 땅은 발복할 수 있는 길지가 있는 반면에 액운을 초래할 수 있는 흉지가 있다고 하는데, 땅속에 흘러 다니는 생기가 풍수적으로 길지의 조건에 맞는 곳에서는 흘러 나가지 않고 고여 있다고 보기 때문이다. 좋은 땅과 나쁜 땅은 생기의 존재여부로 구분된다.

땅이 길지인지 흉지인지를 알아내는 방법은 오직 풍수에서 말하는 지형과 방향조건에 의한다. 풍수서에서는 복잡하고 세세한 조건들을 경우에 따라서는 아주 모호하고 신비스러운 말투로 제시하고 있다. 이러한 표현은 풍수를 신봉하는 일반인들에게 강한 영향력을 행사할 수 있는 풍수 술을 소수의 풍수 전문 술사들이 독점하기 위한 것으로 볼 수 있다. 그래서 일반인들이 들어서는 무엇인지 금방 이해하기 힘든 용어나 말투로 풍수의 원리를 논했고, 또 발복의 예언이 빗나갈 경우에 변명할 수 있는 여지를 마련하기 위하여 그렇게 표현한 것이 아닌지 고려해 볼 대상이다.

풍수 원리는 명당 즉, '좋은 땅'을 발견하고 소유한다고 해서 발복하는 것이 아니다. 오직 사람이 명당에 묘를 쓰든지 집을 짓든지 하여 직

---

18) 윤홍기, 위의 책, 16쪽.

접 관계했을 때만 발복한다고 한다.

　이상에서 논한 조건 중 어느 하나라도 빠지면 지관들이 의존하고 있는 풍수 이론과 민간인들의 풍수신앙은 성립되지 않는다. 풍수라고 하는 말 자체가 장풍득수(藏風得水)에서 왔다는 것은 곽박의 『장경(葬經)』으로부터 비롯된 말이다. 양택 풍수와 음택 풍수는 그 기본원리가 일치하고 현재 쓰고 있는 풍수원리의 문헌적인 근원은 주로 『장경』에서 찾는다. 중국에서는 곽 박 이후 풍수 술이 방위를 위주로 하여 길지(吉地)를 평가하는 종묘법(宗廟法, 일명 방위법)과 지형, 즉 산의 모양과 물의 흐름새를 위주로 하여 길지를 평가하는 강서법(江西法, 일명 형세법)으로 나뉘어졌다는 것은 잘 알려진 사실이다. 종묘 법은 방위법이라고도 하는데 복건지방에서 시작되었다고 전해지며 강서법은 다른 이름으로 형세법(形勢法)이라고도 한다. 아마도 지형의 변화가 적어 지형을 위주로 길지를 고려하기 힘든 평야지대에서는 방위법이 보다 중요시되어 우세했고, 굴곡이 심한 산악지대에서는 형세법이 우세하였던 것으로 보인다. 그러나 이 두 가지 학파는 방위와 지형 가운데 그 어느 한쪽을 강조한다는 정도였지 다른 쪽을 무시하는 관계가 아니었고 가능하다면 이 두 가지 학설을 주장하는 학파가 모두 지형조건을 길지 평가의 바탕으로 삼았다. 이러한 현상은 평야지대에서 한 치 높은 곳은 산이요, 한 치 낮은 곳은 물로 본다는 풍수 격언으로도 짐작해 볼 수 있다.

　우리나라에 있어서는 방위법과 형세법이 갈라지지 않았고, 지형을 위주로 하여 길지를 찾은 다음 방위를 고려하였다. 그래서 장풍득수의 우리나라 풍수지리 입지론은 주로 배산임수(背山臨水)의 지형적 조건으로서 풀 수 있다. 즉 풍수에서 찾고 있는 '좋은 땅[明堂]' 자체는 마른 땅이어야 하나 뒤로 산이 있어 찬바람을 막아주고, 앞에는 물을 가까이 하고 있는 곳이라고 한다. 이러한 땅은 안락의자에 앉은 것과 같이 전면이 남쪽 방향으로 트이고 나머지 세 방향이 산이나 언덕으로 에워싸인 곳, 즉 우리 농촌 시골에서 사용하던 삼태기같이 생긴 곳이 안락하고 좋은 땅이라고 여겼다. 이러한 조건을 현재 우리나라의 풍수지리설에서 사용하는 전문용어를 빌려 자세히 이야기 하면 다음과 같다.

첫째, 길지(吉地, 明堂)는 내룡(來龍, 즉 山脈)이 길고 살아있는 용같이 구불거리며 혈처(穴處)로 연결되어야 한다. 둘째, 혈처(明堂)의 뒷산이 바로 주산(主山)이다. 셋째, 주산에서 좌측으로 뻗어 나와 혈을 감싸고 있는 산을 청룡(靑龍)이라 하고 우측으로 뻗어 나와 있는 혈을 옹위하는 산을 백호(白虎)라 한다. 넷째, 혈(명당) 자체는 땅 속이나 지표에 물이 없는 마른 땅이어야 하지만 그 앞에는 물이 있어야 한다. 다섯째, 명당 앞에 좀 떨어진 곳에 안산(案山)과 조산(朝山)이 명당을 앞에서 보호하며 주산을 향해 절하는 형이나 시중드는 형을 좋은 형이라 한다. 여섯째, 명당은 바람이 자는(없는) 곳이어야 한다. 일곱째, 혈(명당)의 흙, 특히 무덤일 경우에는 흙이 콩가루를 빻아 놓은 것 같이 고운 황토(loess)를 제일로 친다. 여덟째, 이러한 조건이 갖추어진 곳이 길한 방향으로 향하고 있으면 좋은 땅이다. 좋은 방향이란 대체로 햇빛을 잘 받을 수 있는 남쪽 또는 동남쪽을 말하는 경우가 많은데 신비적인 길방(吉方)은 오직 풍철(佩鐵)을 보아 지관이 결정할 수 있다고 한다. 아무리 좋은 명당이라도 좌향(坐向)을 잘못 잡으면 재앙을 부른다고 할 정도로 좌향은 풍수에서 중요시된다.

이상에서 말한 조건들을 종합해 본다면, 뒤편 즉 서북쪽에 산이 있어 겨울에 추운 바람을 막아주고, 앞(남쪽)에 냇가나 호수가 있는 땅이 복이 있는 곳[福地]으로 알려져 있다. 이러한 조건은 고대 중국의 북부 황토고원에서 주민들이 추운 겨울을 지나기에 좋은 환경과도 일치한다. 이러한 풍수 택지원리들은 모두가 살고 있는 사람의 이상적인 집터 조건, 특히 황토고원의 황토 굴집을 마련할 때 절실히 필요한 조건들이 아니었나 여겨진다. 이러한 택지 조건들을 분석해 보면 집터나 묘지 터를 잡는 원칙에 있어서는 차이가 없다. 죽은 사람이 묻혀 있는 터가 살아있는 사람의 집터와 같은 조건이어야 한다는 발상은 무덤 즉 죽은 사람의 집터와 죽은 사람의 사후(死後) 생활을 살아있는 사람에 비추어서 유추한 결과라고 보인다. 고대인들은 죽은 사람도 산 사람과 같은 생활 조건을 필요로 한다고 생각했으며, 죽음을 삶의 연장으로 본 것 같다. 그래서 죽은 사람도 살아있는 사람처럼 취급하여 죽은 조상에게 제사 지낼 때는 음식을 많이 차렸고, 무덤 터도 집터와 같아야 한다고 본 것 같다. 그렇게 보는 이유는 양택과 음택의 택지원리가 같고 그 원리는 살아있는 사람의 이상적인 집터 조건을 충족해야하는 것인지를 설명하려는 것과 같기 때문이다.

2. 비보(裨補)와 풍수

비보는 지리비보와 동의어이다. 자연의 지리적 여건에 인위적, 인문적인 사상(事象)을 보태어 보완하고 주거환경을 조정·개선함으로써 이상향을 지표공간에 구성함을 목적으로 한다. 비보의 역사적 형태로는 불교적 비보와 풍수적 비보가 대표적이며, 비보는 풍수와 결합하여 비보풍수론으로 발전하였다.

비보의 문헌적 용례는 『高麗史』와 『朝鮮王朝實錄』 등 고려 및 조선시대 관련 문헌에 다수 나타난다. '비보(裨補)'는 '산천비보(山川裨補)'와 동의어로 사용되었으며, 조선왕조실록에는 풍수적 조건을 보완하는 개념의 일반명사로 쓰였다.[19] 비보의 성립 근거는 철학적으로 자연과

---

19) 『世宗實錄』, 30년 3월 8일 ; 『文宗實錄』, 7년 4월 18일 條의 記事 등 많은 용

인간(혹은 문화)의 상보(相補)원리에 토대를 두고 있으며, 문화 생태적으로는 환경에 대한 일종의 문화적응으로서 조화를 증대시키기 위한 반응의 방식이다.[20]

비보는 지리(풍수)적 조건을 보완하는 인문적 행태를 일컫는 범주로서, 자연과 문화의 상보적 논리에서 출발한다. 자연에 대한 태도 및 관계에 있어서도 풍수적 성향이 자연에 대해 의타적이고 환경결정론적인 경향을 띠는 것에 비해서 비보적 성향은 자연에 대해 사람의 능동적이고 가능론적인 전망을 제시한다. 비보는 풍수상 흉지 일지라도 적정한 비보적 수단과 방책을 길지로 바꿀 수 있으며, 사람은 지기(地氣)의 영향을 조절할 수 있는 조정자로서의 위상을 지닌다. 풍수론의 논리체계는 명당이 어디인지를 찾는 '택지론'이지만, 비보론은 자연환경과 균형을 이룸으로써 주거적지로 가꾸는 '조경론'의 논리를 지닌다.[21] 곧 풍수는 자연의 상서로운 영향하에 있을 수 있는 장소와 방법을 가르치나, 비보는 사람이 환경에 조화롭게 살 수 있는 적지(敵地)로 가꾸는 방법을 가르친다. 따라서 비보는 사상사적으로 기존의 '불교적 영지(靈地)관'이나 '풍수적 명당(明堂)관'으로 대표되는 우열적이고 차별적인 지리관에 대한 설명이자 새로운 지리 사상적 패러다임이다.

비보적 관념은 원시 신앙 및 주부신앙(呪符信仰)에까지 거슬러 올라갈 수 있고, 지리 혹은 지력비보(地力裨補)는 이러한 신앙이 토지의 힘을 증가시키는 일에 응용된 것이다. 비보관념은 풍수설에 의해 시작된 것은 아니지만[22] 사상사적으로 풍수와 긴밀히 결합하여 영향을 주고받

례가 있다(최원석, 『嶺南地方의 裨補』, 고려대 박사학위논문, 2000, 19쪽 각주 재인용).

20) 조화는 순응(adjustment), 반응(reaction), 철회(withdrawl)의 적용방식에 의해 증대될 수 있다(William Norton, *Exploration in the Understanding of Landscape : A Cultural Geography*, Greenwood press, 1989, p.935).

21) 최원석, 위의 논문, 2000, 20쪽.

앞으며 그 과정에서 비보풍수론으로 전개, 발전하였다.

비보양식의 유형은 역사적 전개과정, 사상적 속성, 비보수단의 성격, 공간단위별로 각각 분류할 수 있다. 역사상 전개된 순서대로 비보양식을 구분하면 크게 네 가지의 유형으로 나눌 수 있는데, 불교적 비보, 불교와 풍수적 혼합 비보, 풍수적 비보, 민간 신앙적 비보가 그것이다. 불교적 비보는 비보동기와 비보수단 그리고 비보기능 및 과정이 모두 불교적인 비보형태로서, 불력(佛力)에 의존하는 신앙적인 성격을 띤다. 불교비보의 이론적인 바탕은 밀교사상(密敎思想)에 바탕을 두고 있으며 신라시대에 사찰과 불탑 등을 비보수단으로 한 진호사탑(鎭護寺塔)이 대표적인 형태이다. 불교적 비보는 통일신라시대와 고려시대에 걸쳐 전국적으로 성행하였으나 조선시대에 들어와서는 억불책으로 말미암아 쇠락하였다.

한편 불교와 풍수의 혼합적 비보는 비보 동기 및 입지선정에 있어서 풍수적이나 비보수단은 불교적 양식을 사용하고 비보기능 및 동력은 불력(佛力)신앙에 의지한다. 이러한 복합 유형은 불교적 비보와 풍수적 비보의 과도기에 나타나는 점이적 형태로서, 풍수사탑이 대표적인 일반 명칭이다. 이것은 나말려초에 도선의 비보사탑설로 정리되어 고려조에 와서는 국토계획과 운영의 이데올로기로 기능하였다.

풍수적 비보는 비보동기와 수단 그리고 기능 및 과정, 입지가 모두 풍수사상에 근거를 두고 있으며, 음양 오행론과 유사법칙을 비보적으로 응용하기도 한다. 풍수적 비보는 고려시대 개경의 도성(都城)에서 본격 운용되었으며 조선조에 와서 도읍과 마을 등에 다양한 형태와 기능성을 지니면서 매우 성행하였다.

---

22) 村山智順, 『朝鮮の風水』, 朝鮮總督府, 1931, 773~774쪽(최원석, 21쪽 각주 재인용).

민간 신앙적 비보는 조선 중·후기에 촌락에서 주로 시행하였으며 민간신앙의 속성상 복합적인 비보수단과 비보형태를 나타낸다.

비보 풍수론은 풍수의 산(山), 수(水), 방위(方位)에 문화 요소를 더하여 4자의 상호조합으로 구성된다. 비보풍수론은 이처럼 자연적 요소에 신앙, 상징, 조경, 놀이 등의 문화적 요소가 복합되어 재구성된다. 한국풍수의 구성체계는 크게 택지론(擇地論 또는 相地論)과 비보론(裨補論)을 이룬다. 한국풍수의 종(宗)을 이루는 도선(道詵)의 풍수에 의하면 지리에는 곳에 따라 쇠왕(衰旺)이 있고 순역(順逆)이 있으므로 왕처(旺處)와 순처(順處)를 택하여 거주할 것과 쇠처(衰處)와 역처(逆處)를 인공적으로 혹은 불력(佛力) 즉, 사탑을 통한 비보를 행하거나 기(氣)를 진압할 것을 주창하였다.[23] 여기서 택지론이란 명당과 길지가 어디인지를 감별하고 찾는 논리체계로서 간용법(看龍法), 득수법(得水法), 정혈법(定穴法), 좌향론(坐向論), 형국론(形局論)의 체계로 구성되고, 비보론은 지리적 조건의 결함을 보완하고 적지(敵地)로 조성하는 논리체계이다.

풍수를 택지론과 비보론으로 구분할 때, 택지론이 입지적 성격이 뚜렷한 이론풍수라면 비보론은 조경적인 응용풍수라고 할 수 있으며 주민들이 주거생활에서 현지의 환경특성에 적합하도록 풍수를 능동적으로 활용한 생활풍수라 할 수 있다.

3. 비보 풍수의 구성

비보 풍수론 중에 대표적인 용맥(龍脈)비보, 장풍(藏風)비보, 득수(得水)비보, 형국(形局)비보에 대해 간단히 살펴 볼 필요가 있다. 풍수 원전인 『靑鳥經』, 『錦囊經』에 근거하여 설명하면, 용맥비보(龍脈裨補)란 명

---

23) 이병도, 1947, 『高麗時代의 硏究』, 亞細亞文化史, 29쪽.

당을 이루는 용맥(龍脈, 즉 主脈)의 형세와 기운을 조정하여 적정 상태로 맞추는 것으로써, "산래(山來)하지 않고 산수(山囚)하거나 산돈(山頓)하지 않고 산주(山走)할 경우", "동산(童山), 단산(斷山), 석산(石山), 과산(過山), 독산(獨山), 핍산(逼山), 측산(側山)일 경우", "산기(山氣)가 쇠하였을 경우"가 비보의 대상이 되는데, 이럴 때 보상(補上) 또는 산을 만들거나(造山) 숲을 조성하여 생기를 북돋고 이상적인 상태로 맞춘다. 특히 산기(山氣)가 쇠하였거나 동산(童山)일 경우에는 소나무를 식목하여 생기를 배양하였다. "생기는 음양이 충화하고 초목이 울창, 무성하여야 있는 법이다."[24]

　　장풍비보(藏風裨補)는 풍수상 장풍적 조건을 보완하는 것이다. 『靑鳥經』에서 말하고 있는 바 이상적 지형은 '사합주고(四合周顧)'라 하여 주위 사방의 산수가 두루 감싸인 듯하여 좌우 전후에 비거나 빠진 것이 없어야 한다고 하였다. 이는 풍수에서 말하는 명기(明基)의 조건을 말한 것으로서, 만약 이러한 조건이 충족되지 못한 지형에서는 장풍비보가 필요한 것이다. 그리고 '용호(龍虎)'가 거할 경우 반드시 머리를 돌려야 하나 쭉 빠져나가 잠그지 않을 경우도 비보의 대상이 되는데, 이 경우는 명당을 중심으로 한 좌우의 지세가 주거지를 감싸 안지 못하고 벌어졌거나 빠지는 형세이기 때문이다. 장풍비보 역시 주로 숲이나 인공적 산을 만들어 보한다. 득수비보(得水裨補)는 기지(基地)의 자연 수(水)의 흐름을 풍수상 적정 조건으로 조정, 보완하는 비보 법으로서, 풍수의 득수 조건은 일반적으로 '수회(水回)'하거나 '수곡(水曲)'하여야 한다고 하며, 혹은 '전수(前水)의 법(法)'은 매번 굴절할 때 고였다가 빠져나가야 하며, "나를 돌아보면서 머물고자 하여야" 하나 반대로 '수류(水流)'하거나 '수직(水直)'하면 흉한 경우가 되지만 이럴 때 수정보완책으로서

---

24) 沖陽和陰 草木鬱茂 乃有生氣.

유로(流路)를 둥글게 파서 물이 주거지를 감돌아 흘러나가도록[水回] 한다든지, 혹은 못을 파서 물이 고였다 흐르도록 한다든지 숲을 조성하여 곧장 빠져나가는 물을 우회시키는 비보 법이 일반적으로 쓰였다. 지형적 조건에 따라 수로가 기지(基地)와 주산(主山) 사이를 가르면서 흐른 경우에 유로를 변경하여 기지를 둘러 흐르도록 하였다.

형국비보(形局裨補)는 지형의 형국 체계에 보합(保合)되는 장치를 하는 것으로서 예컨대 행주형국(行舟形局)상 "배의 노는 앞에 냇물을 얻어야 한다."고 했듯이 못을 파거나 돛대를 세우는 방책이 있다. 봉황형국(鳳凰形局)에 오동나무, 대나무를 심는 것도 널리 행해진 형국비보법이다. 형국 비보는 형국이 매우 다양한 만큼 장소적 특성에 따라 매우 독창적인 비보형태를 강구할 수 있다.

이상에서 풍수와 비보와의 관계를 살펴보았다. 비보는 자연과 인간 사이의 공간적 대립구조를 조화시키고 상보관계로 구성하는 조정 원리이자 실천 방식이다. 그것은 곧 동양사상과 문화의 궁극적 지향점인 자연과 인간의 통합 및 합일을 환경적으로 구현하는데 비보의 철학적 의의가 있다. 따라서 비보(裨補) 구성에서의 문화와 자연은 모순적 대립관계가 아니라 상생적 상관관계로 맺어진다.

오늘날 전 지구적으로 인류가 겪는 자연파괴와 인간성 상실이라는 문제가, 인간-자연 간의 상보적 관계에서 일탈되고 난조를 이루면서 비롯된 징후로 진단되고, 양자 간의 상보력이 어그러지고 깨짐으로 인해 발생하는 것이라는 인식이다. 따라서 인간과 자연의 관계가 철학적으로 근본이 다르므로, 유기적으로 상합하고 상보적 평형을 유지할 수 있는 지리적 존재양식을 창출하고 이를 환경과 장소 차원에서 끌어내는 일은 중요하다.

Ⅳ. 친환경 주거 입지와 행복 추구

신라 말에 들어왔다고도 하는 풍수지리는 왕건이 고려를 건국하고 수도를 정하는 것뿐 아니라 '훈요십조'의 내용 가운데 세 개 항목이 풍수에 관련된 것일 정도로 큰 영향을 미쳤다.[25] 당시 과거 시험에 지리업(地理業)을 두었고 지리박사와 지리생을 등용하여 풍수 전문가를 국가적으로 양성하였다. 조선을 건국한 이성계도 도읍을 정하는 데는 풍수 전문가인 무학의 조언을 따랐으며, 특히 중기 이후로는 개인의 주택지나 조상의 묘지를 정할 때도 풍수가 뿌리 깊게 작용했다. 묏자리가 없어진 지금은 납골 공원을 비롯하여 아파트 단지를 광고하는 선전지에도 '좌청룡', '우백호'의 명당이라는 문구를 쉽게 본다. 인테리어 잡지에서는 집안 내부에 가구를 두는 방법에 대해서도 좌청룡, 우백호의 원칙을 따르라고 조언하기도 한다.

우리나라에 풍수사상을 최초로 전한 사람은 신라 말의 승려였던 도선(道詵)으로 노년에 『도선밀기(道詵密記)』라는 책을 남겼지만 현재 전해지지 않고 다만 『고려사절요』에 관련 내용이 전한다.

> 산이 드물면 높은 집을 짓고, 산이 많으면 낮은 집을 짓는다. 산이 많은 것은 양(陽)이요, 산이 드문 것은 음(陰)이며, 높은 집은 양이요, 낮은 집은 음이다. 우리나라는 산이 많아, 만일 높은 집을 지으면 자손의 쇠퇴를 초래한다고 하였다. 따라서 태조 이래 궁궐 안에서 집을 높게 짓는 것을 막았을 뿐만 아니라 심지어 일반에게도 이를 금지하였다. 지금 들으니 조성도감에서 상국(중국)의 규모를 따라 층루의 고옥

---

25) 서윤영, 『집宇집宙; 지상의 집 한 채, 삶을 품고 우주와 통하다』, 궁리출판, 2005, 242쪽.

을 지으려 한다니, 장차 불의의 재화가 있을까 두렵다.

산이 많고 높은 우리나라의 지형을 감안할 때 고층보다는 저층의 평
옥을 짓는 것이 음양의 조화에 맞으니 궁궐과 민가에서는 높은 집을 짓
지 말라는 내용이다. 현재 고려시대의 가사제한 내용이 구체적으로 전
해지지는 않지만 2층집의 건축을 금지하는 항목이 포함되어 있었을 것
으로 추정되며, 이는 조선시대에도 계속되었다. 앞서 살펴 본 대로 조선
의 가사제한은 집터의 크기와 건물의 규모뿐 아니라 전체 건물의 높이,
한 칸의 크기, 기둥의 높이, 서까래의 굵기와 깊이까지 상세히 규정하였
다. 세종 22년에 정해진 가사제한에 따르면 민가에서 쓸 수 있는 기둥
의 높이가 대군, 2품에서 9품까지, 서인 등 차이를 두어 품계에 따라
정해졌다.[26] 2층집을 짓기 위해서는 건물 높이가 최소한 20척(6m) 이상
이 되어야 했고, 가장 높은 건물의 전체 높이를 18척으로 제한했기 때
문에 군이 2층집을 짓지 말라는 규정이 없어도 높이 제한 때문에 2층
건축이 불가능했다. 풍수지리와 그에 따른 가사제한, 이것이 바로 우리
나라에 2층집이 없었던 첫 번째와 두 번째 이유이다.

1. 한옥 공간의 장소적 과학성: 마당의 입지와 기능을 예로

우리나라에 지금껏 남아있는 고궁이나 전통가옥을 둘러 본 사람들
은 그 실내를 들여다 본 후, 왜 이렇게 협소하지? 과거 우리 조상들은
이렇게 좁은 곳에서 갑갑하지 않으셨나? 추운 겨울철 난방을 효율적으
로 유지하기 위해 주거 공간의 칸 배치를 이렇게 좁게 잡은 것일까? 등

---

26) 기둥 높이는 대군이 13척(3.9m), 2품에서 9품까지 12척(3.6m), 서인 7척(2.1m),
   한편 누각의 경우 대군이 18척(5.4m), 2품에서 9품까지 13척, 서인이 12척 등으
   로 정해져 후기까지 이 원칙이 지켜졌다.

등 여러가지 생각을 하게 된다. 여기서 우리는 전통주거의 일부분인 마당을 보는 시제를 거슬러 올라가 과거 당시의 눈으로 돌아가지 않으면 안 된다. 주목해야 할 것은 우리 전통 가옥에서는 주택의 본질이 지붕이 덮인 실내 공간이 아니라 마당을 중심으로 하고 있다는 사실이다. 과거 한옥에서 볼 수 있는 마당과 오늘날 주거에서 볼 수 있는 정원은 기능이 달랐다는 점이다. 전통 건축에서 마당이 실외로 확장된 생활공간이었다면, 현대 건축에서 정원은 조망과 휴식을 위해 예쁘게 꾸며놓은 공간일 뿐이다.[27] 현재 우리가 살고 있는 주택이나 아파트, 학교, 사무실 등 서구의 영향을 받은 근대 건축물은 실내 공간과 외부 공간을 명확히 구분하는 것이 특징이다. 현대 건축 및 주거에서는 마당이 아닌 정원만이 존재하는데, 우리는 현대 주거에 익숙해진 눈으로 과거의 건축을 보며 실내 공간이 좁다고 말하고 있다.

마당의 본디 어원은 '맏+앙'이다.[28] 즉, 가장 큰 으뜸 공간을 말한다. 중요한 행사는 항상 마당에서 치러졌으며 평상시에도 가장 자주 사용되는 공간이 마당이었다. 씨름 마당이니, 판소리 한마당이니, 마당놀이니 하는 말처럼, 단순히 판소리나 씨름이 행해지는 장소만을 뜻하는 것이 아니라 행위 자체를 이르는 말이기도 했다. 농가의 마당은 그야말로 '맏앙'이다. 추수한 곡식을 가져다가 탈곡하고 저장하고 가공하는 일을 비롯하여 가마니 짜기, 새끼줄 꼬기 등 농업관련 활동들이 이루어졌다. 이에 반해, 사대부가의 사랑마당은 조망과 휴식을 위해 만들어진 공적인 영역으로 깨끗하게 꾸며지고 조경이 잘 되어 정원과 비슷한 기능을 지녔다.

전통 혼례는 항상 마당에서 벌어진다. 요즘은 결혼식을 예식장이나 교회, 성당 등 실내에서 치르고 드물게 야외 결혼식을 하지만, 과거에

---

27) 서윤영, 『집宇집宙』, 궁리출판, 2005, 146~147쪽.
28) 여기서 맏은 '으뜸' 혹은 '큰' 이란 뜻이고, '앙'은 장소를 뜻하는 접미사이다.

혼례를 마루나 방안에서 치르는 것은 매우 이상한 일로 여겨졌다. 생일잔치, 회갑연, 돌잔치 등도 마당에서 치렀는데, 생일을 맞이한 당사자만 마루에 앉아서 상을 받고 나머지 사람들은 마당에 차일을 치고 앉아 상을 받는 것이 일반적이었다.

평상시에는 가사 노동이 이루어지는 공간으로 때로는 행사장으로 쓰이는 마당이었기 때문에 만드는 방법부터 관리하는 방법 그리고 피해야 할 것들이 몇 가지 있었다. 풍수지리는 마당 또한 하나의 혈(穴)로 인식하여, 사방이 산으로 둘러싸여 있는 좋은 형국을 만들기 위해 마당에도 사방에 나무를 심었다.

> 무릇 주택에 있어서 왼편에 흐르는 물과 오른편에 긴 길과 앞에 못, 뒤에 언덕이 없으면, 동쪽에는 복숭아나무와 버드나무를 심고, 남쪽에는 매화와 대추나무를 심으며, 서쪽에는 치자와 느릅나무를 심고, 북쪽에는 벚나무와 살구나무를 심으면 마땅히 청룡, 백호, 주작, 현무를 대신할 수 있다(조선후기 홍만선의 『山林經濟』에서).

조선후기 실학자 홍만선의 『산림경제』에 나오는 위의 내용은 마당의 풍수가 얼마나 중요한가를 알게 해준다. 동양의 전통적인 음양사상은 주택 내의 공간도 음과 양으로 나누었는데, 방과 마루를 포함한 실내공간이 음이요, 마당을 비롯한 외부 공간을 양으로 보았다. 음양이 조화를 이루기 위해서 마당의 존재는 필수였으며 좋은 양기를 받아들이기 위해 마당은 되도록 비우고 깨끗이 치워야 했다. 이런 이유로 해서 마당 가운데 서양처럼 수목을 심거나 잔디를 입히는 일을 하지 않았다. 마당 가운데에 큰 나무가 있으면 마당이 그늘지고 나무에 벌레가 끓어 집안으로 들어올 수 있으며, 특히 대문 앞에 큰 나무가 있으면 도둑이 숨기에 좋은 장소를 제공한다. 서유구의 『林園經濟志』에는 마당을 만들 때 좋은 조건과 피해야 할 조건을 설명하고 있다.

무릇 뜰을 만듦에 있어서 세 가지 좋은 점과 세 가지 피해야 할 점이 있다. 높낮이가 평탄하여 울퉁불퉁함이 없고 비스듬해서 물이 빠지기 쉬운 것이 첫째 좋은 점이요, 담과 집 사이가 비좁지 않아서 햇빛을 받고 화분을 늘어놓을 수 있는 것이 두 번째 좋은 점이요, 네 모퉁이가 평탄하고 반듯하여 비틀어짐이나 구부러짐이 없는 것이 세 번째 좋은 점이다. 이러한 것과 반대되는 것이 세 가지 피해야 할 점이다(서유구의 『林園經濟志』 중에서).

가사 노동의 중심 장소가 되는 중요한 공간 마당을 만드는 데 있어서 좋은 곳을 고르고 함부로 다루지 않았음을 알 수 있다. 요즘도 농촌의 농가에서는 비가 내릴 때 마당에 함부로 들어서면 야단을 맞는다. 질척해진 땅에 발을 디뎌 마당을 버리지 않도록 하기 위함이다.

2. 대중 주택 아파트 풍수

아파트의 본 고장은 유럽이다. 유럽에서는 고층 아파트에 대한 인식이 좋지 않다. 유럽에서의 아파트가 생겨나게 된 이유는 빈민 주거를 해결하기 위한 정책의 일환이었다. 아이러니하게도 우리나라에서는 그와 반대로 주거 근대화를 위해 선진국형 주거 형식을 빌려온 것이었다. 즉, 서양에서는 본디 저소득층을 위한 주거였지만, 한국에서는 처음부터 고소득층을 위한 주거라는 점에서 차이점이 분명하다.[29]

30년대와 40년대의 우리나라 아파트들이 주로 한국 주재 외국인들을 위한 숙소였고, 50년대와 60년대 아파트의 주된 입주 계층이 젊은 고학력 부부들이었다는 것이 이를 입증한다. 그밖에도 우리나라에서는 아파트 주거를 토착화하기 위한 꾸준한 노력이 정책적으로 뒷받침 된 것도 사실이다.

---

29) 서윤영, 『세상에서 가장 아름다운 집』, 궁리출판, 2005, 152쪽.

아랍 사막의 유목 민족에게 아파트를 지어 살게 했더니, 거실과 침실에는 양을 재우고, 정작 사람은 베란다에 그물 침대를 걸고 자더라는 이야기가 있다. 유목 민족의 독특한 주거 양식을 농경 정착민의 후손들인 유럽인들이 제대로 담아내지 못한 결과이다. 또한 인도에 최고급 아파트를 지어주었더니 모두들 베란다에 석유곤로를 갖다 놓고 그곳에서 음식을 조리하더라는 이야기도 있다. 부엌은 반드시 노천에 있어야 한다는 인도인의 생활방식을 이해하지 못했기 때문이다.

아파트가 우리나라에 정착을 하고 성공한 이유는 많은 시행착오 끝에 토착화가 이루어졌기 때문이다. 우리나라 아파트에는 언제나 현관에 신을 벗는 공간이 마련되어 있다. 너무나 당연하고 익숙해서 별일이 아닌 것 같지만 실내에 신을 벗고 들어가는 경우는 세계적으로 일본과 우리나라 뿐으로서 고유한 문화이다. 우리나라의 경우 실상 이것은 온돌과 관련이 있다. 방에 들어갈 때 신을 벗는 이유는 온돌 난방을 하여 방바닥이 따뜻하기 때문이며, 세계적으로 방바닥을 따뜻하게 하는 나라는 우리나라뿐이다. 나아가 온돌을 아파트에 도입했다는 것은 유래가 없는 일로 우리 고유의 온돌 문화를 아파트라는 서양식 주거에 그대로 도입한 셈이다. 과거 우리의 전통 한옥이 마당을 가운데 두고 방과 마루가 주위를 둘러싸고 있어서 마당에서 각 방으로 직접 진입하는 형식이었다. 이런 방식은 아파트로 변하면서 거실이 마당 역할을 대행하게 된 셈이고, 그 주위를 침실과 주방, 욕실을 두는 배치로 대체된 셈이다. 좀 더 정확하게는 안마당과 마루가 합쳐져 아파트의 거실이 된 것이다.

또한 한옥에는 툇마루라는 특이한 공간이 있는데, 이는 각 방의 전면에 있는 쪽마루이다. 이곳은 대개 조망이나 휴식용으로 사용되었는데, 경우에 따라서는 방의 후면에 붙기도 했다. 이를 뒷퇴라 하였으며 잘 쓰지 않는 물건을 수납하는 공간으로 활용되기도 하였다. 요즘 우리나라 아파트에 거실과 각방에 베란다가 있어 그것이 조망이나 휴식용으로 사용된다는 점에서 마치 툇마루와도 비슷한 기능을 띤다. 계단식 아파트에서는 앞뒤로 베란다가 있어 주요 거실과 안방 쪽의 베란다는 화분이나 티 테이블을 놓아 휴식공간으로 사용하였고, 후면의 베란다는 잘 쓰지 않는 물건을 두는 용도로 사용하고 있으니, 이 또한 전통 한옥에서 뒷 퇴를 수납의 수장 공간으로 사용하던 습성과 비슷한 기능이라 할 수 있겠다. 오랜 동안 양옥집에서만 오래 살다가 아파트로 이사 온 경우에도 이러한 형태가 나타나는 것으로 보면 우리의 잠재의식 깊은 곳에 내재한 문화적 집단 무의식일지도 모른다.

앞서 언급한 것처럼 아파트가 우리나라에서 성공할 수 있었던 것은 토착화를 이루기 위한 많은 노력이 뒷받침되었기 때문이다. 지금도 많이 지어지고 있는 대부분의 아파트들은 서구의 그것과 외형적으로는 비슷할지 몰라도 내부기능은 많이 다르다. 아파트 일색이 되어가는 대도시들의 모습에 전통주거는 궁궐이나 사찰 등으로만 박제되어 존속되는 것이 아닌가 하는 우려도 들지만 전통 한옥에서 익혀진 기능들은 아파트라는 주거 양식으로 외형이 변하였을 뿐 고스란히 이어지고 있다는 점에서 변화 속에 전통 계승이 되고 있음을 알 수 있다. 이처럼 아파트가 우리나라에서 성공한 이유는 우리의 주거 문화를 온전히 끌어안기 위한 노력이 있었기 때문이다.

아파트 주거에서 향(向)에 대해 이야기 해 보자. 풍수지리에 대해 전혀 아는 바가 없는 사람일지라도 배산임수(背山臨水)라는 말 정도는 들어보았을 것이다. 문자 그대로 집 뒤에 산을 두고 집 앞에 흐르는 냇물을 끼고 있으면 좋다는 뜻이다. 남향을 했을 경우 집 뒤에 산이 있으면 겨울철 북풍을 막아주어 따듯하고 땔나무를 손쉽게 할 수 있었을 것이며, 집 앞에 냇물이 흐르니 농사짓고 허드렛물 쓰기에 매우 편리했을 것이다. 그리하여 남향을 선호하게 되었고, 이러한 사고는 아파트 분양 및 입주 선전문구에도 심심찮게 커다란 장점인 것처럼 드러낸다. 그러나 남향 선호 일변도 속에 감추어진 서향이나 동향 혹은 북향의 좋은 장점들도 짚어 볼 만하다.

동향집은 맞벌이 부부나 중고생 자녀를 둔 경우에 가장 좋다. 동향집의 가장 큰 장점이라면 이른 아침에 햇살이 가장 먼저 들어온다는 점이다. 온 가족이 한자리에 모이는 시간은 아침시간이므로 그야말로 빛나도록 환한 아침자리가 될 것이다. 온 집안 식구들의 귀가 시간이 각기 다른 저녁에 온 식구가 함께 하기는 쉽지 않다. 온 가족이 함께 기상하여 바쁜 아침의 생활의 중심은 거실보다 주방과 식당이며 향 또한 아침 햇살이 가득 비추어 들어오는 동향이 좋다. 맞벌이 부부나 직장인, 중고생 등 대부분의 시간을 밖에서 정신없이 보낼 식구들이 이른 아침 동향의 식당에 다함께 모여 햇살을 가득 받으며 식사를 함께 하는 모습은 하루 중 가장 가족적인 시간이다.[30]

서향집은 유치원생이나 초등학교 저학년 아이가 있는 경우에 적합하다. 서향집의 특징은 오후 햇살이 깊숙이 들어온다. 여름에 덥다는 이유로 기피되어 왔지만 요즘은 커튼이나 블라인드가 있어 따가운 햇살을 막을 수 있고 또한 에어컨 설비가 보편화되어 여름의 일사도 견딜만하기 때문이다. 서향집은 봄, 가을 특히 겨울철 오후의 햇살이 깊숙이 들어오는 것이 큰 장점이다. 대개 정오를 넘긴 오후에 햇빛이 깊숙이 들기 때문에 유치원생이나 초등학교 저학년 아이가 있는 경우에 적합하다. 오전 수업을 마치고 돌아온 아파트 거실에서 간식을 먹을 때 발끝을 간질이는 오후 햇살은 유년시절의 아름다운 추억으로 남기에 충분하다. 서양의 주택에서는 응접실과 가족들이 거하는 방을 항상 서향

---

30) 서윤영, 앞의 책, 2005, 180쪽.

에 두고 있고, 영국에서는 오후 세시의 티타임에 차를 마시는 티 룸은 항상 서향이다.

남향집은 노인이나 유아 등 온종일 집에 머무르는 사람을 위해 권할 만한 집이다. 전통적으로 남향집을 선호 했던 이유는 햇빛이 하루 종일 잘 들기 때문이다. 계절에 따른 고도 차이 때문에 여름에는 해가 얕게 들고, 겨울에는 깊숙이 들어 냉난방의 조절이 자연스럽게 된다는 장점이 있다. 냉난방 설비가 미비하고 집에 머무르는 시간이 많았던 과거에 선호될 수밖에 없었을 것이다.

전망이 아름다운 북향집은 재택근무나 연구 활동, 취미 활동에 몰두하는 사람들을 위해 좋은 집이다. 태양의 고도에 따른 일조량의 변화가 적기 때문에 집에서 주로 연구나 두뇌 활동을 하는 사람에게 적합하다. 북향에는 서재나 취미 활동실 등을 두라고 하는 타당한 이유가 있다. 책, 그림, 오디오 혹은 와인 등 식물을 제외한 모든 물품에 직사광선은 좋지 않기 때문이다. 미술관이나 박물관이 항상 북향을 하고 있는 것은 이 때문이다. 북향집에서 창밖으로 내다보이는 풍경은 남향이므로 아침과 정오, 석양 무렵에 각기 다른 표정으로 변하는 풍경을 감상할 수 있다는 것은 커다란 매력이요 장점이다.

따라서 아파트의 향은 굳이 남향만을 고집할 것이 아니라 가족의 구성원은 어떠한지, 어느 시간대에 집에 모두 모이는지 등을 따져본다면 동향이나 서향, 북향집이나 아파트가 훨씬 매력적이고 편리할 수 있다는 점을 염두에 둘 필요가 있다. 과거에 따졌던 추위나 더위 등 냉난방 여건은 현대식 아파트나 가옥에서는 별다른 장애요소가 되지 않음을 깨달을 필요가 있다.

V. 결 론

유교는 모든 사물이 대립물을 갖는다고 보는 데서 출발하고 있다. 음이 있으면 양이 있고 선이 있으면 악이 있다고 하였다. 봄이 있으면 가을이 있고, 여름이 있으면 겨울이 있으며, 하늘이 있으면 땅이 있는 것으로 보았다. 이것은 사물의 존재를 대립의 관점에서 바라보며 하나로서 산물이 생성 현멸하여 영원무궁하게 계속되는 대자연의 이치를 찾는 불교의 이이불이(二而不二)의 사상과 맥락을 같이 한다.다만 양자의 관계정립에 있어서 동류상동(同類相動)의 입장보다 친화적 작용이 탁월하며 무궁무진한 굴신상감(屈伸相感)의 입장을 유지한 점이 유교적 특색이라 할 수 있다. 그것은 만물의 근원을 기(氣)에서 찾고 있으므로 음양도 하나의 기(氣)에 불과하며 양의 후퇴는 음의 성장이라는 굴신상감의 취지에 연유하는 것이다. 그렇다면 유교에서 말하는 행복은 곧 음양의 조화라고 할 수 있다. 삶에서 음양의 조화를 중시하되 예의범절과 음양의 조화를 함께 생각하는 삶을 행복한 삶이라고 할 수 있을 것이다. 음양의 조화를 이루고 기(氣)가 적재적소에 만발하는 땅에서 예를 다하며 사는 삶은 유교적 유토피아라고 할만하다.

한편, 도교에서 말하는 천(天)은 자연이며 인간 또한 순수한 인간이다. 자연환경은 누구의 힘에 의하여 만들어 낸 것이 아니고 그저 그렇게 스스로 그렇게 될 수밖에 없어서 그렇게 되고 또한 그렇게 존재하고 또 그렇게 변화하는 것이다. 아무리 훌륭한 과학적인 성과를 거두어도 그것은 자연의 道에서 그렇게 되는 것이다. 인간이나 만물은 道를 벗어나서 존재할 수도 행동할 수도 없다. 도교에서 근원적인 귀환 점은 뿌리로 돌아가는 것이다. 뿌리는 우주근원에 해당하는 혼돈 황홀한 정적 상태를 의미하므로 천지가 자연에 맡겨야 함도 없고 지음도 없이 만물이 스스로 상치(相治)하는 단계를 말한다. 결국, 도교의 자연은 無爲와 無造作의 자연을 내세워 인위적 조작의 폐단을 막으려는 데 궁극적인 목표를 두고 있다. 다시 말하자면 虛의 극치를 이루고 고유함이 돈독하게 지켜지는 곳에서 만물이 '함'이나 '이어짐'을 바라는 것이 도교의 자연관이다. 그렇다면 도교에서 말하는 행복이란 꾸밈없이 자연에 귀의하는 삶이다. 하늘과 자연과 통하는 삶을 행복한 삶으로, 꾸밈이 없는 스스로 자연스럽게 어우러진 유토피아적 장소를 행복한 곳으로 본 것이다.

중생제도를 꿈꾸는 불교에서는 장소에 대한 철학에서 가장 살기 좋고 행복한 땅을 '정토(淨土)'로 보았다. 누구나 해탈하면 부처가 될 수 있다고 하듯이 선가(禪家)에서는 어디든지 장소에 대한 인문적 보완을 통해 그곳을 행복의 길지인 '정토'로 바꿀 수 있다고 보았다. 불력(佛力)을 동원하여 혈을 보완할 필요한 곳에 불교적 인프라를 구축하는 방법인데, 그것이 곧 사찰과 불탑의 구축으로 나타났다. 이렇게 인문적, 인위적으로 자연의 결함이나 허한 곳을 보완하여 불완전한 곳을 완전하게 하여 생기의 흐름을 원활하게 하고 행복이 깃들 장소로 바꾸려는 노력이 바로 비보(裨補) 풍수사상이다.

장소에 대한 동양사상에는 풍수사상이 있다. 좋은 길지를 찾아 조상을 장사 지내면 그곳에서 발복, 감응이 일어나 후손들에게 행복과 운을 가져다준다는 매우 원시적 기복신앙과도 같은 믿음이다. 여기서 중요한 것은 땅을 무기체가 아니라 그곳에 생기가 살아 움직이며 자연의 기를 빨아들이고 내뿜기도 하며 인간생활에 영향을 미칠 수 있다고 하는 생각이요, 믿음이다. 자연환경을 아끼고 잘 관리하여야 한다는 환경 보전과 관리의 이유를 분명히 해준다는 점에서 대단히 의미가 깊다.

우리 선조들은 행복한 삶의 터전을 가꾸기 위해 땅에다 철학적 사유를 투입하여 의미부여를 하고 관리하였다. 그런데 그것은 실재하는 생활의 지혜와 결부된 것이었지 자연과 철학적 사유가 따로 존재하는 별개의 것이 아니었다. 우리가 사는 주거에서도, 궁궐 조성에도, 성곽의 축성에서도, 마을과 도시의 입지에서도 행복한 땅으로 가꾸어 참답게 살 수 있는 아름다운 곳을 만들려는 노력이 수반되었다. 그러한 전통적인 삶의 터전에 대한 철학적 사유는 오늘날까지도 그 전통의 맥을 이어 우리들의 일상생활에 두루 영향을 미치고 있다.

참고문헌

최창조, 『풍수지리학의 最古 經典 『청오경』·『금낭경』』, 민음사, 1993.

윤홍기, 「왜 풍수는 중요한 주제인가」, 『대한지리학회지』 36-4, 2001.

윤홍기, 「한국 풍수지리 연구의 회고와 전망」, 『韓國思想史學』 17, 2003.

최원석, 「嶺南地方의 裨補」, 고려대학교 박사학위논문, 2000.

최창조, 「한국풍수사상의 역사와 지리학」, 『정신문화연구』 14-1, 1991.

서윤영, 『세상에서 가장 아름다운 집; 집으로 문화읽기, 건축으로 세상 읽기』, 궁리출판, 2005.

서윤영, 『집宇집宙; 지상의 집 한 채, 삶을 품고 우주와 통하다』, 궁리출판, 2005.

정진홍, 『만남 죽음과의 만남』, 궁리출판, 2003.

김열규, 『메멘토 모리, 죽음을 기억하라; 한국인의 죽음론』, 궁리출판, 2005.

김열규, 「민속학에서 본 한국인의 죽음관이 상장례에 미친 영향」, 『문화와 장례』 창간호, 장례종합정보, 2003.

김항배, 『불교와 도가 사상』, 동국대출판부, 1999.

히노아라 시게아키(日野原重明)·김옥라 역, 『죽음을 어떻게 살 것인가』, 궁리출판, 2005.

변우혁, 『수목장 에코-다잉의 세계』, 도솔출판사, 2006.

부위훈(傅偉勳), 전병술 역, 『죽음 그 마지막 성장』, 청계, 2001.

석법성(조명숙), 『사망학』, 운주사, 2004.

알폰스 데켄, 오진탁 옮김, 『죽음을 어떻게 맞이할 것인가』, 궁리, 2002.

안우환, 『화장』, 생각하는 창, 2004.

이은봉, 『여러 종교에서 보는 죽음관』, 가톨릭출판사, 2004.

李鶴源 외, 『地理와 韓國人의 生活』, 江原大學校 出版部, 2005.

芮庚熙 외, 『人間과 環境』(제2판), 淸州大學校 出版部, 2005.

장철수, 『한국의 관혼상제』, 집문당, 1995.

데이비드 쿨, 권복규·홍석영 옮김, 『웰다잉』, 바다출판사, 2005.

Michael C. Kead, Endings, *A sociology of death and dying*, Oxford; Oxford university press, 1989.

Todd. W. Van Beck, *The cemetry history book*, The Lowen Group, 1994.

William Norton, *Exploration in the Understanding of Landscape; A Cultural Geography*, Greenwood press, 1989.

5장 정치와 행복

박효종(서울대학교, 정치사상)

I. 정치의 목적은 무엇인가

사람들은 때로는 자기이익과 가치관을 위해 다른 사람과 싸우기도 하고 피를 흘리며 죽어간다. 혹은 자신의 편의와 욕구충족을 위해 폭력을 행사하고 모욕적인 언사를 사용하기도 한다. 이러한 자유방임적 상황에서 일정한 제약이 작용하지 않으면, 브레이크 없이 질주하는 자동차의 경우와 다를 바 없다. 이런 상황아래서는 우리의 일상이 순조롭게 지탱될 수 없다. 누구든지 자기 자신이 하고 싶은 대로 하면 어느 누구도 자유로울 수 없기 때문이다. 국가나 정치는 바로 그처럼 열악한 사태발생을 방지하기 위해 강제적 역할을 수행한다. 물론 정치나 정부의 강제력이 작용하고 있다고 해서 사람들 사이에 발생하는 분쟁이나 갈등이 "봄볕에 눈 녹듯이" 사라지는 것은 아닐 것이다. 철학적 무정부주의자들(philosophical anarchists)은 오히려 정부나 정치의 강제력이 존재하기 때문에 인간 삶의 질이 저하되고 갈등이 증폭된다고 주장하는 등, 정치의 역기능 현상에 예민해져 있다.[1] 하지만 정부나 정치의 존재로 인해 분쟁이나 갈등이 없어지는 것은 아니라고 해도, 헤라클레이토스의 표현처럼, "전쟁이 모든 것의 아버지가 되는 상황"에 커다란 제동이 걸리는 것은 분명한 일이다.

그러나 정치를 강제력의 구현으로만 볼 필요는 없을 것이다. 정치를 통해 사람들의 '삶의 질'이 개선되거나 변화되는 경우는 얼마나 많은가. 따라서 정치를 사람들에게 행복과 복지를 공여하는 것으로 조망하려는 비전도 중요하다. 맹자의 역성혁명론을 보면, 정치의 목적은 백성의 행복이다. 그것을 충족시키지 못하면 왕을 내칠 수 있는 것이다. 실제로 삶의 절박함에 허덕이는 사람들은 정치가 자신들을 삶의 고단함에서 구해줄 것으로 기대해왔다. 이것이야말로 '정치적 메시아니즘'의 변형된 형태일 것이다. 복지국가가 현대에 와서 크게 매력적인 것으로 다가온 이유도 국가가 마음만 먹으면 '범죄'뿐만이 아니라 '빈곤'도 없앨 수 있을 것이라는 낙관적 신념이 작용한 결과라고 해도 무방할 것이다. 또 빈곤척결의 차원이 아니더라도, 혹은 그것을 넘어서서 국가는 '고객위주의 정부'가 되어야하고 또 그렇게 될 수 있다는 믿음도 최근에 유행하고 있다. 공동체의 구성원들은 단순히 국가에 대한 권리와 의무를 갖는 '국가의 시민'이 아니라 서비스만족을 원하는 '시장의 소비자'처럼 간주되고 있는 것이다.

그렇다면 문제가 있다. 그러한 정부비전에서 강제력은 존재하지 않

---

1) 오늘날 철학적 무정부주의자들 가운데 대표적인 학자는 볼프이다. 이와 관련, R. P. Wolff, *In Defense of Anarchism.*, New York: Harper and Row, 1970 참조.

거나 존재한다고 해도 사소한 것으로 존재하는 것일까. 물론 강제력이 없다고 말할 수는 없을 것이다. 그러나 그러한 정치비전에서 공포나 강압보다는 온정이나 행복의 개념이 돋보이는 것이 사실이다. 여기서 부모의 개념과 관련, '엄부자모(嚴父慈母)'의 개념을 은유적으로 원용해본다면, 범법자나 무임승차자를 처벌하는 공권력위주의 국가는 '엄부(嚴父)'라고 할 수 있을 것이며, 어려운 사람들의 눈물을 닦아주는 복지국가는 '자모(慈母)'의 개념과 유사하다고 할 수 있을 것이다. 어쨌든 정치와 행복이 연계된 것은 강제력의 개념에 치중해왔던 정치비전과 비교해보면, 획기적인 변화가 아닐 수 없다. 하지만 엄밀하게 따지고 보면 복지국가나 행복국가는 강제력에 의한 권력국가 비전보다 고전적이다. 플라톤이나 아리스토텔레스의 국가는 명실 공히 행복을 지향하는, 고유한 의미의 복지국가였기 때문이다.

이처럼 정치의 목적이 행복이라는 것은 최근에 이르러 공리주의자들의 비전에서 현저하게 확인할 수 있다. '최대다수의 행복'이 정치의 목적이라는 간명한 명제로부터 들어나는 것처럼, 공공복리는 어느덧 정치의 최고 이상으로 자리잡은 느낌이다. 공리주의를 찬성하든 혹은 반대하든, 구성원 다수의 행복에 초점을 맞추는 공리주의 비전에 무관심할 수는 없게 되었기 때문이다.

이러한 통찰들을 전제로 하면서 이번 논의에서는 다수의 행복이 정치에서 갖는 위상을 검토하고 비판적으로 점검할 예정이다. 또한 그것이 갖는 함의를 한국인들의 행복론에 비추어 반추해보고자 한다. 특히 다수의 행복은 정치나 정부의 존재이유나 작동과 관련, '한 중요한 기준'은 될 수 있으나, '유일한 기준'이나 '궁극적 기준'은 될 수 없다는 점을 강조하게 될 것이다.

II. 정치에 관한 두 가지 비전

1. 강제로서의 '권력국가'

국가와 정치는 자명한 개념이라기보다는 경합적 개념(contested concept)이다. 국가와 정치에 대하여 다양한 접근이 가능하기 때문이다. 그 다양한 접근방식 가운데 특히 두 가지의 현저하게 대비되는 비전의 범주를 눈여겨볼 필요가 있다. 하나는 전체론적(holistic) 접근방식이며, 또 하나는 개인주의적(individualistic) 접근방식이다. 전체론적 비전이라면 국가와 정치가 개인의 선택과는 무관하다는 비전이다. 이것의 대표적 모델이라면, 플라톤이나 아리스토텔레스로부터 기인하는 '유기체론'이라고 할 수 있다. 이 비전에 의하면, 국가나 정치란 개인의 선호만족을 극대화하는 실체가 아니라 개인의 '합리적 선택'과는 독립적으로 존재하는 객관적 질서이다. 국가는 필요한 공적 서비스를 위해 개인의 선호를 수렴하거나 전달하는 단순한 메커니즘이 아니다. 그것은 개인의 선택권의 행사가 순조롭게 이루어질 수 있도록 보장해야할 필요를 충족시키는데 전제조건이 된다.

이러한 유기체론은 플라톤과 아리스토텔레스로부터 시작되어 근대에는 헤겔에서 정점을 이룬다. 헤겔에게서 국가는 시민사회의 분자화된 개인들 사이의 갈등을 규제하는, 시민사회를 굽어보는 상위의 객관적인 법질서 체계이다. 중립적 중개자의 역할을 하는 국가가 없다면, 시민사회는 무정부 상태로 전락할 것이라는 것이 헤겔의 우려. 여기서 헤겔이 주장하는 것은 만일 개인들이 주관적 효용의 극대화의 존재라면 그들의 주관적 선택으로부터 중립적이고 불편부당한 권력체를 만들지 못할 것이라는 내용이다. 따라서 국가는 전통과 역사 속에 자리잡고 있는 것으로 '효용'이나 '권리'와 같은 개인주의적 원리에 의해 도출되거나 제한될 수 없다. 문제의 국가유기체론은 영국의 이상주의자인 그린(T. H. Green)에게서도 확연히 볼 수 있다. 국가를 공동선의 개념과 동일시하고 그 개념을 공리주의자들이 전제하고 있는 '경합적인 개인주의'와 대비시킴으로서 국가와 정치에 관한 보다 넓은 역할을 주문했다. 그러나 사실 그린은 '좋은 삶' 자체를 만들기보다 '좋은 삶'의 조건을 만드는데 역점을 두는 정치적 입장을 개진했다고 하겠다.

이러한 정치비전은 분명 개인주의적이며 자유주의 성향의 정치비전과 다르다. 개인주의적이며 자유주의적인 비전과 관련, 두 가지 경향이 주목할 만하다. 하나는 사회계약론자들의 시각이고 또 하나는 공리주의자들의 시각이다. 물론 이들의 입장은 상충되는 것이긴 하나, 상호간에 공유하는 것도 있다. 개인주의와 자유주의가 바로 그들이다. 자유주의는 국가나 정치가 개인의 선택의 결과라는 비전이다. 하지만 사회계약론과 공리주의는 같은 개인의 선택이라는 자유주의 패러다임을 기본으로 하면서도 정치와 국가를 어떻게 보느냐하는 문제에서 입장이 다르다. 홉스로부터 출발하는 사회계약론자들은 국가를 공공재를 공여하기 위한 강제적 기제, 혹은 법과 질서를 보장하기 위한 권력체로 간주한다. 국가를 징벌적 권력체로 접근한다는 측면에서 플라톤의 국가론이나 헤겔의 국가관과의 공통점을 지적할 수 있다.

우리는 국가와 정치에 대한 접근이 자유주의적이며 개인주의적인 관점에서 이루어져야 한다고 생각한다. 이것은 단적으로 표현하자면, 국가의 기능이나 목표는 공동체구성원인 개인들의 이익과 행복을 증진시키는 차원에서 개념화되어야 하며, 그러한 공유된 이익과 행복의 증진과 고양은 개인이나 소수집단의 권리와 이익을 억압하기보다는 오히려 그 반대로 개인들로 하여금 다른 방식으로는 향유할 수 없는 권리와 이익을 향유할 수 있도록 보장하는 데 있다는 인식을 바탕으로 하고 있다. 또한 이러한 관점에서 정부의 기능과 역할이 조명되며, 공공정책이 평가될 필요가 있다. 강조한다면, 국가나 정치에 관한 논의는 유기체적 관점보다는 '방법론적인 개인주의(methodological individualism)'의 관점에서 진행되는 것이 타당하다는 입장인 셈이다.

그러나 물론 한편으로, 국가와 정치에 관한 유의미한 진술과 논의가 이처럼 엄격한 개인주의적 방식에 의해서만 진행될 수 없다는 점은 분명히 인정할 필요가 있다. 우리는 일상생활에서 자주 이러한 딜레마에 봉착하고 있지 않은가! 일련의 공공정책들은 구성원 모두의 이익을 증진시키고 있음이 확실하나, 그럼에도 불구하고 문제의 공공정책들은 개인들의 개별적인 선택과 선호로부터 직접적으로 추출하기 어려우며, 오히려 개인들의 사적 선호와 이익에 반하여 강제로 부과되어야 하는 경우가 적지 않다. 이 문제야말로 다음 항목에서 논의할 공공재문제에서 확연히 들어난다.

2. 공공재의 문제와 강제

공공재문제의 성격을 파악하기 위하여 시장의 재화와 관련하여 일단 두 가지를 구분해보자. 하나는 공공재(public goods)이고 또 하나는 사유재(private goods)이다. 사유재의 경우, 배타성을 내포한다. 즉 A가 사과를 먹으면 B와 C는 그 사과를 먹을 수 없다. 그러나 '동네북'의 경우는 다르다. A가 '동네북'을 친다고 해서 B가 '동네북'을 칠 수 없는 입장은 아니다. 혹은 C가 B보다 늦게 와서 '뒷북'을 친다고 해도 '동네북'의 효과는 반감될 리 만무하다. 일찍이 아담 스미스가 '보이지 않는

손'의 작동을 강조했을 때, 그것은 사유재 시장을 대상으로 한 것이었다. A가 사과를 판매하고 B와 C가 구매하려는 상황에서 사과에 대하여 가장 많은 값을 지불할 용의(willingness to pay)를 표명한 C에게 사과가 돌아간다면 사과의 배분은 이른바 '파레토 최적'의 배분이라고 규정할 수 있다. 사과에 대하여 최고의 가치를 인정한 사람이 사과에 대하여 가장 비싼 값을 지불하려는 사람임에 틀림없기 때문에 C에게 배정된다면, 사과는 가장 효율적으로 사용된 셈이다.

공공재에 관한 한, 시장의 기제는 실패하게 마련이다.[2] 공공재는 사유재와는 판이한 특성을 내포하고 있어, 시장행위자들은 공공재에 대하여 '진정으로 지불할 용의(true willingness to pay)'를 표명하기 보다는 표명하지 않을 인센티브를 갖게 마련이다. 우선 소비의 비경합성(nonrivalry of consumption)에 주목할 필요가 있겠는데, 소비의 한계비용이 영(0)으로서 다른 사람들이 문제의 재화를 소비한다고 해도 A가 문제의 재화를 소비하는 데는 전혀 지장이 없다는 의미이다. 두 번째로 공급의 공동성(jointness of supply)으로 공동체의 구성원들에게 한꺼번에 공여되거나 혹은 공여되지 않는 성격을 가지고 있다. 문제의 재화가 일부 구성원들에게 '더 많이' 공여되거나 혹은 '더 적게' 공여되는 일은 없다. 마지막으로 이득의 비배제성(nonexcludability)을 빼놓을 수 없다. 비록 구성원중의 일부가 문제의 재화의 산출에 협력하지 않더라도 일단 문제의 재화가 산출되면 비협력자를 그 혜택으로부터 제외하는 방안은 '경제적으로'나 혹은 '정치적으로' 거의 불가능하다는 함의를 갖는다.

---

2) 공공재문제는 일반적으로 '다자간 죄수의 딜레마 모델'로 설명된다. 그러나 엄밀한 의미에서 죄수의 딜레마모델 이외에도 비겁자 게임과 같은 모델을 포함한 다원적 모델로 접근할 필요가 있다. 이 문제와 관련, 박효종, 『합리적 선택과 공공재 II』 서울: 인간사랑, 1994 참조.

문제의 재화가 상기 특성을 지닐 경우, 시장행위자들은 자신들의 진정한 선호, 즉 진정한 지불용의를 표출하지 않으며 따라서 시장체제하에서는 공공재에 대한 진정한 수요가 얼마인지 측정할 길이 없다. 한 마을에 가로등이 필요한 상황을 가정해 보자. 늦게까지 공부하다가 집으로 돌아오는 청소년·소녀들을 보호하기 위하여 마을의 거리에 가로등을 설치하는 것이 좋겠다는 공감대가 이루어진 상황이다. 가로등 설치는 마을 사람들의 자구적인 비용부담에 의하여 가능하다. 그러므로 마을의 면장은 정확하게 몇 개의 가로등을 설치해야 하는지를 조사하고자 각 집을 방문하게 되었다. 이 경우 각 가구에서는 정확하게 원하는 가로등수를 정직하게 말할 인센티브를 갖고 있는가? 이 상황은 공공재의 상황이므로 그렇지 못하다. 마을 사람들은 '방어적 이유'나 혹은 '무임승차의 유혹'으로 인하여 자신의 집에서는 가로등이 필요없다고 호언할 공산이 적지 않기 때문이다. 일단 가로등이 설치되면 비용을 부담하지 않은 사람들도 혜택을 누리게 됨으로 이 사실을 잘 알고 있는 사람들로서는 '속마음으로는' 가로등의 필요성을 인정하면서도 '외부적으로는' 가로등이 필요하지 않다는 의견을 말하게 된다. 따라서 가가호호를 방문한 면장으로서는 가로등의 설치가 필요없다는 역설적인 결과에 직면하게 될 공산이 농후하다.

결국 문제의 가상적 사례는 시장메커니즘을 통하여 공공재가 적정수준으로 산출될 수 없다는 사실을 비록 상징적이지만 설득력있게 시사하는 셈이다. 공공재에 관한 한, 시장행위자들은 진정으로 지불할 용의를 표출하지 않기 때문에 공공재에 관한 가격이 형성될 수 없고 그 결과 시장에서 공공재는 적어도 적정수준으로 산출되기 어렵다. 그러나 실상 공공재는 사회구성원 모두에게 사유재만큼이나 필요한 재화가 아니겠는가? 이처럼 사회전체에 필요하면서도 시장메커니즘을 통하여 산출될 수 없는 재화라면 정부의 개입이 요청된다.

상기의 사례를 통하여 우리는 공공재의 문제를 시장의 상황으로 환치하여 접근함으로써 국가강제력의 정당성을 입증하고자 했다. 하지만 국가공권력 정당성확보에 초점을 맞춘 홉스를 비롯한 사회계약론자들의 관심사는 시장상황이 아니라 자연상태였다. 자연상태야말로 '평화'라는 공공재가 보장되지 않는 열악한 상황이라는 상정을 해온 것이다. 사람들의 재물을 보존하고 생명을 존중할 '당위'는 존재하나, 재산권이나 생명권을 존중할 '동기'는 충분치 못하다는 것이 자연상태를 살아가는 사람들의 특징이다. 특히 홉스의 사회계약론의 핵심은 공공재로서의 평화를 보장하는 문제에 있었다. 그의 평화론이 특이한 것은 전쟁과 갈등이 일상적이고 평화는 예외적이라는 메시지 때문이다. 이것은 평화가 일상적이고 전쟁이 예외적이라고 알고 있는 우리의 일반적 상식에 어긋나는 것이다.

홉스는 인간이 공동의 주권자를 구축하지 못한 상태를 '자연상태 (state of nature)'라고 불렀다.3) 정치사회와 대비되는 자연상태는 '만인의 만인에 대한 전쟁상태(bellum omnium contra omnes)'로서, 그 상태에서 "인간의 삶은 고독하고 가련하며 심술궂고 야만스러우며 단명하다 (solitary, poor, nasty, brutish, and short)."『리바이어던』의 유명한 13장에서는 "그들 모두를 감시할 수 있는 권력이 없는 곳에서 친구를 사귈 때 인간은 즐거움이 아니라 슬픔을 느낀다."고까지 갈파하고 있다. 홉스가 갈등을 일으키는 자연상태의 요소로 지적하는 것은 세 가지이다. 좋은 토지처럼, 인간에게 가치가 있는 재화의 희소성과 명예를 향한 인간의 열정이 첫 번째와 두 번째 요소이다. 세 번째는 홉스가 타인에 대

---

3) T. Hobbes, *Leviathan*, R. Tuck. ed., Cambridge: Cambridge University Press, 1991.

한 불신이나 '자신없음(diffidence)'이라고 불렀던 요소이다. 타인들이 미래에 공격할지도 모른다는 바로 그 두려움은 "최선의 방어는 공격"이라는 전략적 사고에 입각한 선제공격을 초래할 것이다. 그 결과 A는 B가 공격할 것을 두려워하여 먼저 공격할 것을 결정했지만, B는 이미 이러한 사태를 예견하고 두려워함으로써 먼저 공격하기를 원하고, A는 또다시 이에 대응하는 등의 사태가 벌어지는데, 이러한 '홉스의 딜레마'를 현대의 합리적 선택론자들은 '죄수의 딜레마(prisoner's dilemma)' 상황이라고 지칭해왔다.

"인간이 인간에게 늑대가 되는(homo homini lupus)" 자연상태에 살고있고 죽음을 두려워하는 인간은 법으로 자신들을 통치할 어떤 초월적 권력체인 '리바이어던'을 만들어 전쟁의 문제를 해결한다. 생명의 보존과 평화의 구축이야말로 홉스의 신민들이 자신의 주권을 '리바이어던'에게 바치는 유일한 근거가 된다. 그렇다면 그가 설정하는 자연상태에는 가상성을 넘어서서 '리얼리즘'이 있는가. 홉스의 자연상태에서 묻어나는 불안정성을 현대의 우리도 가끔씩 절감하고 있음을 실토할 수밖에 없다. 자연상태의 불안정성은 '내'가 어두운 밤거리에 홀로 남았을 때 어디선가 들려오는 다른 사람의 발자국 소리를 듣고 반가워하기 보다는 두려워하는 실존적 체험이나 혹은 밤에 문을 꼭꼭 걸어 잠그고 잔다는 사실에서 확인되고 있지 않은가. 문을 잠그지 않고 자다가 강도나 범죄자들로부터 변을 당한 사람들의 비극은 하루가 멀다하고 언론에 보도되고 있다. 이처럼 두려움이 일반적이고 평화가 힘겹게 이룩되는 것이라면, '리바이어던'의 강제력은 평화정착의 논리에 의해 정당화될 수 있다.

평화정착에 관한 한, 로크의 논리도 홉스의 경우와 크게 다르지 않다.[4] 로크의 자연상태가 '선의의 상태'로 출발하는 것은 사실이지만, 자연법집행권과 관련하여 나타나는 불확실성 때문에 그 '평화의 상태'는 '전쟁의 상태'로 전락한다. 평화의 문제를 해결하기 위한 로크의 계약 자들의 해법은 '신탁으로서의 정부(government as a trust)'를 구축하는 것으로 나타난다. 이처럼 사회계약론자들의 공통점이라면, 국가와 정치를 평화상태를 보장하기 위해 법과 질서를 공여하는 '강제적 기제', 혹은 '권력적 기제'로 접근하여 왔다는 점이다. 국가의 강제는 우리 모두가 개별적으로 동의한 결과라는 것이다. 물론 그 동의는 '목적론적으로 (teleologically)' 가능할 수도 있고 혹은 '실제의 동의'에 의하여, 이른바 '발현론적으로(emergently)' 가능할 수 있다. 전자가 홉스의 견해라면, 후자는 로크의 견해이다. 홉스의 경우, 계약자들이 직접 동의하지 않는다고 해도 자기보존의 필요성이 너무나 자명하고 당연하기 때문에 동의한 것과 똑같은 효과를 낸다는 점에서 '목적론적 관점'이라고 할 수 있고, 로크의 경우는 직접적으로 국가의 구속력에 명시적으로(혹은 암묵적으로) 동의하는 행위로부터 정당성을 획득한다는 의미에서 '발현론적 논리'라고 할 수 있을 것이다. 그러나 이러한 차이에도 불구하고 중요한 것은 국가는 어디까지나 법을 만들고 범법자를 제재하며 판결하는 입법·행정기능과 사법기능에 의해 법과 질서를 공여하는 강제적 기제라는 점이다.

사실 이러한 국가에 대한 비전은 오늘날까지도 상당한 위력을 발휘하고 있다고 해야 할 것이다. 비교적 최근에도 가레트 하딘(Garett Hardin)[5] 이 국가의 기능과 관련, '상호합의에 의한 상호강제(mutual coercion, mutually consented)'로 설명하고 있다는 점에서 그 영향력을 느낄 수 있

---

4) J. Locke, *Two Treatises of Government*, P. Laslett ed., Cambridge: Cambridge University Press, 1988.

5) G. Hardin, "The Tragedy of the Commons", Sciences 162, 1968, pp.1243~1248.

다. 하지만 문제가 있다. 국가나 정치는 '강제적으로' 작동할 수도 있지만, 항상 그런 것은 아니며, '온정적'으로나 '비(非)강제적'으로 작동할 수 있다는 사실 때문이다. 보호자나 봉사자처럼, 온정적 모습으로 작동하는 국가의 모습은 어떤 것일까. 국민들에게 각종 서비스를 제공하는 국가라면, 그것은 강제보다는 온정을 통해 작동하는 국가의 전형적인 모습이 아닐까. 특히 국민들에게 재화와 서비스를 무료로 제공하는 '복지국가(welfare state)'야말로 비강제적이며 온정적인 국가의 대표적인 범주라고 할 것이다.

3. 복지공여자로서의 서비스 국가

우리가 국가로부터 강제보다는 서비스를 공여받고 있다고 느끼는 경우는 의외로 적지 않다. 실제로 생각보다 많은 사람들이 국가에 의해 공여되는 가능한 혜택과 복지를 얻으려고 적극적으로 노력하고 있는가 하면, 또한 그 노력에서 일정한 성과를 거둬 행복감을 만끽하는 사람들도 허다하기 때문이다. 예를 들면 민사나 형사 사건을 막론하고 자기 자신의 신상이나 재산에 관련된 문제들을 법원에 호소함으로 법원으로부터 심리를 받아 잃어버릴 뻔한 권리를 되찾는 사람들은 말할 것도 없거니와, 정부가 발주하는 각종 공사나 사업에 참여하는 업체들, 혹은 국가가 발급하는 KS 마크나 혹은 각종 인증서를 따고자 안간힘을 쓰는 사람들은 얼마나 많은가! 그런 인증서를 받음으로써 직업을 구하는 데나 직장에서 승진하는 데 커다란 혜택을 본다. 또 아예 공무원들은 정부자체에서 일자리와 복리를 확보한 대표적 경우이다. 그런가하면 정부가 신도시나 신공항을 건설하면 사람들의 '삶의 질'은 높아지며, 한편 사람들에게 의무교육을 실시함으로 사람들로 하여금 '좋은 삶'을 영위

할 수 있도록 기본적인 도움을 주기도 한다.

물론 서비스를 베푸는 국가의 대표적인 모델이라면 복지국가일 것이다. 하지만 가난한 사람들에게 복지를 공여하는 국가의 기능이외에도 국가가 적극적으로 사람들에게 서비스를 제공하는 경우를 두 가지 범주로 나누어 볼 수 있다.

1) 복지국가

복지국가야말로 국민들에게 '강제'보다는 '혜택'을 베푸는 시혜자로 다가서는 국가의 전형적 범주임에 틀림없다. 복지국가의 특징은 무엇인가. 일반적으로 복지국가는 '야경국가'나 '작은 정부' 등, 법과 질서라는 공공재를 공여하는데 초점이 맞추어져 있는 작은 국가와 대비된다. '법과 질서'를 공여하는 수준을 넘어서서 사람들에게 '재화와 서비스'를 무료로 공여하는 국가가 바로 복지국가다. 따라서 이 국가는 시장의 영역에 상당부분 개입하는 국가의 특성을 갖는다. 복지국가의 시장개입의 논리는 이른바 '시장실패(market failure)'의 영역을 넘어선다. 전통적으로 '시장실패'는 공공재의 문제나 '작은 결정의 횡포(tyranny of small decisions)' 및 '비대칭적 정보'의 문제로 특징지어져 왔다.

시장의 행위자들이 공공재의 문제를 해결하는 데 어려움을 겪는다는 사실은 이미 전항의 논의를 통하여 지적한 바 있다. '비대칭적 정보(asymmetrical information)'의 문제는 아켈로프(G. Akerlof)가 제기한 중고자동차 매매시장의 경우나 혹은 참기름 매매의 경우처럼,[6] 정보를 판매자와 소비자가 같이 공유하는 것이 아니라 판매자의 유리한 위치에 비하여 소비자가 불리할 수밖에 없는 '정보'의 문제로 인하여 불이익을

---

6) G. A. Akerlof, "The Market for Lemons: Quality Uncertainty and the Market Mechanism", Quarterly Journal of Economics, 1970, pp.84·488~500.

감수해야하는 경우이다. '가짜 꿀'과 '가짜 참기름'이 범람하는 시장에서 과연 누가 '진짜 꿀'과 '진짜 참기름'을 먹어 본 적이 있는가. 특히 의약품의 경우는 단순히 '양적인 정보의 비대칭성' 문제가 아니라 '질적인 정보의 비대칭성' 문제가 발생한다. 아무리 의약구매에 신중함을 기하는 조심성많은 소비자라고 해도 유효기간 정도라면 모를까 약에 들어있는 화학성분을 제대로 이해하려면 약학도나 의학도로서의 다년간에 걸친 기본교육을 받지 않는 한, 무망하다. 이러한 영역에서 국가가 개입하여 소비자를 돕는다면, '시장실패'의 한 영역을 치유하는 역할을 수행하는 셈이다.

'작은 결정의 횡포(tyranny of small decisions)'는 시장에서 소비자 개개인들이 자신의 취향에 따라 재화를 구매하게 되면 다수가 원하지 않으면서도 소수의 소비자들이 절실하게 원하는 재화가 공급되지 못하는 현상이 초래되는 경우를 뜻한다. 버스가 전적으로 사적 기업에 의하여 운행되면 수익노선이 아닌 변두리지역에 사는 사람들은 불편을 겪을 수밖에 없다. 그런 곳에는 정거장이나 버스노선이 들어서지 않기 때문이다. 시장은 이윤을 보장하는 데서만 작동한다. 이 경우 수익노선이 아닌 곳에 사는 주민들의 편의를 위해 정부가 개입하여 버스회사에 보조금을 주거나 행정명령을 하면 문제의 주민들은 고객만족과 같은 고마운 느낌을 갖게 되지 않겠는가.

이러한 관점에서 볼 때 복지국가는 시장이 '실패'하는 경우 못지않게, 아니 그보다는 시장이 '성공'하는 경우에도 개입하는 국가라고 이해하는 편이 타당하다. 시장이 '성공'할 경우, 경쟁력있는 기업과 서비스의 출현 등, 여러 가지 바람직한 현상들이 나타나지만, 바람직하지 못한 현상들도 목격된다. 시장의 경쟁에서 실패하거나 탈락한 사람들의 문제가 바로 그것이다. 이들은 때때로 직장에서 퇴출되기도 하고 혹은 사업체부도로 말미암아 '기본적 필요(basic needs)'를 해결할 수 없는 절박한 상황으로 내몰리기도 한다. 혹은 시장거래가 활성화되면서 부익부와 빈익빈의 경우처럼 심각한 양극화현상이 노정될 수도 있다. 이러한 '시장의 성공상황'에서 그 바람직하지 못한 효과를 교정하고 치유하기 위하여 개입하는 국가가 바로 복지국가이다.

이 복지국가의 특징이라면, "가난은 나라도 해결하지 못한다."든지 혹은 "가난한 사람은 항상 있게 마련"이라는 고전적 준칙을 거부한다는 점에 있다. 이러한 국가가 제공하는 복지의 혜택은 여러 가지의 범주로 표현되는데, "요람에서 무덤까지" 혹은 "수태에서 무덤까지"라는 슬로건이 그 간명한 형태로 사람들에게 깊은 인상을 주어왔다. 물론 국가가 베풀 수 있는 복지의 유형이나 규모는 그 국가공동체의 역사나 재정능력, 및 문화에 따라 다를 수 있다. '적극적 국가(positive state)'의 경우는 특히 절대적 가난을 척결하는 것을 목표로 하고 있다. 그런가하면 여기서 한 걸음 더 나아가 광범위한 사회안전망을 구축하며 각종 사회보험을 운영하기도 한다. 이러한 유형의 국가라면, '사회보장국가(social security state)'라고 할 수 있다. 한편 단순히 절대적 가난을 척결하거나 사회보험을 운영하는 수준을 넘어서서 한 사회를 경제적으로 평등한 사회로 만드는데 주안점을 두는 국가도 생각해 볼 수 있다. 스웨덴 모델로 특징지어지는 이 '사회복지국가(social welfare state)'는 상층집단의 최고 수입을 규제하는 한편, 또한 사회의 '최저선'을 긋고 그 위로 빈곤층을 끌어 올림으로써 사회를 평등사회로 유도한다는 점이 특징이다.

당연히 20세기에 출현했던 복지국가는 기존의 정치비전을 교정하는데 획기적인 역할을 했다. 전통적으로 치산치수(治山治水)나 공공재의 문제해결을 목표로 했던 권력국가, 혹은 자연상태에서 사람들 사이에 평화가 유지될 수 있도록 서로 간에 무기를 내려놓자고 합의함으로써 시작되었던 안전보장의 국가와는 달리 가난척결이나 소득재분배를 목표로 하는 복지국가가 태동함으로 명실공히 국가는 공포와 강제의 대상이 아니라 도움의 손길을 주는 '보이는 팔'이나 '수호천사'의 역할을 할 수 있다는 온정적인 정치의 비전을 불러일으키는데 성공한 것이다.

2) 조정문제의 해법자로서 국가

국가가 공여하는 혜택의 보다 일반적 범주라면, 상기의 복지의 문제와 달리 사람들 사이에 규칙적이고 안정된 기반위에서 이루어지는 '관행적 규범(conventional norm)'에서 찾을 수 있을 것이다. 공동체에서 이루어지고 있는 일련의 규칙적이고 안정된 행위, 그러면서 가치있고 유의미하지만, 동시에 '임의성(任意性)'을 띠고 있는 행위가 관행적 행위이다. 물론 '임의적'이라고 해서, 의미를 전혀 찾을 수 없을 만큼, 부조리하며 불합리한 행위라는 뜻은 아니다. 우리 사회에서 통용되고 있는 교통규칙은 이에 대한 전형적 사례. 운전자들이 도로에서 신속하고 안전하게 운전하려면, 우측통행을 해야 할까, 아니면 좌측통행을 해야 할까? 이 상황에서 우측이든 좌측이든, 방향의 결정이 그렇게 중요한 것은 아니다. 다만 모든 운전자들이 같은 방향으로 운전을 해야 한다는 사실이 중요할 뿐이다. 그러므로 이 상황에 직면한 운전자들은 "우리의 소원은 통일"이라고 외치지 않겠는가! 운전자 좌측통행이든 우측통행이든, 어느 쪽으로 결정이 나더라도 임의성을 내포할 수밖에 없으나, 한번 방향이 결정되면, 사람들은 그로부터 일탈하려고 하지 않는다. '역주행'의 경우처럼, 정해진 통행방향에서 일탈하면, '나' 자신의 목숨조차 위험해지기 때문이다. 혹은 소방서 자동차에 관한 사례도 흥미롭다. 소방서의 자동차는 비록 물을 가득 실었지만 '물자동차'보다 '불자동차'로 불려지고 있다. 물론 '불자동차'에는 '물'만 실려 있을 뿐 '불'은 찾아볼 수 없어 비합리적인 명칭임에 틀림없다. 이처럼 '불자동차'의 이름에는 임의성이 있으나, 사람들이 화재가 났을 때는 119로 반드시 '물자동차'가 아니라 '불자동차'를 부른다는 점에서 '불자동차'는 의미있는 이름이다.[7)]

이러한 관점에서 보았을 때 사회의 복리에 기반을 둔, 가치 있고 안정되며 임의적인 규칙적 행동으로 관행적 행위를 정의하는 이유를 충분히 알 수 있을 것이다. 왜 우리는 지역 사투리보다 표준어를 사용하는가? 왜 시장의 거래에서 평이나 야드보다 미터법을 사용하는가? 왜 단기보다 서기의 연호를 사용하는가? 왜 자녀는 부모의 성을 같이 쓰지 못하고 아버지의 성을 따라야 하는가? 왜 화씨보다 섭씨를 사용하는가? '강아지'로 불러야 할까, '개새끼'로 불러야 할까? 자녀의 입장에서 '어머니'로 불러야 할까, '어머님'으로 불러야 할까? 며느리나 사위의 입장에서 '아버지'로 부를까, '아버님'으로 불러야 할까, '장인어른'으로 불러야 할까? 이처럼 언어, 단위, 용어 등의 사용은 물론, 친척들간의 호칭, 지칭, 혹은 경칭, 존칭 문제에서 나오는 예법 등은 모두 다 관행적 규범에 속한다.

예를 들어 보행자 우측통행보다 좌측통행결정의 문제가 발생했다면, '조정문제'라고 할 수 있다. 조정문제의 상황은 두개의 먹음직스러운 건초더미에서 무엇을 먹을까하며 고민하던 이른바 '뷔리당의 당나귀'처럼, 두개의 엇비슷한 대안가운데 택일하는 문제에서 어리둥절하며 당혹스러워하는 사람들의 고민을 말해준다. 혹시 우리가운데 누가 때때로 똑같은 두 개의 비누 중에서 어느 비누로 세수를 할까, 혹은 똑같은 우표가운데 어떤 우표를 편지에 붙일까하며 고민해 본적이 있는가. 만일 이런 문제로 오랫동안 고심하는 나머지 세수를 못하거나 편지를 부치

---

7) 이 문제와 관련, 박효종, 『국가와 권위』 서울: 박영사, 328~389쪽 참조.

지 못하는 상황에 봉착하는 경우가 있다면, 분명 정신과 치료를 받아야 할 사람일 것이다. 이런 것들이야말로 정말 사소한 문제들이기 때문이다. 그러나 사회적으로 사소하지 않은 문제들이 있다. 오른쪽 통행이냐 왼쪽 통행이냐 하는 문제가 명쾌하게 결정되지 않아 사람들이 우왕좌왕한다면 목숨을 잃을 수도 있기 때문이다.

사람들은 이 조정문제의 상황에 직면했을 때 무임승차행위 등, 비협력행위의 유혹을 강하게 느끼는 공공재문제의 상황과는 달리 두 개 중 어느 하나로 결정되면 따르고자하는 마음을 갖고 있다. 물론 조정문제의 해결책이 무정부상태라고 해서 자생적으로 나올 수 없는 것은 아닐 것이다. 약수터에서 줄서는 행위나 버스에서 줄서는 행위는 그의 대표적 사례이다. 하지만 가능하다고 하더라도, 관행적 규칙이 출현하는 자연발생적 진화론적 과정은 적지 않은 시간과 비용 및 시행착오의 과정을 요구하게 마련이다. 또한 이에 관련되는 사람들도 불특정다수라면, 의사소통문제도 해결하기 쉬운 사안은 아니다. 그러므로 조정문제 해결책의 시급성 때문에 정부의 직접개입이 효율적인 경우가 적지 않다. 예를 들어 운전자 좌측통행이나 운전자 우측통행 가운데 어느 하나를 정하는데 있어 자연발생적으로 특정규칙이 출현할 수 있을 때까지 기다릴 수는 있겠지만, 그 과정에는 불필요할 정도의 지나친 비용과 시간, 사고 및 시행착오가 거듭되게 마련이다. 이 경우, 정부가 나서서 운전자 우측통행을 선포한다면, 얼마나 효율적으로 운전자 통행 규칙이 정해지겠는가! 혹은 에스컬레이터 이용자들이 양쪽에 서 있기보다 오른쪽에만 서 있고 왼쪽 편을 비워 놓도록 선언한다면, 빨리 가려는 사람은 왼쪽 편을 이용할 수 있지 않겠는가! 이 경우, 정부는 에스컬레이터 왼쪽 비워 놓기를 선언하는 것으로 관행적 규칙이 정해질 듯하다. 혹은 척도의 문제, 즉 근과 kg 가운데 혹은 미터나 야드, 평 가운데 정부는 어느 한 척도를 선택할 수 있을 것이다. 그밖에 규격이나 운영체계 등의 문제에서 정부는 특정대안을 표준규격이나 표준운영 체계로 정할 수 있다.

결국 정부의 선언행위 자체로 결정되는 문제의 대안은 '현저한 대안(prominent solution)'으로 부상하는 셈이다. 즉 시장의 행위자들은 정부의 일방적 선언에 의하여 특정척도나 특정규격을 교환의 기준으로 사용하게 될 것이라는 의미이다. 이처럼 조정문제의 상황에서 해결자로 기능하는 정부야말로 강제보다는 혜택을 공여한다는 점이 두드러지는 또 다른 범주라고 할 수 있을 것이다.

3) 기업가적 국가

국민들에게 강제보다 서비스를 제공하는 국가의 세 번째 유형은 시장모델을 중시하는 국가에서 인상적으로 엿볼 수 있다. 시장모델을 중시하는 국가비전의 특징이라면, 고객을 위주로 움직이는 정부, 혹은 고객마인드로 국민을 생각하는 정부다. 고객위주의 정부와 관련, 세 가지 원칙을 들 수 있을 것이다. 첫째, 정부는 고객에게 자상에게 귀를 기울여야한다. 둘째, 정부는 고객에게 경쟁적인 서비스 공급자들 가운데 선택할 수 있는 권리를 주어야한다(즉 경쟁을 조성해야한다). 셋째, 정부는 고객이 각자의 서비스공급자를 선정하는 데 있어서 사용할 자원을 주어야한다. 이러한 입장은 정부 서비스의 질을 개선하는 차원을 넘어서서 사실상 하나의 독특한 정치적 비전을 대변하고 있다. 그것은 정부란 권력을 행사하는 강제의 기제가 아니라 서비스를 제공하는 기제라는 의미이다.

정부가 법률과 사용가능한 자원의 제약범위 내에서 국민들에게 최고품질의 서비스를 제공해야한다는 생각은 중요하다. 물론 이러한 생각은 민주주의론자들이 줄기차게 외쳐왔던 '위민정치(爲民政治)'의 범주에서 이해할 수 있을 것이다. 그러나 문제는 '위민정치'에 관한 한, 상하 관계에 입각한 '온정적 독재자(bevevolent dictator)'의 모습이 투영되는 측면이 강하다는 사실이다. 무엇인가 위에서 아래로 베푼다는, 이른바 '시혜(施惠)'의 의미가 두드러지는 느낌을 어쩔 수 없기 때문이다. 그러 므로 국민들에게 최고의 서비스를 제공한다는 발상은 국가와 시민의 관 계보다 생산자와 소비자의 관계로 파악할 필요가 있다. 그것은 정치적 관계보다 시장의 관계로 간주한다는 의미가 된다. '위민정치'보다 '고객 서비스' 개념이 새로운 패러다임이 될 수 있는 근거가 여기에 있다.8)

우리는 과거에 '소비자는 왕'이라는 구호에 익숙했으나, 요즈음은 '고객감동'이라는 구호를 많이 듣고 있다. 중요한 사실은 '고객감동'이 나 '고객서비스'의 개념은 시장과 기업에서 나오는 것이지, 정부나 민 주주의에서 나오는 것은 아니라는 점이다. 왜냐하면 민주정부에는 '단 골'이나 '고객'의 개념은 있을 수 없고 오직 '시민'과 '국민'의 범주만이 있을 뿐이기 때문이다. 그렇다면 이처럼 시장의 소비자 개념에 입각하 여 정부가 제공하는 서비스를 평가해볼 때 그 결과는 어떠한가. 실제로 개별 정부기관과 정부전체의 서비스 품질향상을 위한 노력은 매우 고 무적인 결과를 보여주고 있다. 예를 들면 우리정부나 지방자치단체들도 고객인 시민들에 대하여 보다 높은 서비스 품질수준을 약속할 뿐 아니 라, 또한 그러한 수준에 맞지 않을 경우 국민들에게 불만을 경청하거나 보상할 것까지 약속한다. 고객 서비스를 개선하기 위한 노력을 벌이고 있는 것이 정부경영의 추세가 아니겠는가.

특히 최근에는 기업의 특정경영원리를 정부경영에 원용하는 것이 정 부개혁의 핵심과제가 되고 있다. 이러한 사례는 대체로 정부기관들이 민

---

8) 이러한 비전과 관련, D. Osborne and T. Gaebler, *Reinventing Government*, Reading, Mass. : Addison-Wesley Pub. Co, 1992 참조.

간부문에서 유익한 것으로 나타난 과학적 관리 및 완전품질관리에 이르는 방식들을 채택하는 경우에 관찰된다. 또한 정부는 기업경영의 기법들뿐 아니라 그 철학이나 가치들도 수용해야 한다고 하는 주장이 힘을 얻고 있다. 이와 관련, 우리는 '기업가적 정부(entrepreneurial government)'라고 부르는 발상에 주목하게 된다.

실제로 현대 정부경영은 기업의 가치나 시장의 가치들 가운데 중요한 많은 것을 수용했는데, 여기에는 경쟁의 원리, 사회적 선택에 있어서 시장구조의 우선시, 그리고 기업가 정신의 존중 등이 핵심이다. 시장모델은 정부경영에 원용되면서 몇 가지 중요한 특징을 노정하게 되었다. 특히 정부에 적용되는 시장 모델은 공공 및 민간 부문 간의 경쟁, 공공계약을 따내려고 다투는 민간기업 간의 경쟁, 공공기관들 간의 경쟁, 그리고 내부고객들에게 서비스를 제공하려는 정부 부서들 간의 경쟁으로 구체화되었다. 이처럼 기업의 경영원리를 정부에 원용하면 '고객 위주의 정부'가 되는 셈인데, 그런 정부의 모습을 상상하기란 어려운 일이 아니다. 고객에게 자상하게 귀를 기울이는 정부나 고객에게 경쟁적인 서비스 공급자들 가운데서 선택할 수 있는 권리, 즉 경쟁을 조성해주는 정부가 그런 정부가 아니겠는가.

이처럼 '기업가적 정부'라고 할 때, 정부의 역할은 기업가를 모델로 하고 있다는 점이 특징이다. '기업가정신(entrepreneurship)'이란 무엇인가. 기업가정신이란 일단 원론적으로 "생산성과 효율성을 극대화하기 위해 새로운 방법으로 자원을 사용하는 발상"이라고 정의할 수 있을 것이다. 하지만 '기업가정신'이라는 말에는 단순한 재주, 혹은 재능 이상의 의미가 배어 있다. 특히 그것은 위험을 감수하고 기회를 포착하며 혁신적 전략을 원용하는 등, 창의성, 혁신, 수단보다는 목적, 혹은 결과나 사명 등에 대한 강력한 의지를 포함하고 있는가하면, 문제를 대하는 모험적 태도나 전향적 자세를 수반한다.

하지만 잊지 말아야 할 점이 있다. '기업가정신'이라는 개념에서 핵심적 사항은 기업행위자 각자가 자기 자신의 이익에 따라 행동한다는 것을 의미한다는 점이다. 자신의 이익에 따라 행동한다는 것이 부정적 함의를 가지는 것인가. 반드시 그렇게 단정할 필요는 없을 것이다. 매우 긍정적으로 사용될 수 있기 때문이다. 민주주의적 가치나 공익적 가치를 중시하는 많은 사람들은 자기중심의 이기적 행동이 공익정신이나 민주정신에 따라 행동하는 것보다 못하다고 단정하지만, 반드시 그렇다고 주장할만한 근거가 미약하다.

이기주의에 바탕을 두고 있는 '기업가정신'이란 기업인들로 하여금 자신들이 벌이고 있는 사업에서 주인처럼 생각하게 만드는 정신이다. 그 이기적 정신의 힘은 놀라운 결과를 산출한다. 국민의 혈세로 지은 공항이 이용객이 적어 국고낭비가 발생할 때 우리는 공익의 이름으로 공항건설을 결정한 정치인들에게 어떤 비판을 가하는가. '이것이 제 돈이라면 과연 이런 식으로 쓸 것인가?'하는 물음을 제기하지 않는가. 또한 잘못 지어진 공공건물이나 필요이상으로 호화롭게 지어진 도지사 관사를 보면서 "자기 돈이라면 그런 식으로 건물을 지었을까"하며 비판을 가한다. 또 선거에서 승리한 정치세력이 공적인사를 하면서 능력검증 없이 '전리품 나누듯이' 측근인사나 보은인사로 일관할 때 사람들은 어떤 비판을 하는가. "자기회사라면 그런 사람을 쓸 것인가"하고 비아냥거리지 않겠는가. 이기주의와 주인정신에 의하여 동력을 받고 있는 기업인 개개인들이 민주와 참여, 공익을 내세우는 사람들의 집단적 노력보다 효율과 창의, 혁신적인 잠재력을 시현하는 데 우월한 이유가 바로 여기에 있다.

따라서 이러한 기업가정신으로 무장한 정부라면, 민의가 불확실하다며 우물쭈물하기보다는 고객서비스처럼 국민들에게 확실한 서비스를 하지 않을 것인가.

4. 양 비전을 어떻게 볼 것인가

상기비전을 섭렵한 후의 관심사항이라면, 그 비전을 어떻게 평가할 것인가의 문제일 것이다. 우리는 권력국가의 행태를 주시하며 강제력의 문제를 경계해마지 않는 자유주의적 정치비전에 대하여 그 강점을 인정하면서도 한편으로 문제점을 제기할 필요가 있다. 자유주의적 정치비전은 정치에서 강제의 현저한 성격을 조망하며 확인하는 역할을 한다. 이 역할은 물론 중요하다. 강제력을 함의하지 않는 정치나 정부는 존재하지 않는다고 말할 수 있기 때문이다. 대규모의 군중들이 관전하거나 응원하는 축구장이나 야구장에도 공권력으로 무장한 경찰들이 지키고 있다. 무슨 까닭일까. 군중들이 경기에 열광하는 나머지 난동을 부릴 가능성도 있기 때문이다. 그러나 이처럼 정당화될 수 있는 강제력도 일부 사람들에게는 공포의 대상이 될 수 있다. 예를 들면 우리는 정부를 호랑이보다도 무서워해서 세리들로 가득한 지역멀리 호랑이들이 출몰하는 곳에 거처를 마련한 사람들의 눈물겨운 사연도 듣고 있지 않은가.

하지만 그렇다고 하더라도 국가나 정치를 단순히 강제를 행사하는 기제로만 접근한다면, 그것은 법과 국가의 관계, 혹은 국가가 시행하고 있거나 새로 제정하게 되는 법과 규칙들의 성격을 조명하는 데 있어서 지나치게 단순한 접근방식이라고 할 수 있다. 법은 강제력과 구속력을 가지고 있지만, 어디까지나 그 지향성은 사람들의 복지라고 해야 하지 않겠는가. 이것은 은유적으로 말해 '사랑의 매'에서 매의 본질은 '고통'이 아니라 '사랑'이라고 해야 하는 것과 별로 다르지 않다.

그런가하면 정부나 국가가 순수한 강제력의 실체라면, 왜 그러한 국가가 - 때로는 사람들의 동의나 합의에 의해 - 출현했는지에 대한 설명이 부족할 수밖에 없다. '다른 조건이 동일'하다면, 사람들은 강제를 좋아하지 않는다. 특히 강제와 자유가운데 선택할 경우, 자유가 그 대안이 될 가능성이 크다. 하지만 그럼에도 불구하고 사람들이 강제를 선택한다면, 분명 그 이유가 있을 것이다. 그 대표적 이유라면 '자유의 역설'이다. 누구든지 무제한으로 자유를 향유하고자 한다면, 누구의 자유도 보장될 수 없다는 것이 '자유의 역설'이 함의하는 내용이다. 이것은 강제를 정당화할 수 있는 하나의 중요한 논리이다. 그러므로 국가의 강제를 말할 때 유의해야할 점은 강제라고 해도 '정당화될 수 없는 강제'와 '정당화될 수 있는 강제'를 구분해야 한다는 점일 것이다. 당연히 정당화될 수 있는 강제의 범주를 말할 수 있다면, 최대한의 수준에서 '적극적인 선(positive good)', 혹은 최소한의 수준에서 '필요악(necessary evil)'을 거론해야 하는 것은 아니겠는가.

한편, 강제의 정당성에만 초점을 맞추는 국가에 대한 비전은 국가의 역할과 기능에 대하여 이미 일정부분을 규범적으로 전제하고 있기 때문에 중립적이라고 하기 어렵다. 특히 문제가 되는 부분은 국가와 정치의 본질, 및 법과 규칙의 성격에 대하여 중립적이며 기술적으로 접근하는 것 같지만, 엄밀하게 보면 '규정적 성격'을 가지고 있다는 사실이다. 국가의 역할은 '법과 질서'의 영역으로 한정되어야 한다는 명제야말로 '사실적 명제'가 아니라 '당위적 명제'가 아니겠는가. 물론 누구라도 국가의 역할이 '작은 정부', 즉 '법과 질서'의 영역으로 한정되어야 한다는 주장을 할 수는 있을 것이다. 하지만, 그것은 정부나 정치의 본질을 정의하는 과정이 아니라 다른 독립적인 논리에 의하여 정당화되어야 하지 않겠는가.

물론 그렇다고 해서 '강제력의 행사자'가 아닌 '복지의 공여자'로서 국가의 비전에 문제가 없다는 것은 아니다. 복지국가가 행복과 후생을 지향하는 국가임에는 틀림없지만, 그것이 순조롭게 작동하려면, 강제력이 구비되어있지 않으면 안 된다. 복지국가에는 유난히 징세권(徵稅權)이 발달되어있다. 복지에 들어가는 재원을 마련하려면 세금을 통하는 수밖에 없기 때문이다. 하지만 엄밀하게 말해서 징세권은 강제력의 구현일 뿐, 자발적인 기부의 결과라고는 말할 수 없다. 세금고지서를 받으며 환한 미소를 짓는 사람이 과연 있겠는가. 우리가운데는 때때로 나라를 위해 목숨을 바칠 준비와 용의를 가지고 있는 사람들이 있지만, 세금고지서에 나와 있는 금액보다 더 많은 금액을 내겠다고 호기 있게 말하는 사람도 있는가. 물론 구세군 냄비에 돈을 내겠다는 의사를 표명하는 사람들은 의외로 많다. 그 이유라면, 구세군냄비는 자발성에 기초한 것이기 때문이다. 이러한 사실이야말로 그 목적이야 어떻든 징세가 국가의 강제적 권한임을 입증하는 셈이다.

한편 조정상황의 해법에도 강제의 문제는 피해갈 수 없는 경우가 많다. 이미 지적한 교통법규의 준수문제야말로 국가가 국민들을 위해 서비스와 혜택을 베풀고 있다는 대표적 사례로 보아야 할 것이다. 그렇지만 이 경우에도 사람들은 서비스공여보다는 강제력의 실체로 국가를 체험하고 있는 것이 현실이다. 네거리에서 신호등 조작을 하며 특정방향의 통행을 금지하는 교통경찰, 과속 운전자에게 스티커를 발부하는 경찰, 및 음주운전을 단속하는 경찰로부터 조정문제의 해결자로서 대국민 서비스를 제공하는 국가의 모습이 현저한 것으로 다가오는가, 아니면 강제력을 집행하는 국가로서의 모습이 두드러지는가. 차량이 시속 몇 km로 달리며, 교통신호를 지키고 혹은 음주운전을 하지 말아야 한다는 규정은 공히 조정문제의 해결책으로 사람들이 자발적으로 지킬만한

'관행적 규범(conventional norm)'이라고 할 수 있다. 그 규정을 지키지 않으면 운전자들의 목숨자체가 위협을 받기 때문이다. 그러나 그럼에도 교통법규준수 문제와 관련, 경찰과 국가가 강제력을 통하여 개입해야 하는 이유는 무엇인가? 그것은 단도직입적으로 말해 무임승차 행위의 유혹이 크고, 또 그 결과가 결코 사소하지 않기 때문이다. 즉 단기적인 자기 이익과 공동의 이익 사이에 괴리가 크다는 점이 문제이다. 다른 모든 사람이 교통규칙을 지키는 한, 행위자 자신만이 일탈적 행동을 하는 상황이 가장 유리하다고 볼 수 있지 않겠는가.

그런가하면 정부를 기업처럼 운영하는 '고객위주의 정부'가 대국민 서비스 공여 정부로서 기업의 행태와 기업가정신을 본받을만한 이유를 가지고 있는 것이 사실이라고 하더라도 기업과 정부사이에 존재하는 차이를 과소평가해서는 곤란하다. 만일 '고객'의 개념을 정부나 민주주의에서 원용한다면, 기업경영에 '기생적인' 개념일 뿐이다. '고객서비스' 개념이 정부보다 기업에서 출발한데는 이유가 있다. 정부에서 아무리 '고객서비스' 개념을 내세워도 한계가 있기 때문이다. 주지하는 바와 같이 기업에서는 획일적인 제품, 또는 '제품군'들이 존재한다. 따라서 '고객만족'이나 '고객봉사'라는 개념이 명확하다. 이에 비하면 정부의 기능은 매우 다양하기 때문에 서비스개념이 모호하다. 예를 들면 교통범칙금 발부나 체포·구금과 같은 일부 서비스는 정부로부터 연유하는 것이긴 하나, 이런 유형의 서비스는 결코 수령자가 기대하거나 원하는 서비스는 아니다. 자신을 체포하려는 경찰에게 칼을 휘두르며 극력 반항할지언정, 고맙다고 사의를 표명하는 마약밀매범이나 소매치기범이 과연 있을 수 있겠는가.

그러나 기업서비스는 다르다. 고객이 원치않는 서비스를 하는 기업이 있을 수 없기 때문이다. 왜 사람들은 냉면집에서 울면서 겨자를 먹는가. "울면서 겨자를 먹더라도" 소비자자신이 겨자 친 냉면이 먹고 싶어서 먹는 것일 뿐, 싫어하면서 겨자 친 냉면을 억지로 먹는 사람은 없다. 울면서 겨자를 먹더라도 냉면주인에게 사의를 표하는 고객들은 많다. 이처럼 냉면집의 생산자들과 그 앞에 서있는 고객들 사이의 관계가 단순하다면, 공공기관의 사람들과 그 고객들 사이의 관계는 훨씬 복잡하다. 바로 이점이야말로 기업서비스를 공공서비스로 바꾸어 접근하려는 시도가 한계를 갖는 부분일 것이다. 그 성격이 단순하고 명쾌한 기업의 '고객서비스'를 그 성격이 복잡하고 모호한 국가의 '공공서비스'가 원용할 수 있다고 생각한다면, 고래를 물고기로 분류하는 것에 비견될 정도로 잘못된 발상이 아닐 수 없다.

뿐만 아니라 정부활동의 다양성은 서비스 개선노력의 첫 단계인 고객에 대한 파악이 매우 어려울 수 있음을 의미한다. 기업부문 고객서비스 활동은 종종 대내적 고객과 대외적 고객을 구분한다. 이사회·경영자·임직원·노동조합 등은 기업대내적 고객이며 주주·채권자·거래처 등은 기업 밖에서 참가하는 대외적 고객이다. 참여자들이 다양한 만큼 고객서비스의 형태도 나름대로 다양해야 한다. 하지만, 정부에 비하면 단순하다. 정부 서비스기능의 문제는 대내·대외적 구분을 포함할 뿐 아니라 그것을 훨씬 넘어선다는 데 있다. 정부가 상대하는 사람들의 유형 가운데는 서비스를 위해 직접 출두하는 사람들, 서비스를 기다리고 있을지도 모르는 사람들, 직접 수령자의 친척과 친지들, 지금은 적극적으로 요구하지 않고 있지만 서비스를 필요로 할지 모르는 사람들, 그리고 장래에 서비스수령자가 될 차세대 등이 포함된다.

특히 중요한 점은, 서비스를 받으러 기업을 찾는 사람들은 자발적이며 선택적이라는 사실이다. 기업경영에서는 그런 사실이 곧 그들에 대한 특별한 배려를 정당화한다. 그러나 정부의 경우에는 그렇지 못하다는 것이 분명하다. 오히려 각종영역에서 인·허가권을 가지고 있는 정부에서 '고객관계'를 강조하다 보면, 일부사람들에게 부적절한 특혜와 특권을 부여하는 분위기가 조성될 수도 있다. 또한 교육기회, 환경의 질, 또는 경찰의 보호 등과 같은 많은 공공 서비스는 집단적 혜택을 주는 내용으로 짜여있을 뿐, 개인적 혜택시스템은 아니다. 예를 들면 우리는 일반적으로 교육의 질이 높은 사회를 만들어가는 것은 개개인들에게 교육을 베푸는 데 따르는 효과의 차원을 넘어서는, 이른바 '긍정적 외부효과(positive externality)'가 기대되는 중요한 사회적 목표라고 생각한다. 실제로, 어떤 문제들이 시장에서 쉽게 소화되지 못한다는 사실 자체가 그러한 문제들이 민간부문이 아닌 공공부문에 속하게 된 이유가 아니겠는가.

마지막으로 지적할 점은 기업의 제품이나 서비스의 고객이 서비스의 생산자가 되는 경우는 드물다는 사실이다. 생산자와 소비자는 비교적 엄격하게 구분되기 때문이다. 하지만 공공부문에서는 모든 사람이 '정부서비스'의 고객인 동시에 시민 혹은 국민인 경우가 거의 대부분이다. 어떤 의미에서는 고객의 범주를 넘어선 '주인'인 것이다. 이런 현상은 어떤 의미에서 보면 소비자와 생산자가 결합되는, 이른바 '프로슈머(prosumer)'의 개념과 유사하다. 시민으로서의 개인은 그가 직접 소비하는 서비스뿐 아니라 일반시민들에게 제공되는 모든 서비스에 대해 이해관계를 지닌다고 할 수 있다. 이런 특징이 극명하게 나타나는 경우는 바로 다수의 국민들이 — 의회를 통하건 국민투표를 통하건 — 다른 많은 고객들이 원하는 특정 서비스 공급에 지출될 돈의 액수를 제한하기로 결정하는 때 일 것이다.

그렇다면 우리는 이 양 비전을 결론적으로 어떻게 평가할 수 있는가. 정치란 우리인간이 살아가는 일상의 세계를 어렵게나마 지탱하는 주춧돌 역할을 한다. 정부나 정치, 정치인들이 없었다면, 인간의 삶은 홉스의 지적대로 "가련하고 고독하고 야만스럽고 불쾌하며 단명하지" 않았을까. 정치란 인간 삶의 총체적 틀을 유지하게 만드는 활동이다. 물론 그렇다고 그것이 '삶 전체'가 된다거나 혹은 '삶 자체'라고 단언할 필요는 없을 것이다. 우리인간의 삶은 정치이외에도 종교·경제·문화의 영역에서 이루어지고 있으며, 또한 꽃필 수 있기 때문이다. 아리스토텔레스는 "인간은 본성상 정치적 동물(zoon politikon)"이라고 설파했지만, 인간이 정치적 동물이라는 사실은 인간의 '부분적인' 모습일 뿐, '전체적인' 모습은 아니다. 일찍이 영국의 시인 예이츠는 다음과 같이 읊은 바 있다.

> "저 소녀가 저기 서 있는데,
> 어찐 난들 내 관심을
> 로마나 러시아 또는 스페인의 정치에만
> 가두어 놓고 있으랴"

하지만 잊어서는 안 될 점이 있다. 정치의 중요한 측면은 인간의 다양한 삶의 방식을 규제할 수 있는 능력을 지니고 있다는 사실이다. 이힘은 국가의 강제력에서 현저하게 드러나는데, 개인의 뜻에 반하여 무엇인가를 관철하는 힘이다.

그러나 물론 정치를 강제력의 범주로만 볼 필요는 없을 것이다. 정치를 통해 행복과 복지, 후생을 공여할 수 있다는 생각도 매력적이며, 누구도 무시할 수 없는 일반적인 비전이 되었다. 그러나 흥미로운 것은 행복이나 복지를 강조할수록 그 정치는 보다 억압적이 되거나 약탈적이 되는 역설을 초래했다는 점이다. 인류의 역사를 보거나 한 국가의 정치사를 볼 때 모험적인 시도는 많았는데, 그 모험적 시도는 한결같이 행복과 복지를 화두로 삼고 있었다. 그 모험적 시도는 『카라마죠프가의 형제들』에서 모습을 드러낸 '대심문관'의 표현을 빌면, 빵이나 기적 등, 행복을 산출할 수 있고 또 산출하겠다는 국가나 정치의 의욕에서 기인한 것이다. 고대로부터 특출난 능력을 가진 초인(超人)이나 귀인(貴人)이 나타나 고통에서 구원해주고 행복을 줄 것이라는 '정치적 메시아니즘(political messianism)'이야말로 그 전형적 사례이다. 또 이미 지적한 것처럼 "군왕은 하늘을 대신하여 백성의 행복을 실현시킬 의무가 있다. 그것에 실패했을 때 백성은 군왕을 권좌에서 물러나게 할 수 있다."고 설파한 맹자의 역성혁명론도 정치행복론의 반영이다.

그런가하면 혁명적 변화를 통해 '정의로운 사회'를 만들고자 하는 야심적 시도도 있었는가 하면, '계급없는 평등사회'를 만들고자 하는 '고상한 정치적 실험'도 강행되었다. 또 정치를 통해 복지사회를 만들자는 목소리는 얼마나 거셌는가. 이러한 야심만만한 모험과 시도들의 특징이라면, 사람들을 정치를 통해 도덕적 존재나 행복한 존재로 만들겠다는 의지의 발로라는 사실이다. 이것은 인간의 심성을 점진적으로 변화시켜 인간을 도덕적 존재나 행복한 존재로 만들겠다는 종교나 교육의 포부와는 다르다. 가치를 권위적으로 배분하는 정치가 국가권력을 통하여 행복을 만들어 주겠다는 것이므로 강제보다는 설득을 통하여 마음을 움직이는데 역점을 두는 비강제적인 현상인 교육이나 종교와 달리 그 파장은 심각할 수 있다.

이러한 관점에서 국가나 정치인들이 행복을 추구하겠다는 목적을 설정한다면, 이것을 어떻게 보아야 할까. 국가가 행복을 달성하겠다는 것은 모험적인 기발한 목표인가, 아니면 실현가능한 순리적인 목표인가. 정치를 통해 인간을 행복하게 만들고 고통을 없애 주겠다는 것은 매력적인 제안이기는 하지만, 동시에 초현실적 제안일 가능성이 크다.

정치가 우리 인간에게 중요하며 필요한 것은 사실이지만, 정치를 통해 행복을 실현하겠다는 것은 정치의 목적이나 사명을 넘어가는 과도한 일이 아니겠는가. 정치는 행복을 주기를 약속하기보다는 실현가능한 보다 낮은 목표를 설정하는 것이 타당하다는 생각이 든다.

우리는 사랑이나 직장, 여가 혹은 자신의 취미생활을 통하여 행복을 누릴 수 있을 것이다. 또 사려 깊은 사람들은 신비주의나 금욕주의, 혹은 또 다른 형태의 은둔주의에 심취함으로 자기완성을 이루고 또 마음의 안녕과 행복을 누릴 수 있다. 삶의 정수나 행복은 감각의 세계를 초월한 정신세계에서 추구될 수도 있다. 그러나 정치를 통해서 행복을 향유하는 일이 가능할까. 혹은 가능하지는 않을지라도 바람직하다고 생각할 수 있을까. 가능하지도 않고 또 바람직하지도 않다면, 정치의 목표는 무엇이 되어야 할까. 이와 관련, 적극적 내용으로 말할 수는 없으나 소극적 내용으로 답변할 수는 있을 것이다. 모름지기 정치란 일부의 사상가들이나 몽상가들이 기발하게 창안한 이상적 목표나 모험적인 시도들로부터는 일정한 거리를 유지해야 하는 특별한 성격의 공익적 활동으로 보아야 하지 않겠는가.

Ⅲ. 정치와 행복은 어떤 관계에 있는가?

정치와 행복은 연결될 수 있는가. 만일 연결될 수 있다면, 어떻게 연결될 수 있는가. 오늘날 유행하는 정치적 담론을 보면, 정치는 '행복'보다는 '정의'와 연계되어야하는 것으로 인식되고 있다. 여기에는 "정의가 없다면, 국가란 커다란 강도 집단이외에 무엇이란 말인가(remota justitia, Quid sunt regna nisi magna latrocinia)"하는 아우구스티누스의 반문적 준칙이 금과옥조로 자리잡고 있다. 하지만 엄밀하게 고찰해보면, 정치의 목적이 행복이라는 주장은 이미 플라톤과 아리스토텔레스의 '에우다이모니즘'에서 유래되었을 만큼 유서가 깊은 것이다. 그런가하면 근대에 들어서면서 행복의 극대화가 정치의 목적이라는 주장은 벤담이나 밀 등, 고전적 공리주의자들로부터 나왔다. 최근에는 '행복'을 '선호'로 바꾼 나머지 사람들의 '선호만족'을 극대화하는 것이 정치와 정부의 책무라고 하는 주장이 상당한 설득력을 얻고 있는 상황이다.

이번 논의에서는 행복과 정치의 관계에 대하여 보다 추상적이고 규범적인 측면에 초점을 맞출 예정이다. 행복의 산출이 정치와 정부에 의하여 가능할 뿐 아니라 또한 바람직하다는 논거에 주목하면서, 그 가능성과 한계에 대하여 비판적 고찰을 하고자 한다.

1. 행복의 개념

원래 '행복'은 정치의 영역보다는 윤리의 영역에 있어 중요한 것으로 평가받아온 개념이다. 또 그것은 일상생활에서 선망의 대상으로 사용되고 있는 개념이기도 하다. 사람들은 '행복'을 얻기 위해 사랑하고 또 '행복'을 위해 결혼한다고 말하지 않는가. 영어 'happy'의 어원을 분석하면, 명사 'hap'에서 나온 것으로 '그냥 일어난 일', '우연히 일어난 일', 혹은 '행운이 깃든 일'을 뜻한다. 이로부터 '좋은 일', '운이 좋은 일'을 함의하게 되었다. 물론 어원을 파악했다고 해서 그 의미가 완벽하게 들어나는 것은 아니다. 하지만 문제의 용어가 사용되는 용례를 본다면, 어원적인 요소가 내용파악과 관련, 하나의 단초로 작용하고 있는 것으로 보아도 무방할 것이다. 일반적 용례에 의하면, '행복하다'는 말을 할 경우, 삶에서 중요한 것으로 생각되고 있는 '상태'를 가지고 있는 것에 만족한다는 의미가 내포되어있다.

물론, 행복의 핵심적 요소를 정확하게 정의하기란 어려운 일이다. 왜냐하면 행복을 구성하는 핵심적 요소들에 관한 한, 수많은 쟁점사항들이 도사리고 있기 때문이다. 그러므로 행복이라는 개념을 비트겐슈타인(L. Wittgrnstein)이 말한 '가족유사성(family resemblance)'의 범주로 이해하는 것이 유용하며, 아리스토텔레스로부터 기원한 '본질적 속성(essential property)'의 개념으로까지 이해할 필요는 없다. 이러한 관점에서 보면, 행복의 개념은 '후생(wellbeing)', '복지(welfare)', '효용(utility)', '만족(satisfaction)', '삶의 질(quality of life)'과 같은 개념과 '가족유사성'을 가지고 있다. 그것은 또 '좋은 삶'이나, '삶을 순조롭게 살아가는 것'과 통하는 개념이다. 동시에 '불행', '고통', '불만', '희생', '슬픔'과는 반대되는 개념으로 파악할 수 있다.

굳이 행복을 정의하려는 시도들에 주목해 보면, 주관적 요인과 객관적 상황으로 나누어 접근하는 경향이 두드러진다. 무엇보다 행복이란 개인의 '마음의 상태(state of mind)', 즉 즐겁다거나 유쾌한 상태를 말한다. 즉 개인이 행복하다는 느낌을 갖는 것이 중요하다. 이러한 의미에서 행복은 주관성을 지니고 있는 것으로 파악할 수 있다. 그러나 그렇다고 해서 '간주관적 평가'나 '객관적 상황'을 무시할 수는 없는 일이다. 개인이 행복을 느끼려면, 그 처지가 일단 간주관적 평가나 객관적 평가에서 유복한 것으로 판명되어야한다. 다시 말해 한 개인이 행복감을 가지려면, 그 행복에 대한 일정한 근거가 있어야 하지 않겠는가. 타당한 근거없이 기뻐하거나 유쾌한 마음을 갖는다면, '신기루'를 보고 열광하는 것처럼, 자기착각이나 자기기만, 혹은 허위의식의 결과일 수 있다. 따라서 이 두 가지 요소는 유기적으로 연계되어있는 것으로 이해해야 할 것이다. 즉 전자의 즐거운 객관적 '상황' 때문에 후자의 즐거운 주관적 '마음상태'가 초래되었다고 말하는 경우야말로 올바른 진술이다. 그러나 강조해야할 점은 이 두 가지 요소의 관계는 절대적인 것이 아니라 가변적인 것이라는 사실이다. 예를 들면 순교자는 옳다고 생각하는 종교에 관한 믿음으로 인하여 즐거운 마음으로 사형장까지 걸어 갈 수 있다. 그런가 하면 말기암 환자처럼 절박한 상황에 처한 환자의 경우, 가족·친지들은 슬픔을 가누지 못해도 정작 본인은 주변사람들을 위로하며 마음의 평화를 만끽할 수 있다. 이처럼 다른 사람들이 개인의 불행한 처지를 동정하는 상황이라고 하더라도 정작 문제의 개인이 행복을 느낄 수 있는 여지는 충분하다.

그렇다면 문제가 있다. 양자가 상충할 경우, 즉 객관적 상황과 주관적 마음이 충돌할 경우, 어떤 요소가 중요한가. 일단 행복에 관한 철학·윤리적 접근방식이라면, 주관적 마음가짐에 무게를 두는 경우가 일반적이다. 실제로 행복론을 다루고 있는 많은 교훈적 우화들은 이 점을 강조하고 있다. 예를 들면, 부와 권력 등을 거머쥔 상태에서 아무런 부족한 것이 없는 왕은 불행을 느끼는 반면, 입을 옷도 변변치 못한 양치기 소년은 오히려 행복을 누린다는 이야기가 감동스럽게 다가온다. 혹은 가진 것은 많아도 다른 사람과 나누지 못해 고독과 소외감에 시달리고 있는 부자와 없는 가운데 자신보다 더 가난한 이웃을 돕는 빈자의 이야기에 우리는 친숙하다. 이것은 행복이 객관적 상황보다 주관적 심리상태에 달려있음을 말해준다.

물론 심리상태라고 하더라도 두 가지로 나누어 볼 수 있을 것이다. 하나는 단기고, 또 하나는 장기다. 많은 철학자들은 개인의 단기적인 심리상태보다 장기적인 심리상태에 관심을 표명하고 있었다. 즉 '찰나적 행복'보다는 '영원한 행복'이 '진정한 행복'이라고 주장해왔기 때문이다. 『명상록』을 쓴 고대 로마의 황제, 마르쿠스 아우렐리우스를 비롯하여 스토아학파의 사람들은 이에 대한 대표적 주창자들이다. 그러나 '영원한 행복'에 지나치게 함몰될 경우, 문제가 생길 수 있다. 이 지상의 행복이 경시되어 '삶의 질'에 대한 합리적인 개선노력조차 의미없는 것으로 치부될 가능성이 있기 때문이다. 또한 피안의 세계에서의 행복을 지향하는 종교적 행복론이 과도하게 중시될 때, 상식적 수준의 이성적 판단이 마비되어 세상의 종말을 강조하며 재산을 팔아 교주에 바칠 것을 강요하는 사교집단이 횡행할 우려도 적지 않다.

한편 철학·윤리적 접근방식과는 대조적으로 정치·사회적으로 행복을 조망할 경우의 특징이라면, 개인의 '심리적인 상태'보다 '객관적인 상황'에 초점을 맞추는 경향이 현저하다고 하겠다. "남처럼 오손도손 행복하게 살고 싶다."고 말하는 경우처럼, 우리가 '행복한 생활'이란 표현을 사용할 때 특히 이러한 의미가 두드러진다. 예를 들면 밥을 구걸하는 거지도 자신의 심리상태로는 행복할 수 있겠으나, 외부사람들의 눈으로 볼 때는 동정을 금할 길 없는 불쌍한 사람이다. 따라서 "가련한 삶이냐, 풍요한 삶이냐"에 대한 평가에 관한 한, 본인의 '주관적 판단'보다는 많은 사람들의 '공통된 판단'이 중요하다. 물론 짧은 시간이라면, 객관적 상황보다 개인의 심리상태에 초점을 맞추는 경우도 흔하다.

하지만 이와는 반대로 여성의 기대수준이 매우 낮은 사회를 생각해보자. 일반적으로 희망이란 기대와 관련된 현상이다. 그 사회에서 살고 있는 여성은 조그마한 수준의 삶의 개선이 일어나더라도 크게 만족할 것이다. 그러나 그 여성이 만족하고 있다고 하여 진정으로 행복하다고 할 수 있을 것인가. 이러한 개인의 경우, 우리는 주관적 판단과 객관적 상황을 구분하는 문제를 넘어서서 '행복한 삶'을 말하는 데 주관적 요소가 중요한지 혹은 객관적 요소가 중요한지에 관한 불확실한 측면이 있다고 해야 할 것이다. 물론 삶이 개인이 중요한 가치로 생각하고 있는 것들을 산출함으로써 만족한다면, 그 개인은 행복하다고 할 수 있다. 여기서 중요한 것은 어떤 것들이 중요하기 때문에 중요하다고 간주하는 것이고 삶이 그것을 산출했기 때문에 삶이 그것을 산출한 것으로 생각하는 것이다. 그러나 그 반대의 경우도 성립할 수 있지 않겠는가.

2. 한국인들의 행복 개념

한국인들의 행복개념은 어떨까. 한국인들의 행복개념과 관련, 네 가지로 나누어 볼 수 있다고 생각한다.

첫째로 한국인들의 행복개념에는 물질적인 비전이 두드러진다는 점이다. 행복에 이르는 길은 삶에서 중요한 것으로 인정되어온 가치들, 예를 들면 부와 재산 등, 롤즈가 '일차적 재화(primary goods)'라고 지칭한 범주의 재화들을 보다 많이 쟁취하려고 노력하는 것이라고 주장하는 입장이다. 물론 그렇다고 해서 정신적 행복론이 전혀 없다는 의미는 아니다. 정신적 행복론은 특히 '욕망의 극대화'보다 '욕망의 최소화'를 정당화하는 관점으로 이어진다. 즉 '많이' 욕구하기보다 아예 '적게' 욕구하는 것, 욕망을 무조건 충족시키려는 노력을 하기보다 욕망충족에 대하여 균형감각을 갖는 것이 행복이 될 수 있다. 혹은 '탐욕(貪慾)'보다 '금욕(禁慾)'이 행복에 이르는 문이 될 수 있을 것이다.

특히 정신적 행복론의 진수라면, "마음이 가난한 사람은 행복하다", "굶주리는 사람은 행복하다", "우는 사람은 행복하다"는 등, 이른바 '진복팔단(眞福八段)'으로 알려진, 예수그리스도가 산위의 설교에서 강조한 여덟 가지 범주의 행복일 것이다. 물질적 행복론자의 관점에서는 이런 유형의 정신적 행복은 물론, '청빈의 정신'이나 뇌물을 받지 않고 검소하게 살아온 관리, 즉 청백리(淸白吏)의 정신적 자부심을 이해하기 어려울 것이다. 하지만 청빈의 정신으로 사는 사람은 "거친 밥을 먹고 물마시며 팔베개를 하고 누워있어도 즐거움이란 그 속에 있으며 의롭지 않은 부와 귀함은 나에게는 뜬구름과 같다."는 소회를 표현하거나 혹은 "살어리. 살어리랏다. 청산에 살어리랏다. 머루랑 다래랑 먹고 사르리랏다."고 노래한다. 혹은 집에 비가 새서 양동이를 받쳐 둘만큼 빈한한 삶을 살면서도 "이보다 더 행복할 수 없다."며 '안빈낙도(安貧樂道)'를 부르짖으며 풍진세상의 쾌락을 하찮게 여길 수도 있다.

하지만 그렇다고 해도 한국인의 공동체에서는 이러한 정신적 행복의 비전은 드물고 물질적 행복간이 두드러진다. 물질적 행복론의 대표적인 것은 오복론(五福論)이다. 수(壽), 부(富), 강녕(康寧), 유호덕(攸好德), 고종명(考終命)이 오복의 내용이다. 수는 오래 사는 것이며, 부는 재산이 많고 부유함이다. 강녕은 몸이 건강하고 마음이 편안함이며 유호덕은 도덕지키기를 낙으로 삼는 일이며, 고종명은 수대로 살다가 편안하게 죽는 것이다. 이 오복은 한국인들이 염원했던 것이기 때문에 우리의 언어관습상 "오복조르듯이 조른다."하면, 간절하게 원한다는 의미를 가지고 있다. 이처럼 오복은 유호덕을 빼놓고는 모두 물질적인 내용이다.

그렇다면 한국인들의 공동체에서 왜 오복과 같은 물질주의적 행복론이 유행하게 되었을까. 거기에는 유교의 철학이 커다란 영향력을 끼친 것으로 생각된다. 즉 내세를 인정하지 않고 현실만을 인정하는 것이 유교의 비전이다. 만일 내세의 삶을 인정한다면, 현세의 고통을 참을 수 있는 동기가 마련될 수 있다. 혹은 현세의 물질적 행복을 하찮은 것으로 생각하고 내세에서의 행복 즉 정신적 행복에 커다란 비중을 들 수도 있을 것이다. 그러나 귀신의 존재나 사후세계에 대하여 불가지론을 전제하고 있는 공자의 유교적 비전에서 현세의 고통이나 현세의 행복을 능가할 수 있는 내세의 행복을 주장하거나 상정하기란 결코 쉬운 일은 아니다. 바로 이점이 한국인의 행복론에서 정신적 측면보다 물질적 측면이 두드러지게 된 요인이라고 할 수 있을 것이다.

두 번째로 한국인의 행복론은 '기수적(cardinal)'이라기보다는 '서수적(ordinal)'이다. 기수(基數)는 타인과 비교의 개념없이 독립적인 수나 양으로 표시될 수 있는 기준인 반면, 서수(序數)는 독립적으로 말하기보다 남과 비교하여 평가하는 기준이다. 우리가 행복을 서수나 기수의 범주로 나누는 이유는 행복의 기준을 남에게 둘 수 있는가 하면, 자기 자신에게 둘 수도 있기 때문이다. 특히 행복의 기준을 철저하게 자신에게 둘 경우, 남의 처지나 상황과 관계없이 자신의 분수(分數)에 만족하는 것이 가능하다. 또 이러한 기수적 접근방식은 서구의 많은 철학자들이나 윤리학자들이 강조한 내용이기도 하다. 하지만 문제가 있다. 자기 자신의 행복을 가늠하는데 다른 사람들의 상황이나 이목 혹은 판단을 전혀 고려하지 않고 평가할 수 있을 것인가 하는 점은 확실하지 않기 때문이다. 이점에 있어 한국인들의 행복론은 서수적이다. 한국인들은 일상적으로 "남부럽지 않게 살고 싶다."는 욕구를 표명한다. 혹은 "남보란 듯이 잘살아보고 싶다."고 하기도 한다. 이처럼 '남을 부러워하지 않을 정도로' 혹은 '사람들이 보란 듯이' 사는 것을 행복의 척도로 삼고 있다면 서수적 행복론의 단적인 사례이다. 같은 맥락에서 우화에 나오는 거지도 불타는 집을 구경하면서 자신의 아들에게 "우리는 얼마나 행복하냐! 집이 없으니 아예 불탈 염려도 없구나." 하고 탄성을 지르기도 한다.

그렇다면 왜 서수적 행복론이 한국인들에게 유행하는 것인가. '인정

(recognition)에 관한 욕구'가 한국인들 사이에 강력하기 때문일 것이다. '인정에 관한 욕구'란 다른 사람들에 의해 나의 가치와 존재를 인정받는 것이 중요하다는 것을 의미한다. 동료들로부터의 '집단 따돌림'이 한국인들에게 특히 고통스러운 것도 이 인정욕구가 충족되지 못했기 때문이다. 결국 한국인들이 일상적으로 스스럼없이 표명하는 인정욕구나 서수적 비전이 행복의 중요한 범주를 구성하고 있다면, 남과 비교함으로써 자기 자신의 행복을 가늠한다는 사실은 가볍게 지나칠 수 있는 것은 아니지 않겠는가.

물론 남과의 비교의식이 지나치면, 홉스가 말하는 '헛된 영예(glory)'나 루소가 말하는 '허영(amour propre)'의 범주로 전락할 가능성이 크다. "아빠보다 더 똑똑한 아들로 키우겠다."는 어머니의 소망은 필요이상으로 비교나 경쟁을 강조하는 '속물적 허영'의 전형적 사례라고 할 수 있다. 『토끼와 거북이의 경주』에서처럼 바다에 사는 거북이와 뭍에 사는 토끼가 '누가 누가 잘 달리나' 하는 달리기 경주를 할 필요가 어디에 있겠는가. 그것은 아마도 내기돈 따기를 좋아하는 호사가들이 일부러 만들어낸 이야기일 것이다. 하지만 자기 자신의 내적상황에만 초점을 맞출 뿐, 다른 사람의 처지와 전혀 비교를 하지 않는 경우만을 행복의 준거로 삼는 것은 한국인들의 공동체에서 비현실적이거나 초현실적 접근방식일 것이다. 특히 불행의 범주로 말한다면, '절대적 박탈감' 못지않게 '상대적 박탈감'도 실재하는 것처럼, 행복의 경우에도 그런 상대적인 상황이 존재하기 때문이다. 즉 버스를 타고 가다가 교통사고를 당하여 다른 사람들이 부상을 입었는데, 나 혼자만 운이 좋아 상처하나 입지 않고 구조되었다면, 행복감을 느낄 수 있는 여지는 충분히 있지 않겠는가.

하지만 그럼에도 불구하고 지나친 서수적 접근은 문제가 될 수 있다는 점을 지적할 필요가 있다. 서수적 행복론의 어두운 부분은 "사촌이 땅을 사면 배가 아프다"는 속언에서 나타난다. 혹은 "배가 고픈 것은 참아도 배가 아픈 것은 참을 수 없다"는 현대판 속언에서도 확인할 수 있다. 이것이 문제가 될 수 있는 것은 남과 비교하여 비교적 우위를 확보하지 못할 경우는 행복을 누리기 어렵다는 의미가 되기 때문이다. 즉 30평짜리 아파트에 살아도 40평짜리 아파트에 사는 사람에 비하여 불행을 느낀다면, 그것은 '속물근성의 발로'라고 보아야지 '합리적인 질투'의 범주로 상정하기는 어려울 것이다.

마지막으로 한국인의 행복론에는 '권력(權力, power)'의 개념이 현저하다는 점을 강조할 필요가 있다. 행복에서 권력의 요소가 차지하는 부분이 높다는 것은 무슨 의미일까. 우리의 언어관행을 보면 '부귀(富貴)', 혹은 '부귀영화(富貴榮華)'라는 말이 있다. 여기서 부(富)는 재산이 많음을 뜻하며, 귀하게 된다는 것은 '권력' 혹은 '정치권위'를 갖게 된다는 의미이다. 즉 나라의 벼슬을 하면, 귀하게 된다. 흥미로운 것은 '부귀(富貴)'를 복합명사로 취급하기보다 단일명사로 쓰는 나라는 우리밖에 없다는 사실이다. 일본만 해도 '부'와 '귀'가 합쳐진 용어는 없다. 한국인들은 부(富)뿐만 아니라 귀(貴)한 것, 즉 벼슬하는 것도 염원해왔기 때문에 재산을 많이 모으는 것 못지않게 관청에 나가 벼슬하는 것을 중요시했다. 즉 벼슬을 최대의 행복과 명예로 본 것이다.

물론 예외가 없는 것은 아니다. 정치나 권력의 무상함을 깨달은 집안에서는 후손들에게 어떤 일이 있어도 관에 나가 벼슬하지 말라는 선대의 비장한 유언을 지키는 경우도 있다. 사화(士禍)를 통해 재앙을 겪은 집안이라든지 혹은 경주 최부자의 경우처럼 재산을 지키기 위해 고위급 벼슬을 사양하는 것을 가훈으로 삼은 집안도 있다. 그러나 일반적으로는 벼슬과 관직취득을 행복의 절정으로 간주했기 때문에 한국인들에게는 정치나 관에 나가 관직을 얻는 것을 중시했다. 그러므로 그레고리 헨더슨은 이러한 한국인들의 경향을 가리켜 '소용돌이 정치(politics of vortex)'라고 했던 것이다.

이처럼 정치를 최고의 행복으로 보았던 한국인의 태도를 어떻게 보아야할까. "인간은 본성상 정치적 동물"이라는 아리스토텔레스의 준칙을 상기시키는 측면이 없지는 않을 것이다. 하지만 입신양명(立身揚名)의 방편으로 정치나 관직을 삼게 될 경우, '멸사봉공(滅私奉公)'이나 '선공후사(先公後私)'를 철칙으로 삼는 정치인을 기대하기 어렵다는 함의를 갖게 되는 것은 아니겠는가. 또한 관직을 최대의 출세로 삼는 사람은 바른말을 하는 정치, 혹은 "정자정야(政者正也)"라고 했던 공자의 준칙을 실천하기 어려울 수도 있다. 한국의 정치가 바람직한 '민주주의의 질'을 달성하거나 지향하지 못하는 이유가운데 하나도 정치인들이 정치나 관직을 '자기희생'이나 '봉사직'보다는 입신양명의 방편으로 접근하고 있기 때문이라는 생각을 떨칠 수 없다.

Ⅳ. 결어: 한국에서의 바람직한 정치는 무엇일까

1. 변화무쌍한 정치의 영역

우리는 일반적으로 정치를 경제나 종교, 문화와 구분한다. 하지만 엄밀하게 말해서 정치의 영역은 고정된 것은 아니다. 정치의 영역은 작아질 수도 있는가하면, 커질 수도 있다. 정치영역의 대소는 사적영역의 대소와 반비례한다. 정치영역이 커지면 사적 영역이 작아지고 정치영역이 작아지면 사적 영역이 커진다. 흥미로운 점은 서구의 역사를 보면 초창기 아테네 시절에는 정치의 영역이 커졌다가 근대로 들어서면서 작아지는 경향을 보여준다는 사실이다. 그리고 최근에는 정치의 영역이 다시 커지는 경향이 목격되고 있다. 이러한 변화의 동학에는 과연 무엇이 작용하는 것일까.

고전적으로 볼 때 정치는 질서와 평화 및 안전에 관한 해법으로 이해되었다. 그 이유는 자명하다. 사람들은 정치나 정부가 존재하지 않는, '무정부 상황'이나 '무정치 상황'에서 질서와 평화를 유지하지 못할 정도로 불안하거나 불편한 상태를 감수해야했기 때문이다. 이것은 달리 말하면 정치의 존재이유가 정의나 복지, 혹은 '좋은 삶(good life)'을 보장하기 위한 것이 아니라는 점을 의미한다. 물론 그렇다고 해서 정치가 정의나 복지 혹은 사람들의 행복과 전혀 관계없는 어떤 것이라고 말한다면, 그것도 규범적으로나 경험적으로 비현실적인 주장이 될 것이다. 정의를 추구하지 않는 정치와 정부, 복지와 안녕을 추구하지 않는 정치와 국가가 과연 어떤 의미를 가질 것인가. 그것은 은유적으로 말한다면, '짜지 않은 소금'과 같이 자신의 사명과 정체성을 부정하는 어떤 것이 될 것이다. 다만 여기서 강조할 것은 정의나 복지 행복들은 정치의 직접적인 책무가 아니라 간접적인 책무, 혹은 일차적 목표가 아니라 이차적 목표라고 말할 수 있다는 점이다. 문제는 이처럼 정치가 질서나 안전, 평화 등을 보장하는 일에 전념할 때, 정치의 영역은 제한되어 넓어질 수 없었다는 것이다. 이러한 정치 비전은 특히 홉스나 로크 등, 사회계약론자들의 비전이기도 하였다. 이들의 정치에서, 즉 정치의 목적과 책무를 말할 때, 그 준거점은 언제나 정부나 정치가 존재하지 않았던 자연상태였다. 열악한 자연상태를 종결시키거나 최소화하는 것이 정치의 존재이유였고, 따라서 정치가 복지나 행복의 문제까지 책임질 이유는 없었다.

그러나 이것은 어디까지나 근대의 정치비전이었음을 상기할 필요가 있다. 아테네 등 초기 그리스의 정치비전에서 정치는 넓었다. 종교까지도 정치의 한 영역으로 간주되었으며, 정치공동체와 달리 개인이 종교나 신앙을 선택할 수는 없었다. 소크라테스가 아테네에서 처형을 받은 것도 그리스의 신들이나 국교와는 다른 '다이몬'의 존재를 청년들에게 가르쳤기 때문이다. 이처럼 종교의 자유나 양심의 자유를 개인의 영역으로 인정하지 못한 현상의 원인은 개인이나 사적영역의 신성성과 정당성이 보장되지 못했기 때문이다. 오죽하면 중세기에 이르기까지 "그의 지역에 살면 그의 종교를 믿어야 한다(cujus regio, ejus religio)."는 준칙이 유행하게 되었을까.

하지만 근대에 들어오면서 개인이 발견되고 자율과 사적 영역의 중요성이 인정되면서 정치의 영역은 줄어들 수밖에 없었다. 종교개혁을 계기로 그리스도교 신자 개인은 종교제도를 통하지 않고도 직접 신(神)과 상통할 수 있었고 또 산업혁명을 계기로 시장질서가 정착되면서 정치가 아니더라도 시장에 의한 '자연적 질서(spontaneous order)'가 형성될 수 있다는 의식이 널리 파급되었다. 또 시장적 인간은 무엇인가 스스로 편익과 비용을 계산할 수 있는 인간이 되어야 했으며, 이것은 자신의 선택에 대하여 책임을 지는 인간을 의미했다. 이처럼 국가가 간섭할 수 없는 개인의 영역을 상정하는 개인주의(individualism)는 개인을 공동체의 일원으로만 간주하는 '공동체주의(communitarianism)'와 다를 수밖에 없었다. 그런가하면 르네상스를 통해 인간개인의 미와 존엄성이 새삼 부각되었고 특히 계몽주의는 이성을 가진 인간에 초점을 맞춤으로 인권 등, 권리의 개념을 획기적으로 발전시키는데 한몫을 하였다.

이러한 과정에서 정치가 인간 삶의 전부가 될 수 없고 부분적인 어떤 것으로서 정치가 개입해서는 안 되는 성역이 존재한다는 공감대가 형성되었다. 바로 그것이 사적 영역, 양심의 자유, 종교의 자유, 재산권의 개념이다. 이것은 분명히 정치의 위축내지 최소화의 결과를 초래했다. 하지만 이와 동시에 정치의 확장을 부추기는 경향이 나타난 것은 역설이 아닐 수 없다. 착취나 억압, 소외, 등의 현상을 없애는 것이 정치의 목적이라는 움직임이 대두된 것이다.

이러한 정치의 광역화에 민주주의와 선거는 크게 기여하였다. 선거에 나서는 정치인, 권력을 추구하는 정치인들은 선거권을 가진 일반 사람들로부터 지지를 얻고자 삶과 관련되는 온갖 사물과 현상에서부터 '정치적 어젠다'를 발굴하고 추구했기 때문이다. 사람들을 행복하게 만드는 것, 사람들의 얼굴에서 눈물을 닦아주는 것이 정치의 사명이라고 주장하는 사람들이 생겼다. 그런가하면 요람에서 무덤까지의 삶을 보장하는 것이 정치라고 생각하는 정치인들도 있었다. 또한 시장은 결함이 많으므로 시장실패를 교정하기 위해 개입하는 것이 정치의 책무라고 주장하는 사람들도 있었다. 물론 세속화시대였기 때문에 정치의 사명이 영혼의 돌봄이라고 주장하는 사람은 종교적 근본주의자들을 빼놓고는 없었다. 그러나 인간의 각종 정신병 마음의 병을 치료하는 것이 국가의 임무라고 주장하는 사람들은 있었다. 이들은 정신병적 증상을 가진 사람들을 특별장소에 수용함으로써 국가가 치료사적 역할을 해야 한다고 강조하기도 하였다. 하지만 '영혼의 돌봄'을 넘어서서 아예 인간의 성격을 바꾸는 것이 정치의 책무라고 주장하는 사람들과 정치체제가 생겨났다. 즉 인간의 이기주의와 같은 속물근성에서 이타주의자로 바꾸는 것이 정치의 사명이라고 주장하기도 했다. 이쯤 되면 "인간은 정치적 동물"이라고 했던 아리스토텔레스의 유명한 고전적 정의에 부합하는 현상이 벌어진 것이다. 이로부터 정치는 '가능성의 예술(art of the possible)'로 지칭되기 시작했다.

2. 한국의 정치

그렇다면 한국에서의 상황은 어떤가. 민주화 이후 한국에서는 정치와 행복을 연계시키는 강한 시대적 흐름이 형성되고 있다. 예를 들면 2006년 5·31지방선거에서 서울시장후보로 출마한 여당후보는 "보람이가 행복한 서울"이라는 정치광고를 내걸었다. 행복과 복지, 도덕·예의범절, 위생, 개인의 자아실현까지 관장하는 정부의 권위·권력의 확장과 더불어 거의 모든 것이 이런저런 이유로 '정치적인 것'으로 규정되기에 이른 것이다. 한국적 상황에서 정치의 확장이나 '과잉정치화(overpoliticization)'의 원인이나 이유는 무엇일까. 그러한 이유들에는 여러 가지가 있겠으나, 그 가운데 현저한 이유 하나를 들 수 있다면, 권력을 가지고 있는 정치인들과 그들과 경합적 관계에 있는 반대파들 사이의 '적대적인 상호 의존관계' 때문이라고 할 수 있을 것이다. 정치공동체에 어떤 좋은 일이 생기면 "그것이 누구의 덕이지?"하며 자신의 공로를 인정받기를 좋아하는 정부나 여당의 정치인들이 우선적으로 정치영역의 확장에 크게 기여한 것이다. 여당정치인들은 선거 때마다 "여러분은 우리가 4년 전 집권했을 때보다 얼마나 행복해졌는지 알고 있지요? 여러분이 더욱 더 안전해졌고 사업도 번창하며 행복을 느낀다면, 그것은 우리가 정치를 잘해온 덕분입니다. 그러니까 계속해서 우리를 지지해주세요."라고 말한다.

반대로 야당정치인들은 어떤가. "여러분은 4년 전보다 더 불행을 느끼고 있지 않습니까. 세금은 무거워지고 장사는 더욱 잘 안되고 살기는 더 힘들어지지 않았습니까. 그렇다면, 그것은 정치를 하는 정부·여당이 정치를 잘못해왔기 때문입니다. 우리가 집권을 해서 정치를 하면 여러분을 반드시 행복하게 해 주겠습니다."라고 말한다. 정치공동체에서 일어나는 모든 잘못된 것에 대해 '총체적으로' 비난하기로 마음을 먹고 있는 야당이나 반대파들은 이처럼 "정치가 잘못되어 개인의 삶이 피폐해졌다."고 주장한다. 가뭄이 계속되어 벼가 말라죽거나 장마가 지속되어 산사태가 나도 '천재지변'이라기보다는 '인재'로 취급하고 옥탑방에 살고 있는 사람들의 주거문제나 농촌 청년들의 결혼문제까지 정치적 문제가 되는 것이 우리의 현실이 아닌가.

이처럼 여야정치인들이 정치의 성격에 대하여 벌이는 이른바 '아전인수(我田引水)'식 공방이야말로 한국적 상황에서 '공동체의 일' 가운데 좋든 나쁘든 모든 사안들이 정치와 정책에 의해 빚어진 것이라는 생각을 확산시키는데 결과적으로 공모한 셈이 되었다. 이런 발언과 생각들은 정부나 정치를 행복이나 불행을 막론하고 모든 운명을 만들어내는 근원으로 접근하도록 만들었다. 그 결과 시민들은 자신이 직면하는 삶의 모든 사안들과 관련하여 정부나 정치에 대해 과잉기대 혹은 과잉항의나 불만 혹은 청원을 하고자 하는 유혹에 빠지게 되었고, 따라서 '의존적 삶'을 살아가는 존재로 변모하게 되었다. 그것이 결국 '일상적인 모든 것이 정치적'이라는 인식을 강화시키는 현상을 초래한 것이다.

그런가하면 민주화 이후 정치의 목표가 행복보장에 있다는 인식확산에 기여한 것으로는 선거를 들 수 있다. 정치는 오랫동안 군주와 신하들만의 이야기였고 역사는 대체로 그들이 했던 일에 대한 이야기였다. 그 결과 빼놓을 수 없는 중요한 함의는 정치에 참여하는 것이 일종의 '불멸성(immortality)'을 얻는 방안으로 인식되었다는 점이다. 인간은 유한한 존재임으로 '무한성(infinity)'을 향유할 수는 없다. 그러나 불멸성은 다르다. 인간은 죽지만, 그 이름은 세세대대로 후손들에게 전해질 수 있기 때문이다. 이름의 불멸성은 얼마나 경이로운 것인가. 이러한 관점에서 볼 때 우리가 그 이름을 기억하는 위대한 사람들의 대부분은 정치인이다. 퀴리 부인이나 종두를 발명한 제너, 발명왕 에디슨 등 과학자들도 있지만, 그들은 소수이고 로마의 카이사르나 미국의 워싱턴과 링컨 등 거의 모두가 정치인이다. 또 조선조의 황희나 맹사성도 정치인으로서 탁월하고 또 청렴한 삶을 살았기에 '불멸성'을 얻은 사람들이 아니겠는가. 하지만 정치인들만이 '불멸성'을 획득하는 특권적인 시기는 현대에 이르러 끝나게 되었다. 투표권이 확대되면서 정치는 그 의미와 역할을 확산시키게 되었기 때문이다. 물론 보통선거는 투표 하나하나의 가치를 떨어트린 일종의 인플레이션 형태라고 할 수 있겠지만, 인간의 가치와 자격을 가진 본연의 인간이 되는 것이 어떤 것인가를 느끼는데 꼭 필요한 것은 분명하다. 사람들은 투표권을 행사하면서 자신의 행복 추구에 관심을 갖게 되고 그것을 공적영역인 정치를 통해 관철하려는 생각을 갖게 된 것이다.

3. 행복에 관한 정치의 역할은 간접적이어야 한다

정치가 일상적인 모든 것을 가늠할 수 있을 정도의 권한을 가지는 것은 금물이다. 만약 모든 것을 행복의 이름으로 정치적인 것으로 재단하는 국가가 있다면, 그러한 국가는 효도나 우애, 우정까지도 강제하는 숨 막히는 국가일 것이다. 물론 일상과 완전히 유리된 정치와 법 역시 상상할 수 없는 것 또한 사실이다. 버나드 크릭(Bernard Crick)은 말했다. "정치가 모든 것을 껴안을 수는 없다. 그러나 어떤 것도 정치로부터 완전히 벗어날 수는 없다(politics cannot embrace everything; but nothing can be exempted from politics entirely)." 따라서 정치는 삶의 커다란 테두리를 정하고 결정하는 역할을 하게 되는 것이 바람직하다. 그 역할을 어떻게 설명할 수 있을 것인가.『호밀밭의 파수꾼』을 보면 그 역할을 은유적으로나마 알 수 있다. 샐린저 선생님이 아이들로 하여금 낭떠러지에 떨어지지 않도록 테두리를 쳐놓고 보호를 하는 것이 인상적이다.

『최고의 미덕』에서 드워킨은 주장한다.[9] "어느 정부가 그 모든 시민들에 대해 지배권과 충성을 요구하려면, 그들의 운명에 대해 평등한 관심을 보여야만 하고, 그렇지 않은 정부는 적법성이 없다." 이러한 그의 힘차고 단정적인 선언은 분명히 잘못이다. 다른 꿈, 예를 들어 다른 사람들의 동등한 자유를 추구하는 꿈을 가진 시민들의 전반적 동의하에 구성된 정부가 있다고 생각해보면, 드워킨은 이러한 이상은 평등한 관심과 존중이라는 자기 자신의 모델에 비해 열등하다는 주장을 어느 정도 소신껏 할 수도 있을 것이다. 그러나 자기 자신의 비전과 대립되는 개념이 잘못된 것이라고 주장할 수는 있을지 몰라도, 그것이 설득력을 가지고 있는가하는 문제는 별개의 문제다. 적어도 필자를 포함하여 우리 가운데 적지 않은 사람들은 정부가 우리의 운명에 관심을 갖거나 행복과 불행에 대해 걱정을 해주기를 원하기보다는, 우리들 삶의 대부분에서 각자의 방식대로 성공을 하건 실패를 하건 혼자 내버려두는 쪽을 택할 것이다. 구성원들의 행복과 불행에 '관심을 보이는 정부'는 '간섭하는 정부'로 서서히 돌변하여, 그 거북스런 정치적 과정이 이득보다는 손해를 더 많이 불러오기 쉬울 것이기 때문이다. 정부의 권력을 제한하라는 끈질긴 주장은 특권층이나 부유층의 자기중심적인 하소연이 아니다. 그것은 하나의 정치적 이상으로서, 정부로 하여금 일정한 공적 기능 —질서유지 및 사회간접자본의 제공—을 수행하도록 촉구하되, 개인들 각자의 판단에 따라 외부의 간섭과 보조를 받지 않고 자기들의 생활을

---

9) R. Dworkin, *Sovereign Virtue*, Cambridge: Harvard University Press, 2000, p.84.

자율적으로 설계해 나가도록 허용하라는 것이다.

　물론 그렇다고 해서 행복과 복지에 대한 국가의 역할을 전적으로 부정할 필요는 없을 것이다. 국가는 사람들에게 행복과 정의와 같은 가치가 이루어지도록 하는데 중요한 책임이 있다. 따라서 오늘날 복지국가가 떠맡고 있는 모든 과제들―그리고 아직은 복지국가의 가장 열렬한 지지자들의 마음속에서도 꿈으로 남아있는 과제들―은 정치의 정당한 책무로 인정받을 수도 있다. 하지만 강조해야할 점이 있다. 여기에는 하나의 중요한 '단서조항'이 있기 때문이다. 우리는 "인간의 행복은 국가 차원에서는 완전히 실현되지 않는다."는 인식을 가질 필요가 있다. 그러한 관점에서 볼 때, 행복을 위한 사회프로그램들은 국가보다는 시민사회의 "중간그룹(intermediary group)"들에 의해 세워지고 집행될 때 가장 효과적이라는 생각을 해볼 수 있다. 물론 정부는 가장 연약한 사람들을 보호하고, 노동조건을 결정하는 집단의 자치권에 일정한 제한을 가하고, 실업자에게 어떤 경우이든 최소한의 필수적인 지원을 보장하는 등, 약자를 대신하여 직접 개입해야 하기도 한다. 그러나 그보다 훨씬 더 결정적으로 중요한 것은 정부의 '간접적 역할'이다. 그것은 예를 들면 가톨릭의 사회철학자들이 주장해온 '보조의 원리(principle of subsidiarity)'와 같은 것이다. 즉 정부는 스스로 무엇을 주도하며 관장하기보다 하부의 제도들이 공동선과 공공복리를 실현하는 데 기여하도록 고취하는 여건을 조성하지 않으면 안 된다. 국가는 민간 자선단체, 교회, 가족, 지방정부, 그리고 다른 중간 위치의 제도들이 수행하는 역할을 대신 떠맡으려 하기보다는, 보다 큰 공동체가 "도움을 필요로 할 경우 지원을 공개하고, 그 활동을 조화롭게 수행하도록 도움을 주어" 보다 큰 공동체의 '내면적 생활(the internal life)'을 키워 나가야 한다. 바로 이것이 행복을 제공한다는 이름으로 자유와 자율을 억압하는 현대의 전제정이 출현하는 사태를 막는 중요한 해법이 될 것이다.

이제 한국적 상황에서 정상적인 정치가 가능하려면, 정치가 제자리를 찾는 것이 중요하다. 제자리를 찾는 유력한 방식은 정치나 정부가 사람들에게 직접 행복이나 고통을 최소화할 수 있다는 생각에서 벗어나는 것이다. 따라서 정부는 '직접적 역할'보다 '간접적 역할'에 만족함으로써 행복을 만들고 혹은 고통을 최소화하는 데 기여할 수 있다는 발상의 전환을 할 필요가 있다.

참고문헌

1. 국내 문헌

박효종, 『합리적 선택과 공공재 Ⅱ』 서울: 인간사랑, 1994.
박효종, 『국가와 권위』 서울: 박영사, 2001.

2. 외국 문헌

D. Osborne and T. Gaebler, *Reinventing Government*, Reading, Mass. : Addison-Wesley Pub. Co, 1992.

G. A. Akerlof, "The Market for Lemons: Quality Uncertainty and the Market Mechanism", Quarterly Journal of Economics, 1970.

G. Hardin, "The Tragedy of the Commons", Sciences 162, 1968.

J. Locke., *Two Treatises of Government*, P. Laslett ed., Cambridge: Cambridge University Press, 1988.

R. Dworkin, *Sovereign Virtue*, Cambridge: Harvard University Press, 2000.

R. P. Wolff, *In Defense of Anarchism*, New York: Harper and Row, 1970.

T. Hobbes, *Leviathan*, R. Tuck. ed., Cambridge: Cambridge University Press, 1991.

I. 머리말

오늘날 한국사회는 '웰빙', '삶의 질' 또는 '행복'이라는 단어가 하나
의 화두로 묘사되고 있다. 행복의 추구는 인류의 보편적 염원임에도 불
구하고 그동안 한국인들은 행복이라는 용어를 일상적 담론 속에서
공공연하게 사용하지는 않았다. 이것은 그동안의 한국인의 삶의 양식이
정치 사회 경제적 어려움으로 삶의 질이나 복지 문제에 관심을 가질만
한 여유를 갖지 못했기 때문일 것이다. 또한 한국인들이 인고의 가치
를 중히 여기고 행복한 사람에 대해서는 철이 없고, 이기적이라는 부정
적 이미지를 알게 모르게 가지고 있는 것으로도 볼 수 있다.

그러나 오늘날로 민주화되고 삶고 삶 질지는 직의 웰빙주의가 사

회적으로 확산되고 있으며, 이제는 국립국어원에서 웰빙을 대체할 우리 말로 '참살이'라는 단어를 만들기도 하였고, 웰빙과 개인의 행복 추구 는 한국인의 공공연한 담론의 대상이 되어 큰 관심사로 등장하기 시작 하였다. 그러나 웰빙 열풍은 상당부분 상업주의의 영향을 받아 웰빙이 라는 이름의 상품과 서비스를 제공받게 되었고, 이에 물질적 풍요가 웰 빙이나 행복을 가져 올 것이라는 왜곡된 인식이 팽배하기도 하였다.

서구 사회에서 삶의 질과 행복에 대한 관심이 높아진 것은 경제적 여건의 향상이 국민의 복지와 행복을 당연히 증진시킬 것이라는 종래 의 가정에 의문이 제기되면서 시작되었다. 이러한 문제의식에서 1960 년대에는 보다 객관적 차원의 사회지표 조사 운동이 시작되었고, 1970 년대에는 주관적인 차원의 삶의 질에 대한 연구와 조사가 본격화 되었 다. 우리나라에서는 성장제일주의 정책으로 삶의 질에 대한 관심이 없 었으나, 1980년대부터 이에 대한 관심이 싹트기 시작하였으나 객관적 지표에 관심을 두는 정도이고, 주관적 삶의 지표나 주관적 안녕에 대한 연구는 매우 미흡한 현실이다.

본 연구는 한국인의 행복도를 탐색하고 한국인의 행복 상태를 가늠 해 보자는데 목적이 있다. 이를 위해 먼저 행복 측정에 대한 정리를 해 보았다. 즉 행복 측정에 대한 기존 연구의 흐름을 살피고, 행복 측정을 위한 행복의 개념화 틀을 규명해 보았다. 다음으로 국내에서 나온 각종 지표를 통해 한국인의 행복도를 정리하고 분석해 보았다. 마지막으로 현재 한국인이 체감하고 있는 행복감에 대한 현실과 그 원인을 몇 가지 의 틀로 분석해 보고자 하였다. 아직 행복에 관한 연구는 초보 단계에 있다. 본 연구도 그 초보의 토양에서 생성된 만큼 많은 논의를 요할 것 이다.

II. 행복 측정은 어떻게 하는가?

1. 행복측정에 대한 기존 연구의 흐름

행복 측정에 관한 연구는 최근 논의된 분야로서 매우 짧은 역사를 지니고 있다. 1960년대부터 미국을 중심으로 '삶의 질'의 문제가 대두되면서 행복 측정에 대한 관심이 일어나기 시작하였다. 한 국가 수준에서 일인당 GNP의 증가가 반드시 행복한 사회를 만드는 요인이 아니라는 인식이 증가하기 시작하였으며, 또한 개인의 차원에서도 소득의 증가가 삶의 만족 및 행복감을 높여주는 것만은 아니라는 자각이 일어나면서 행복의 구성과 결정요인에 대한 연구가 시작되었다. 행복한 사회, 행복한 삶이란 무엇인가에 대한 질문을 두고 심리학, 사회학, 경제학, 등을 중심으로 학제적인 연구가 진행되고 있다.

그 첫 번째 노력이 '사회지표운동(Social Indicators Movement)'이다. 이 운동은 객관적 삶의 조건이 경제적 수준이라는 단일 차원으로 환원되는 것이 아니라, 소득, 건강, 노동, 교육, 환경, 문화생활, 안전, 형평 등 다차원으로 구성되었다는 인식에서 출발되었다. 따라서 다차원적 삶의 조건들을 측정하고, 한 사회의 발전에 대한 평가 및 발전 전략의 설정을 위한 기준을 제시하고자 하는 노력이 이루어져 왔다. UN의 인구사회통계체계(System of Social and Demographic Statistics)나 UNDP의 인간개발지수(Human Development Index) 등이 전 세계를 대상으로 한 가장 대표적인 사회지표체계이다. 또한 OECD는 가입국들의 삶의 질을 비교하는 지표를 만들고 가입국들의 삶의 질을 측정하고 있다. OECD는 여러 가지 경제지표 이외에 비경제지표, 즉 평균수명, 영아 사망률,

그 성교, 국민1000명당 의사수, 학교수, 병원 접대수 □□□ □□□의 정

□, 범죄율 자산률 등을 조사하고 있다. 이처 □□ □□□□□□□□□의

□□□□□□□를 개발하여 객관적 삶의 □□, 즉 □□□ □□ □□□□□ 삶

□ 삶을 측정하고자 하였다.

그러나 한 국가의 수준에서 객관적 삶의 □□을 □□□□□□ 측정하

고 □□하고자 하는 노력은 한계를 가질 □□□ 있□□ □□□□□ 객관적

삶□ 삶을 측정하는 변수들은 삶을 펼치는 조건만을 □□□□□ □□□□ 삶

의 만족이나 행복이라고 하는 개인적 □□□ □□□□ □□□□ □□□ 하

□ 못하고 있기 때문이다. 실□적이 삶의 □□□ □□이 □□□□ □□□ 개객의

□ 행복한 삶을 누리고 있는가는 개인적 수준의 □□□□ □□□ □□□ 할

□□ 수밖에 없는 것이다. 이에 집합□ 수준□□□ □□□□ 삶의 □□□을

연구하던 1960년대의 삶의 질에 관한 논의는 1970년대에 이르는 개인적

수준에서 주관적인 삶의 질에 관한 연구로 관심이 바뀌었다. 또한 연구

대상도 노인, 환자, 가정주부, 청소년, 신입□ 등□□ □□되□ 도었다.

행복을 측정하는 데 있어서 두 가지 큰 중□□□ □□□ 삶의 □을 측

정하는 것과 주관적 안녕을 측정하는 것이다. □□□ 삶의 □□ □□□

안녕은 어떤 관계를 맺고 있는가. □□□ □□ □□ □□□□ 안녕을 결

정하는 독립변인으로 간주할 수 있다. □□□□ 개인적 삶의 □□ 주관적

안녕을 결정하는 요인이지 주관적 안녕 □□□ □□□ □□□□ 즉 소득이

많고 복지시설이 많은 곳에 산다고 해서 □ □□□□ □□□□□ 주관적

안녕이 높지만은 않다는 사실이다.

주관적 안녕은 어디까지나 개인의 주관적 □□□□□ □□□□ □ □□□

잘 산다고 해서 반드시 행복한 것은 아니다. □□□ 삶의 □□□ □ 안녕

은 서로 일치하지 않으며 또한 상관없□ □□ □□□ □□ □□ □□□ 행

□을 측정함에 있어 중요한 것은 □□□ □□□ □□□ □□□ □□□□□□

그 섭□ □□□ 9천의 광격목 이루는가에 □□, □□□ □□ □□ □□

□ 사□ □□ □□적 관계로 나타나면 그 □□ 깥□의 □□ □□ □□□

□□□□ 주관적 안녕도 높음을 의미한다. 맞일 □ □□ □□□ 섭거진

□□점□ □□□□□ 객과적 삶의 질이 아□ □□□□ □□ □□□ □제□ □

□□ □□ □□□를 넘어서면 더 이상 행복에 □□□ □□□ □□□□□

□□□과 □□ □□ 주과적 안녕가의 관계를 연구□□ □□□ 매우 흥□

적 □□□□ 이곳은 대부분 기챌설정이니 공적 □□ □□ □□과 기대적

□□ □□□ 있□ □문이다. 깨□적 삶의 질에□, 잡메□, □, □ 문□□적

□□□ □□□□□ 균투 범죄유 등 다양하 요인□□ □□ □ □ 의관에 관

□□□ 주□□□ 인□가 실마한 과객를 가시고 있□ □□ 관□□□ 삭□ 국

□ □□과□ 지□적 자리가 □□ 것이다. 예로 들면 □□□ □□□□□ 시

자라□ □□ □□가 주관적 인격에 더 큰 영창을 □□□ □□□ 전체□

장□□ 그□할 것이 아니라 무기안정에 보다 억짐을 두□야 할 것이다.

□□가 삶의 질의 관점은 여러 국가를 비교할 수 있는 기준이 되나

□ □□ □□ 사회복□ 지간 독의 객과적 삶의 측정치□은 GNP로 따

□□ □□□ □□□ 보다 더 좋은 삶을 누리고 있는가를 반역해 준다

□□□□ □ □□하가□ 실친하가□□ 객과적 삶의 질에 대히 시포 그 □□

□ □□ □ 관심이 있는 반리 주관적 안녕을 연구하는 시리학□□□

□□□ 삶의 □ 보다는 □□□ 주관적 삶에 미치는 영향에 많은 관심을

□ □□ □□□.

□□□ 삶의 □□는 달리 주관적 삶의 질은 개인의 주관성이 개입되

□, □□□□ 개념의 정의 및 측정이 매우 어려우며, 주관적 삶의 실을

□□□□ □□□ 정리한다는 것은 더욱 난해일 수라에 있나. 기존의 연

□□□ □□□□ □□□□적 삶의 질(objective quality of life) 또는 주관적

□□□, □□□ □(well-being)은 크게 두 가지 영역의 세 가지 사회 독리두

차원으로 구성된다.[1]

두 가지 영역은 정서적인 영역과 인지적인 영역으로 구분된다. 정서 적인 영역에서의 삶의 질은 일반적으로 행복이라는 용어로 표현되는 감정적 상태를 의미한다. 여기서는 상호 독립된 두 차원, 즉 즐거운 감 정(pleasant affect)과 불쾌한 감정(unpleasant affect)으로 나누어진다. 즐 거운 감정의 요인이 많고 불쾌한 감정을 일으키는 요인이 적으면 행복 도가 높아진다. 인지적인 차원에서의 주관적인 삶의 질은 개인이 자신 의 삶을 긍정적으로 평가하고 판단하는 상태로서 삶에 대하여 만족하 는 정도를 의미한다. 일반적으로 삶의 만족도와 행복감사이에는 밀접한 관계가 있다. 그러나 자신의 삶에 만족하면서도 행복감을 느끼지 못하 는 사람도 있을 수 있으며 반대의 겨우도 가능할 것이다.

1970년대 주관적 삶의 질에 대한 기초를 마련한 학자는 캠벨(A. Campbell)은 만족도의 개념이 행복의 개념보다 더 주관적 삶의 질 연구 를 위해 유용한 개념이라고 주장한다. 왜냐하면 행복감은 만족도보다도 더 주관적인 성격이 강하며, 또한 문화에 따라 상황에 따라 가변적이라 정의와 측정을 내리기 매우 힘든 개념이기 때문이다. 그러나 만족도의 경우는 행복감과는 달리 전반적인 삶에 대한 만족도만이 아니라 삶의 하위 영역들 각각에 대한 만족도를 측정할 수 있어서 삶의 질을 높이려 는 노력을 보다 구체화시키는 데 도움이 될 수 있다는 것이다. 그러나 80년대에 접어들면서 주관적 삶의 질에 대한 연구는 만족도보다는 행 복감 쪽으로 방향이 옮겨 갔다. 이는 궁극적으로 개인이 체험하는 삶의 주관적 안녕(subjective well-being)은 인지적인 측면에서 냉철하게 평가 하는 '만족'이기보다는 감정적으로 행복한 상태라는 견해가 보다 우세 하게 되었기 때문이다.[2]

---

1) E. Diener, "Subjective well-being", *Psychological Bulletin* Vol 95, 1984, pp.542~575.

주관적 삶의 질에 영향을 미치는 요인들을 찾아내려는 노력은 크게 두 갈래로 나누어지고 있다. 하나는 밑에서부터 위로 올라가는 접근법(bottom-up approach)이다. 이는 삶을 구성하는 하위 영역들에 만족하게 될 때, 삶 전반에 대한 만족 및 행복을 얻게 될 것이라는 추론에 근거한 것이다. 이러한 관점은 모든 사람에게 공통되는 인간의 욕구들이 존재하며 이러한 욕구들을 충족시켜주면 주관적 안녕이 높아지리라는 가정에서 출발하고 있다. 이러한 관점을 취하는 연구자들은 응답자가 처해있는 사회경제적 조건 및 인구학적 특성과 같은 삶의 조건을 형성하는 요인들이 얼마나 주관적 삶의 질에 영향을 미치는가에 관심을 기울인다.

또 다른 접근법은 위에서 아래로 내려오는 접근법(top-down approach)이다. 여기서는 개인의 성격적인 특징에 따라 동일한 조건에 대하여도 만족도나 행복을 느끼는 정도가 다르므로, 외적인 조건에 관심을 기울일 것이 아니라 내적인 심리적 성격에 관심을 가져야 한다고 주장한다. 즉 객관적 조건보다는 자기 존중, 긍정적 낙관적 성격, 자기 통제 같은 성격 특성이 주관적 안녕감을 결정하는 데 더 영향을 미친다는 것이다. 그러나 객관적 조건과 성격의 특성 간에는 서로 인과적인 영향을 교환하고 있으므로 어느 조건이 더 우세하다고 일방적으로 단정 짓기 어렵기 때문에 두 가지 접근법을 통합하자는 주장도 제기 되고 있다.

주관적 삶의 질에 관심을 가지면서 거론되는 것이 토착심리학적 접근법이다. 토착심리학이란 '그 지역에 고유하고, 타 지역에서 유입되지 않은, 그 지역 사람들을 위한 인간의 행동이나 마음에 대한 과학적 연구'이다. 토착심리학자들은 대부분의 심리학 연구들은 인간의 행동과 경험이 문화보편적이라는 가정하에 서구에서 개발된 이론과 측정들을 다른 문화권에 그대로 적용하는 방식으로 이루어졌다고 지적하고 있다.

---

2) 이현송, 「주관적 삶의 질의 구성과 결정요인」, 한국노동연구원 노동패널, 1999.

또한 ... 시작한 방식이 ... ...는 ...

... 일적 ... 문제 ...

... 문제의 ... 인문학적 ... ...

... 당면 문제만에서 이야기되기 않은 ... ...

... 문제한 ...의 ... 비판과 ... 측면

... 하려는 도식이 여기 ... ... 현상을 ... 거부하기

... 것이다. 이에 해당 ... 대부분이 ... 개인이나 집

... ...에 근거해서 ...는 ...심리학의 ...이 ...

... 주관적 ... ...의 ... 체계화가 ...의 ...한

... 단계에 머무르고 있다. 대게의 연구들은 ...가의 소

득 수준이 상당 수준에 달하고 ...과 같이 ... ...이 높

... 사회적 ... ... 1990년대에 들어서면서 진행되

었다. 그러나 1997년 IMF 외환위기가 도래하면서 삶의 질에 대한 연구

는 고착상태에 머무르고 있는 것이 현실이다. 이것은 한국인의 삶의 질

과 행복도에 대해 소극적으로 ...하고 있기 때문인지도 모른다.

Ⅲ. 행복측정을 위한 행복의 개념화

행복을 측정하는 문제에서 ... 거론되는 것이 행복의 실체가 무엇

이냐 하는 것이다. 행복은 ... ...고 불명확하며 ...하다는 이유로

... 동안 심리학에서 ... ... 용어였다. 예를 들면, 1980년대 <행복

... 김의철, 「한국인의 행복 경험에 대한 ... ...」, 『한국심

리학회 ... 사회문제』 14(3), 200 ... ~100쪽.

그런 차원(trouble-free나 질 trouble이 없는 등) 그 무슨 해명도 없이 troubled이라는 용어만가 bad다'라고는 중이고 그로 나아가면서 'happiness' 그 그대로 다 통하지 않고 있다. 감각 경험의 '의식'적 질인 hedonic(쾌락 그 상태)라는 요소가 덜 깨어져 다양서 덜 주는 느낌 그리고 임을 뿐이다.

그렇다면 더 깊음을 더 강하게 취득해 심리적 '행복'이란 더 큰 구성의가"에 대처 다 더 긴 논리를 더 높여서 할 수 있으니, 행복이 밖으로 도착신하다. 그리고 파악이 개념이 불확실하다고 해서 그 개념이 지적고 있는 가치까지가지 더 기를 수 없다고 현대 심리학자들은 생각하고 있다. 그들은 행복을 행복의 경험의 보다 가치적인 사례의 마지 한 요구에의 서로 연관된 여러 하는 보고 있다. 다. 행복, 사물의 사례들과 그의 공통점이 있다는 것이다. 그러한 행복의 무엇이냐, 대니얼 네틀(Daniel Nettle)은 아래 그 아래의 표처럼 행복의 세 가지 의미를 제시하고 있다.

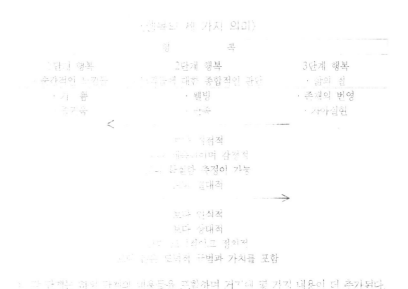

〈행복의 세 가지 의미〉

행	복	
1단계 행복	2단계 행복	3단계 행복
· 순간적인 느끼는	· 기쁨에 대한 종합적인 판단	· 삶의 질
· 기 쁨	· 웰빙	· 존재의 번영
· 즐거움	· 만족	· 자아실현

보다 실정적
... 객관적이며 감정적
... 믿을만한 측정이 가능
... 절대적

보다 인식적
보다 상대적
... 더 심리적 정치적
... 도덕적 규범과 가치를 포함

각 단계는 하위 단계의 내용 등을 포함하며 거기에 몇 가지 내용이 더 추가된다

대니얼 네틀, 김상수 역, 『행복의 심리학』, 서울: 와이즈북, 2006, 66쪽

행복을 말할 때 대부분은 위의 도표에서 제시된 세 가지 의미 중 하나를 의미한다. 1단계 행복은 행복의 가장 직접적인 의미로서 기쁨이나 즐거움 같은 감정 혹은 느낌을 말한다. 이런 느낌은 일시적이며 분명하고 특별한 현상을 갖고 있다. 그런데 한 사람이 '행복하다'라고 말할 때의 행복은 보통 그가 항상 기쁘거나 즐겁다는 것을 의미하는 것은 아니다. 이때의 행복은, 살면서 느낀 즐거움과 고통을 비교해보고 장기적으로 삶이 더 즐거웠다는 것을 의미한다. 바로 이것이 심리학자들이 보통 말하는 행복이다. 이런 의미의 행복은 기쁨이나 즐거움 같은 구체적인 느낌이 아니라, 느낌들의 전체적인 균형상태에 대해 종합적인 판단을 한 것이다. 이런 의미의 행복과 비슷한 말로는 흡족함(contentment)과 삶에 대한 만족(life satisfaction)과 같은 말이 있다. 이것이 바로 '2단계 행복'이다. 2단계 행복은 기쁨이나 즐거움을 직접 느낄 때 얻는 1단계 행복과는 달리 오랫동안 경험한 긍정적 감정과 부정적인 감정 사이에 긍정적인 감정이 우세하다는 판단을 할 때, 그리고 실제 발생한 결과가 발생할 수도 있었던 다른 결과에 비해 더 낫다는 판단을 할 때 얻어지는 것이다.

이보다 더 광범위한 '3단계 행복'이 있다. 아리스토텔레스가 말한 'eudaimonia'는 종종 '행복'이라는 용어로 번역된다. 그러나 eudaimoniasm은 사람들이 자신의 진정한 잠재력을 실현하는 삶을 의미한다. 그런 삶 속에 긍정적인 감정이 많이 존재할 수는 있지만 반드시 그래야만 되는 것은 아니다. 3단계 행복은 감정상태를 의미하는 것이 아니기 때문에 밖으로 드러나는 독특한 현상이 없다. eudaimonia를 실현한다는 것이 무엇인지를 말해주는 유일한 징표는 없다. 왜냐하면 모든 사람의 잠재력이 다르기 때문이다. eudaimonia 및 이와 관련된 논의가 가진 문제점은 한 인간이 발휘할 수 있는 잠재력이 무엇인가를 판단해 줄 사람이 분명치 않다는 것이다.

세 가지 행복 중 어떤 것이 우리의 논의에 정말 의미있는 것인가? 우선 행복에 대한 세 가지 개념들은 어느 정도는 과학적 연구에 적합하다고 할 수 있을 것이다. 원칙적으로 1단계 행복은 객관적으로 측정될 수 있다. 쾌감을 낳는 심리적 기제나 뇌 영역을 살펴 볼 수 있으며, 그 것의 활동상황을 객관적으로 측정할 수 있을 것이다. 1단계 행복에서는 사람들이 자신의 행복에 대해 주관적으로 평가하는 것이 절대적인 의미를 갖는다. 만약 사람들이 기쁨을 느꼈다고 말한다면 그것을 그대로 받아 들여야 하며, 그런 반응을 데이터 점수로 기록할 수 있다. 정도는 덜 하지만 2단계 행복도 측정이 가능하다. 2단계 행복의 경우, 사람들이 각자 자신의 행복을 판단할 때 사용되는 비교 기준이 달라 혼란이 있을 수 있지만, 2단계 행복에 대한 사람들의 자체 평가는 과학적 연구를 위해 중요하고 적절한 객관적인 데이터가 될 수 있다.

그러나 3단계 행복은 쉽게 측정할 수 없다. 3단계 행복을 측정하기 위해서는 어떤 삶이 좋은 것인지, 그리고 사람들이 어느 정도 그런 삶을 달성했는지 판단해야 한다. 심리학자 캐럴 리프(Carol Ryff)와 연구팀은 '심리적 웰빙'은 단순한 2단계 행복보다 더 광범위한 일련의 요소를 포함하고 있다고 주장한다. 이런 일련의 요소들에게는 '즐거움'과 '고통없는 삶'은 물론이고 개인적인 성장, 삶의 목적, 자신을 둘러싼 환경에 대한 지배, 자발성 등 보다 광범위한 요소들이 포함된다. 심리적 웰빙이라는 리프의 개념에 포함된 이런 보다 광범위한 요소들은 그보다 협소한 개념의 행복과 서로 연관되기도 하지만 그 연관성은 희박하다는 것이다. 왜냐하면 심리적 웰빙 수준은 높지만 2단계 행복 수준은 낮거나, 심리적 웰빙 수준은 낮지만 2단계 행복 수준은 높은 사람이 있을 수 있기 때문이다. 리프의 연구는 관념상 행복의 심리적 개념과 도덕적

펴보았다. 행복의 측정을 위해서는 애버릴(J. Averill)과 모어(T.A More)가 제시한 세 가지 연구 방법을 검토해 보는 것도 좋으리라 생각한다. 애버릴과 모어는 행복 연구의 세 가지 연구영역으로 행동체계(system of behavior), 기능적 매커니즘(enabling mechanism), 그리고 성격 특성을 들고 있다.

'행동체계'는 어떤 목표나 기능을 달성하기 위한 일련의 동일한 행동 특징이다. '기능적 매커니즘'은 ... 내적활동(inner working)이고, '성격특성'... 측정한 개인의 특질이나 능력은 ... 애버릴과 모어는 최근의 행복연구가 기능적 매커니즘과 성격에 초점을 ... 행복의 행동체계, 기능적 매커니즘, 그리고 성격의 세 갈래로 연구될 수 있다고 주장한다.

먼저 행동체계로서의 행복관은 ... 생물학적 존재인 동시에, 역할, 규범을 부여받은 사회적 존재이며, 문화적 ...

5) 이훈구, 『행복의 심리학』, 서울: 법문사, 1999.

구충족 자체보다도 욕구를 만족하기 위한 과정에서 느끼는 보람과 희열을 더 강도가 강한 행복으로 규정한다. 이러한 기능적 메커니즘은 행동체계와 서로 맞물리는 개념이다. 즉 상기한 세 가지 행동체계는 각기 두 가지 기능적 메커니즘을 포함하고 있기 때문에 서로 유기적으로 연관되어 있다.

세 번째 연구 방법으로 제안한 성격은 상기한 두 가지 연구 방법과는 그 스타일이 다르다. 성격이 행복에 미치는 요인을 분석해 보는 것으로서 생물학적, 사회적, 심리적 메커니즘에 대한 지식이 없이 측정할 수 있다고 보고 있다. 그러나 성격 특징이 타고난 생래적인 것으로 본다면 별 문제가 없지만 후천적으로 학습되는 것이라면 성격이 행동체계나 기능적 메커니즘과 관련이 생길 것이다.

Ⅳ. 지수로 본 한국인의 행복도 분석

한국인의 행복도와 행복 지수는 어느 수준인가? 이 물음에 답하는 것은 매우 난감한 일이다. 왜냐하면 조사의 방법과 자료 및 시기에 따라 다양하게 나타나기 때문에 한국인의 행복도에 대해 어떠한 결론도 내리기가 쉽지 않기 때문이다. 행복을 측정하는 방법은 크게 두 가지로 구분할 수 있다. 즉 객관적인 삶의 질 측면과 주관적인 안녕의 측면으로 나눌 수 있다. 먼저 외국 기관에서 실시한 한국인의 삶의 질에 관한 수치를 살펴보자. 이것도 많은 문제를 가지고 있지만 국가 간의 비교를 통해 한국인의 행복도를 어느 정도 가늠해 볼 수 있을 것이다.

객관적인 삶의 조건을 나타내는 대표적인 지수로 활용되고 있는 것이 유엔개발계획(UNDP)에서 개발한 '인간개발지수(HDI)'이다. 유엔개발계획에서는 매년 평균 수명, 성인 문맹률, 1인당 국민소득을 토대로 각 국의 인간개발지수를 발표하고 있다. 2002년 자료를 기초로 한 보고서에 의하면 한국은 75.4점으로 177개국 중 28위로 나타나 전체적으로 볼 때 상위 그룹에 속한다. 1위는 78.9점을 받은 노르웨이이다. 또한 2003년 자료를 기초로 하여 유엔개발계획이 2006년 10월 9일 발표한 '인간개발보고서 2006'에 의하면 177개국 중 26위를 차지하여 지난해보다 2계단 상승하였다. 노르웨이는 올해까지 6년 연속 정상을 차지했고, 이어 아이슬란드, 호주, 아일랜드, 스웨덴, 캐나다, 일본, 미국, 스위스, 네덜란드 등이 10위 안에 들었다. 아시아에서는 일본에 이어 홍콩과 싱가포르가 한국보다 앞선 22위와 25위에 올랐다.

그러나 행복에 대해서 개인적 주관적으로 느끼는 정도를 측정하는 주관적 삶의 질은 반대의 결과를 보이고 있다. 예를 들면 1998년 유엔이 영국의 경제정치대학(LSE)에 의뢰해 각 나라 국민들의 주관적 행복 정도를 비교한 결과, 조사대상국 54개국 중 한국은 23위를 차지하였다. 1위는 상기한 유엔개발지수에서 145위를 차지한 방글라데시로 나타나 많은 시사점을 주고 있다(조선일보, 2003). 또한 미국 미시간 대학 사회조사연구소가 82개국 국민을 대상으로 행복과 삶의 만족도를 조사한 결과 한국은 49위를 차지하였다(중앙일보).

영국의 전국 아동발전연구(NCDS, National Child Development Study)에서 실시한 '삶의 만족도' 조사에서 한국은 10점 만점에 6.69를 차지하고 있다. 스위스와 덴마크가 각각 8.39와 8.16으로 1위와 2위를 차지하고 있다. 일본은 6.53점을 받고 있다.[6]

---

6) 다니엘 네틀, 김상우 역, 『행복의 심리학』, 서울: 와이즈북, 2006, 33쪽.

2003년 1월 영국 BBC 방송에서 영국의 심리학자 Rothwell과 전문상담가 Cohen의 행복 공식을 발표하였다. 이들이 제시한 행복지수 산출 공식은 행복 = P + (5×E) + (3×H)이다. P(personal character)는 개인의 성격 특성 및 새로운 상황에 대차할 수 있는 적응력이고

E(existence)는 생존의 기본적 요소인 돈, 건강, 소속감 등을 나타내며, H(higher order)는 개인의 자존심이나 야망과 같은 고차원적 욕구에 해당된다. 이 공식 모델을 이용하여 한 시사주간지(『주간동아』 401, 2003.9)가 642명을 대상으로 한국인의 행복지수를 조사한 결과 100점 만점에 64.13이라고 발표한바 있다.

최근의 자료로는 영국 신경제재단(NEF)의 조사와 영국 레스터 대학의 애드리안 화이트 교수의 조사 발표가 있다. NEF는 1986년에 설립된 영국의 연구기관으로 경제, 환경, 사회적 사안들에 대한 통념을 뒤집는 혁신적인 해법을 찾아 삶의 질을 높이는 데 이바지한다는 깃발을 내걸고 있다. NEF의 나라별 행복지수에서 우리나라는 102위를 차지하고 있다. 1위는 1인당 국민소득이 3,000달러 안팎인 남태평양의 섬나라 바누아투이다. 선진 7개국(G7)에 드는 영국, 프랑스, 미국 등은 순위가 낮았다(『한겨레』 21, 2006.7.25). 경제수준이 행복수준과 반비례한 결과로서 많은 시사점을 주고 있다.

레스터 대학의 화이트 교수는 178개 국가를 대상으로 건강(평균수명), 부(1인당 국내총생산), 교육(중등교육을 받을 수 있는 가능성) 등 3가지 요소를 토대로 한 '세계 행복지도'를 발표하였다(『연합뉴스』, 2007.7.28). 이 조사는 NEF가 발표한 행복지수를 토대로 여기에 3가지 요소별로 가중치를 적용해 수치화했다. 화이트 교수는 이 지도에서 인구를 유지하고 에너지 소비(공해)를 감당하는 데 필요한 토지면적을 의미하는 '생태학적 발자국(ecological footprint)'이라는 개념을 중요하게

다뤘다. 이는 한 국가가 국민건강과 생활만족을 위해 자원을 얼마나 적절하게 쓰고 있는지를 가리킨다. 행복지수에 따르면 소득이 높고 평균수명이 길더라도 에너지를 많이 소비하고 환경을 훼손하는 국가는 순위가 낮았다. 또 국민이 자국 문화나 전통에 대해 얼마나 만족스러워하는지도 행복의 주요 요인으로 꼽았다. 이러한 조사 결과에 의하면 한국은 NEF의 순위와 동일한 102위를 차지하고 있다. 덴마크, 스위스, 오스트리아가 각각 1위, 2위, 3위를 차지하고 있다. 미국은 23위, 최하위인 178위는 콩고민주공화국이다. 화이트 교수는 "1인당 GDP가 31,500달러에 달하는 경제대국 일본의 행복 순위가 90위인 반면 1인당GDP가 1,400달러밖에 안되는 히말라야의 작은 나라 부탄은 8위에 올랐다."며 "행복을 추구하기 위해서는 정부가 경제 수준만을 높이는 데 집착해서는 안 된다."고 강조하고 있다.

아주 최근에 OECD에서 발표한 결과는 어떠한가. OECD의 사회지표는 객관적 삶의 질을 가늠하는 대표적인 사회지표 중의 하나이다. 우리나라는 OECD 가입 10년 동안 경제 성장률은 3위이지만 삶의 질은 최하위로 나타나고 있다. 1996년 OECD에 가입한 지 10년간 우리나라의 평균 성장률은 4.3%로 3위를 차지했다. 국내 총생산(GDP)도 1996년 5천4백74억 달러에서 지난해 7천8백75억 달러로 41.3% 늘어나며 회원국 중 9위에 올랐다. 경제규모는 상위권에 들었지만 여전히 노동시간, 사회보장비 등 삶의 질 측면에서는 최하위권에 머물고 있다. 또한 외환위기 이후 양극화가 확산되면서 소득 상하위 10% 계층의 소득 격차는 9.4배로 벌어져 회원국 가운데 가장 컸다(『경향신문』, 2006.09.21). 위의 통계로 보아 경제의 양적인 측면에서는 발전하였으나 삶의 질의 측면에서는 최하위의 수준이다.

인간에 대한 행복 지수 산출은 계속 실험 중에 있다고 볼 수 있다.

객관적 삶의 질을 산출하는 방법은 어느 정도 공통성을 가자고 있다. 우리나라에서도 1979년부터 매년 '한국의 사회지표'라는 보고서를 출판하고 있다. 이 통계청 사회지표 보고서에는 인구, 소득과 소비, 고용과 노사, 교육, 보건, 주택과 환경, 사회, 문화와 여가, 공안 등이 망라되어 있는데 대충 OECD가 제시한 객관적 삶의 질의 목표와 엇비슷하다. 문제는 객관적 삶의 질과 주관적 안녕간의 관계 문제이다. 이 관계를 어떻게 설정하느냐에 따라 행복지수가 다르게 나타난다. 객관적 삶의 질을 측정하는 요소들이 어느 정도 주관적 안녕에 영향을 미치는지에 대해 많은 연구가 있으나 큰 일관성을 찾기는 어려운 것이 현실이다. 다만 생태학적 또는 사회경제적 요인보다는 욕구충족이나 스트레스 같은 심리적 요인이 주관적 안녕을 크게 결정한다는 사실은 일관성 있게 나타난다. 외국의 여러 학자와 기구들이 객관적 삶의 질과 주관적 안녕을 배합하여 나름대로 행복지수를 만들고 국가를 비교하고 있다. 한국인의 행복지수를 평가하는 것들은 거의 외국 학자와 기관들에 의해 만들어진 것들이다. 그리고 이것이 언론에 화제가 된다.

그러나 이들이 만든 행복지수 산출 공식은 문화적 특성과 가치관 및 욕구가 상이한 우리와는 상이한 서구인을 대상으로 개발한 것이므로 이를 한국인에게 바로 적용하는 것은 무리가 있을 수밖에 없을 것이다. 한국인들이 생각하는 행복의 요인들과 서구문화에서 중요시되는 행복 요인들은 다를 수 있을 것이다. 서구의 개인주의적 문화와는 달리 집합주의적 문화권인 우리나라에서는 자녀, 배우자, 부모 등의 가족요소와 함께 사회적 지위 및 인정이나 대인관계와 같은 인간관계 요소가 행복의 주요 요인으로 등장할 것으로 예상된다.

우리나라에서도 연구의 역사는 매우 일천하지만 한국인의 삶의 질과 행복도를 탐색하려는 연구가 있다. 그러나 그 연구의 태반은 객관적 삶의 질과 주관적 안녕과의 상관관계를 어떻게 설정해야 하는 것에 있다. 그렇지 않으면 주관적 안녕의 구성과 결정 요인이 무엇인가에 있다. 연구의 결과는 개개 학자들의 견해일 뿐 일반화한 어떤 모델은 없어 보인다. 또한 국내에서 한국인의 행복 지수를 공신력있게 조사한 결과도 없어 보인다. 그래서 국내의 연구 결과를 가지고 한국인의 행복도를 가늠하는 것은 아직 어렵다고 할 수 있다.

그러나 외국에서 발표한 여러 국가들의 행복지수를 참고하고, 국내 연구의 여러 흔적을 보면 한국인의 행복 상황을 어느 정도 가늠할 수 있다. 결론은 이렇게 내릴 수 있다. 한국인은 경제적 측면과 객관적 삶의 질의 측면에서는 어느 정도 성취를 이루었지만, 주관적 삶의 질 측면에서는 아직 많이 미흡하며, 주관적 안녕은 매우 낮은 수준이다. 보통 한국인들은 대체로 행복하지 않는 것은 확실하게 보인다. 대다수의 한국인들도 한국인이 행복하다는 데에는 동의하지 않을 것이다. 이러한 결론은 필자의 직관도 작용하고 있다.

V. 한국인은 왜 행복하지 않은가

1. 공동체 의식의 균열

국가 간의 행복도를 측정, 비교하는 다양한 자료 속에서 우리는 당황스러운 결과를 보게 된다. 영국의 신경제재단(NEF)에서 발표한 결과를 보면 1위는 1인당 국민소득 3천 달러 안팎인 남태평양의 섬나라 바누아투가 차지하고 있다. 소위 선진국 G7에 드는 영국, 프랑스, 미국 등은 순위가 낮았다. 우리나라도 매우 낮은 순위인 102위를 차지하고 있다. 또한 유엔이 영국 경제정치대학에 의뢰해 각 나라 국민들의 주관적 행복도를 측정한 결과에서 유엔개발지수에서 145위를 한 방글라데시가 1위를 차지하고 있다. 우리나라는 54개국 중 23위를 차지하고 있다.

이러한 현상을 어떻게 설명할 수 있을까? 위의 자료를 살펴보면 근대화와 도시화가 덜 되고 공동체적인 성격을 유지시키고 있는 국가의 구성원이 행복도가 높은 것으로 판단할 수 있다. 최근 심리학의 한 분과로 등장하고 있는 행복 심리학에서도 공동체와 공동체 의식이 주관적 안녕에 큰 양향을 미친다는 사실을 확인하고 있다. 따라서 우리나라 국민이 행복감을 느끼지 못하는 제일 큰 요인으로 공동체 의식의 균열을 들 수 있겠다. 이것은 어떤 구체적 통계 자료의 근거없이 우리가 느끼는 체감을 통해 확인 할 수 있을 것이다.

전통적인 한국인의 삶의 양식은 순수한 게마인샤프트적 사회관계에 기초해 왔다고 볼 수 있다. 한국의 전통사회는 마을 공동체와 친족 공동체를 생활의 기본 단위로 하는 동질적인 사회였다. 그리하여 전통적 사회에 있어서의 사회관계는 대부분 지연, 혈연 등을 기초로 하는 정의 관계가 지배적이었다. 또한 한국 전통사회에 있어서의 인간관계는 신분관계, 서열질서를 기초로 한 '종적인 관계'로 규정된다. 그러나 이러한 관계는 서구에서와 같이 이원적인 대립의 개념이 아니라 조화와 통합의 구성 요소로서 개념화되고 있다고 볼 수 있을 것이다. 즉 한국의 전통사회는 그 종적인 성격에도 불구하고 기본적으로는 연(緣)에 기초한 정(情)의 사회라고 볼 수 있을 것이다.

그러나 이러한 '정의 관계'가 오늘날 '힘의 관계'로 전이되었다. 조선조 개항 이후 한국사회의 변동 과정은 그 유례를 찾아보기 어려울 만큼 파행적이고 급격하였다. 일제 식민지 시대, 해방과 6·25 전쟁, 서구

문화의 급격한 유입, 1960년대 이후의 급격한 근대화 과정 등을 통해 전통적인 한국인의 삶의 양식은 급격히 붕괴되었다. 급격하고 파행적인 사회변동이 우리 사회의 동질성을 붕괴시키고, 나아가 공동체를 해체시키면서 기존 전통사회의 규범이 그 효력을 상실하고 상이한 가치와 규범 간의 갈등이 일어나면서 공동체적 가치가 균열하고 있는 현상이라고 하겠다. 또한 근대화 공업화가 이루어지면서 숨막히는 경쟁시스템이 작동되기 시작하였고, 이것이 우리 사회의 공동체적 성격을 심각히 훼손시키고 있다.

얼마 전까지 공동체는 과거의 생활상을 회상해 보는 향수의 대상이 되었다. 근대 산업사회가 전개되면서 공동체의 쇠퇴는 불가피한 역사의 과정으로 인식되었으며, 공동체의 부활은 비현실적인 이상주의자들의 꿈으로 치부되었다. 그러나 오늘날 공동체는 미래 정보사회를 설계하는 사람들에게 큰 관심의 대상으로 등장하고 있다. 오늘날 공동체에 대한 희망은 무비판적으로 수용한 20세기 기술과 물질문명의 대가로 치르게 된 인간소외에 대한 깊은 성찰로부터 출발하고 있다. 공동체는 높은 정도의 인격적 친밀, 정서적 깊이, 도덕적 헌신, 사회적 응집, 시간적 연속적 등을 특징으로 하는 모든 형태의 사회관계를 포괄하는 용어이다. 공동체가 기초로 하고 있는 인간 개념은 사회질서 속에서 회득하게 되는 분리되어 있는 역할들에 의존하는 것이 아니라 인간의 전체성에 입각하고 있다.

급속하게 진행된 산업화와 도시화는 우리 사회의 많은 사람들을 전통과 관습의 굴레로부터 해방시켜 자유와 물질적 풍요를 만끽하게 한 축제와도 같은 것이었다. 그러나 이 축제의 뒤편에는 힘과 물질의 횡포에 시달리는 인간들이 본래의 모습을 되찾으려는 욕구가 되살라나고 있다. 이러한 욕구를 퇴니스는 본연의지(natural will)라 하였다. 본연의

지는 조건 없는 가족 구성원이나 이웃관계에서 표출되는 본능적 욕구과도 같은 것으로 사회적 상황 변화에도 사라지지 않고 잠재적 욕구로 항상 인간 내면에 남아 있는 것이다. 이러한 본연의지가 억압당하고 훼손될 때 인간은 불행을 느끼는 것이다. 그 대표적인 것이 우리나라가 아닐까 생각한다. 그리고 산업화, 도시화가 많이 된 나라에서 행복도가 낮은 것도 바로 공동체 의식의 균열과 깊은 관계를 가지고 있다고 볼 수 있다.

한국 사회의 공동체 균열 현상은 구체적인 사례를 들 필요가 없을 정도로 우리는 심각하게 체감하고 있다. 특히 1977년 IMF 관리체제를 겪으면서 우리 사회는 양극화 현상이 극심해 졌고 공동체 의식의 붕괴는 급격화되었다. 한국민의 행복도를 높이기 위해서는 공동체 사회를 어떻게 구현하느냐에 있다. 오늘날 공동체는 자연적으로 출현되는 것이 아니라 의도적으로 추구되는 것이다. 오늘날 강조되고 있는 가치는 효율성과 공평성, 그리고 성장이다. 이러한 가치의 배경에는 이해추구를 위한 경쟁관계가 자리잡고 있다. 그러면 참다운 공동체는 어떠한 사회인가? 진정한 개인의 자아실현이 가능한 삶의 장이 마련된 사회이다. 그러나 이러한 삶의 장은 현대사회에서 현실화될 수 없는 이상론으로 비쳐질 수 있다. 현실 세계는 너무나 게젤샤프트적이며, 우리 삶의 장이 너무 광범위하고 복잡하여 개인이 통제할 수 없는 영역이 너무나 많기 때문이다. 그럼에도 불구하고 인간은 자신들의 존재 가치를 표현할 수 있는 삶의 장을 추구하고자 한다. 이제 한국사회에서도 개인적 차원에서 국가적 차원에 이르기까지 공동체의 구현과 공동체 의식의 고양을 위해 다양한 관심을 가져야 할 것이다.

2. 자기 효능감의 결핍

주관적 안녕 또는 행복연구가 밝힌 행복의 중요한 결정 요인으로 거론되는 것이 '자기만족'이다. Andrews와 Withey는 미국의 행복에 관한 조사연구에서 123가지의 독립변인 중 주관적 안녕을 제일 많이 설명한 변인은 자신에 대한 만족감이라는 것을 밝혔다. 자신에 대한 만족은 자기 능력에 대한 만족과 자신감을 나타내는 것이다. 이 변인은 Bandura가 제시한 자기 효능감(self efficacy)과 비슷하다. 자기 효능감은 자기 통제감이다. 자기 통제감은 사람으로 하여금 자신감을 갖게 하고 목표 달성을 위해 더 매진케 하는 효과를 가져온다.[7]

많은 행복 연구자들은 행복의 결정 요인은 자아실현이라고 주장하고 있다. 자아실현은 자아 효능감과 밀접한 관계를 가지고 있다. 자기 효능감이 높은 사람은 자아실현을 할 가능성이 높으며, 또한 자아실현을 한 사람은 반대로 자기 효능감이 더 높아 질 것이다. 자기 효능감이란 자기 능력에 대한 믿음, 자신감, 자기의 미래 예측능력, 자기 통제를 포함하며 이것은 결국 자아실현의 동기적 역할을 한다.

그러면 한국 사회의 현실은 어떠한가? 한국 사회는 지금 극심한 '불안장애 증세'가 만연되어 있다. 불안장애는 안절부절못하고, 자신감이 없으며, 미래에 불안을 느끼며 자주 짜증을 내는 현상이 나타난다. 학생들의 대학입시에 대한 불안, 젊은이들의 실업과 구직난, 중년층의 명예퇴직에 대한 공포 등 한국 사회의 불안 장애의 요인을 들 수 있는 것은 너무나 많다. 최근에는 북핵 파문까지 가세하고 있다. 2006년 국정감사 자료에 나타난 바에 의하면, 건강보험에서 불안장애로 치료받은 환자수

---

7) 이훈구, 전게서, 305쪽.

가 계속 증가하고 있다. 2003년 30만 명에서 2004년 31만5천 명, 2005년 33만8천 명으로 지속적인 증가 추세에 있다. 이 통계상 두드러진 것은 2년 사이 젊은 층의 불안장애 비율 상승폭이 다른 연령층보다 가파르다는 사실이다. 20대의 불안장애는 2003년에 비해 2004년, 2005년도에 각각 4.2%, 12.5%로 늘었다. 10대의 경우도 4.9%, 19.4%로 늘었다. 최근 10대와 20대의 스트레스가 특히 증가하고 있다는 증거이다. 이러한 결과는 실업 등 구직환경의 악화 등으로 사회불안이 계속되면서 젊은층까지 불안장애가 확대되는 것으로 해석할 수 있을 것이다. 상대적으로 큰 비중을 차지하는 연령대별 불안장애를 보면 10대와 20대 모두가 '적응장애'가 20%대로 높은 편이다. 20대는 특히 '사회공포증'이 8%에 달해 다른 연령층보다 높았다.

사회공포증이란 병리학적으로 '다른 사람의 시선에 불안을 느끼는 것으로 당혹감이 일어나는 사회적 상황, 또는 활동상황에 따른 지속적인 두려움'을 말한다. 또 모든 연령대에서 불안장애, 혼합형 불안우울장애, 범 불안장애 등이 높은 비율을 차지하는 가운데 남성의 경우는 40대가 특히 심한 경우로 나타났다(『문화일보』, 2006.10.24). 불안은 대부분의 사람들이 경험할 수 있는 흔한 증상으로 볼 수 있다. 그러나 불안이 심해지면 병적 불안으로 만성적인 우울증으로 나아가 자살 등의 극단적 결과를 초래할 수 있다.

자기 효능감 상실의 극단적 사례가 바로 자살이다. 2006년 9월 18일 우리나라 통계청이 발표한 '2005년 사망원인 통계결과'에 따르면 한국의 자살률은 인구 10만 명당 자살자 수가 26.1명으로 OECD국가 중 최고인 것으로 나타났다. 지난해에 1만2천 명이 자살했고, 이는 하루 평균 33명, 44분에 1명꼴로 스스로 목숨을 끊은 셈이다. 2005년의 한국의 자살률은 10년 전인 1955년의 2배가 넘는다. 2001년 이후 5년 연속 자살률이 증가했다. 한국은 2003년 OECD 국가 중 자살률이 4위였으나, 2004년에 1위에 오른 후 2년 연속 자살률이 가장 높은 것으로 나타났다. 한국인의 자기 효능감의 피폐 현상은 각 종 통계 자료를 제시하지 않더라도 우리 모두가 체감하는 현상으로 볼 수 있다.

사회는 크게 '편안한 사회'와 '힘든 사회'로 쉽게 구분할 수 있을 것이다. 편안한 사회란 사회구성원이 자기가 얻고자 하는 목표를 여러 가지 다양한 방법으로 획득할 수 있는 사회이며, 힘든 사회는 그렇지 못한 사회이다. 힘든 사회의 구성원은 자기 효능감을 상실하게 되며 동시에 불안장애증세와 사회공포증을 겪게 된다. 이러한 상황에서 주관적 안녕을 결코 기대할 수 없는 것은 당연하다. 행복한 사회의 건설은 국민의 자기 효능감을 높이는 것이다. 자기 효능감은 국민 각자의 행복은 물론 그 사회기 한걸음 더 발전할 수 있는 원동력이 된다. 가정, 학교, 그리고 각종 사회 경제 조직에서 일하는 사람이 어떻게 자기 효능감을 가질 수 있게 만드는가는 한 사회의 행복수준은 물론 그 사회가 계속 발전할 수 있는 계기를 마련해 줄 것이다.

3. 전통적 가족관의 붕괴

우리가 겪는 가장 강렬하고 의미있는 경험은 바로 가족 관계의 결과이다. 개인이 어른으로 성장하는 과정도 중요하지만 즐거움과 성장을 느낄 수 있는 가장 큰 기회는 가정생활에 있다. 때때로 서로 보안적인 관계에 있는 사람들의 행복을 위해 자신의 욕구와 목표를 잠시 제쳐둠으로써 더 큰 만족을 얻는 곳이 가정생활이다. 우리 삶의 모든 행복을 증진시키기 위해 가족은 매우 중요한 요소이다.

가정은 우리 삶의 중심이다. 가정에서 형성된 공동체적 기능과 인간

관계의 형성은 공동체 이해의 출발점이 된다. 사회학에서는 가족을 다기능 원초적 제도로 분류한다. 사회의 경제, 정치, 종교, 교육 등 모든 기능들은 가족으로부터 파생하였다. 따라서 가정은 행복의 원천이면서 또한 스트레스의 원천이 되기도 한다.

한국의 전통적인 가족관은 그 연대성의 공고함으로 외국에서도 회자될 정도였다. 한국의 전통적인 가정은 가족관의 유대와 상호 연대감이 어느 외국에 비해 유난히 돈독한 것으로 평가되고 있다. 한국의 전통적인 가족은 사회의 기본 단위로 여겼을 뿐만 아니라, 생산과 소비를 하는 경제적 단위이며 또한 인간 교화의 단위며 사회적 도덕과 윤리를 실천하는 원천이라고 생각하였다.

최근세사에 있어 한국만큼 급격한 변화를 경험한 나라도 많지 않을 것이다. 한국은 식민지, 해방, 독립, 6·25 전쟁, 그리고 산업화하는 경험을 단시일 내에 체험하였다. 특히 1960년도에 들어서 시작한 공업화는 한국의 사회 구조에 엄청난 변화를 초래하였다. 공업화 현상이 가족의 차원에서 현저하게 나타나는 것이 외형상의 변화다. 농업에 종사하는 부모를 농촌에 두고 도시로 온 자녀들은 필연적으로 부부가족, 즉 핵가족으로 구성하지 않을 수 없다. 향도이농이 시작되던 초기에는 장남이 부모와 동거하여 전통적인 직계가족을 유지 못할 경우 차남이나 삼남 중에서 한 아들이 부모를 모시는 가족 형태를 가졌으며, 아들들이 모두 출타한 집에서는 먼 친척이나 마을사람이라도 노인과 동거하는 변형직계가족을 유지하였다. 이러한 변형이 시간과 더불어 증가하였으나 1980년대에 들어서는 변형을 이룩할 젊은이들마저 없어져 노부부만 거주하는 노인 핵가족이 출현하였다. 또한 도시의 가족은 고립화 현상이 두드러지게 나타났다. 대도시에 갑자기 군집한 가족들은 이웃과 더불어 지역공동체 의식을 형성하기도 전에 다시 직장을 따라 이동하여야 하고,

학군을 따라 이동해야 하며, 집값이 오르는 곳을 향해 이동을 했다. 따라서 대도시 신흥도시에 많은 인구들이 조밀하게 밀집되어 물리적인 이웃은 많아 졌으나 심리적인 이웃은 갖지 못한 것이다.

이와 함께 현대 한국가족의 변화된 것의 하나가 가족의 기능이다. 근대화, 공업화와 더불어 가정에 생활 가전제품이 등장하게 되고, 이 생활 가전제품은 거의 의식주에 관한 것으로 이것은 주부의 역할을 도와주고 주부가 담당했던 가족의 경제적 기능을 크게 변화시켰다. 그러나 가정 내에서의 경제적 기능은 약화되었으나 긴장의 연속인 현대사회에서 가정이 담당할 정서적 안정의 기능은 증가한 것이다. 말하자면 현대 가족에서 가시적, 물리적 기능은 약화되었으나 비가시적이고 심리적인 기능은 오히려 증가한 것이다. 이러한 변화된 가족의 기능에 가족 구성원이 잘 적응하지 못하고 새로운 기능에 역할조치가 조화를 이루지 못할 때, 가족에는 불화가 조성되고 또한 사회로부터의 윤리적 중압도 약해진 현대에서 가족은 쉽게 와해될 수 있는 위험성을 안고 있는 것이다.

지금 한국의 많은 가정들에게서 그 취약점이 나타나고 있다. 1990년대 우리나라의 이혼율이 1950년대에 비해 11배 증가한 것으로 나타났다. 또 1990년대 후반부터는 이혼율이 급격히 높아져 이미 1999년에 아시아 1위를 기록해 이혼국가라는 불명예를 안았다. 이 같은 사실은 한국가정법률연구소가 발행한 최근 자료에서 나온 것이다(『세계일보』, 2005.7.6). 이혼율뿐만 아니라, 가정폭력, 청소년 가출, 편모 미혼모의 증가, 독거노인, 결혼 및 출산 기피 등 많은 문제가 노정되고 있다. 이러한 문제들은 통계의 제시가 불필요할 정도로 우리 모두가 체감하고 있는 것들이다. 한국인의 주관적 안녕도와 행복도가 낮은 것은 전통적인 가족제도의 붕괴와 이를 대체할만한 가정윤리를 정립하지 못한데서 나온 갈등이라고 볼 수 있다.

물론 한국의 전통적인 가족제도도 많은 문제점을 가지고 있다. 그리고 우리는 전통적인 가족제도로 돌아 갈 수도 없다. 그러면서도 현대사회에서 가정이 갖는 정서적 · 심리적 기능은 점점 커지고 있다. 가정은 모든 사람의 행복의 원천이자 휴식의 공간이다. 가정이 화목하고 굳건하면 그 사회가 안정되고 행복해 진다. 우리는 그래도 서구인이 보기에는 전통적 가족의 미덕을 어느 정도는 가지고 있다고 보여 진다. 한국의 좋은 가정윤리는 계승해 나가고 나쁜 측면의 가정윤리는 현대 감각에 맞게 개편함으로서 계속 한국 가정을 반석위에 올려놓아야 할 것이다.

4. 현세적인 생존적 가치관

행복은 개개인이 지니는 욕구의 질과 가치관에 따라 많은 영향을 받는다. 그러면 한국인은 어떤 욕구와 가치관을 지니고 있는가. 이것은 한국인의 행복관을 탐색하는 데 매우 유효한 작업이라고 하겠다. 한국인이 지니는 가치관을 한 묶음으로 간단하게 말하기는 매우 어렵다. 그럼에도 불구하고 우리가 한국인의 가치관을 말하게 되는 것은 한국인들의 가치관 내지 생활 태도에 다양한 개인차가 있는데도 불구하고 어떤 일반적인 경향이 발견되기 때문이다.

한국인의 가치관과 행동양식을 탐색해 보는 문헌은 여러 학문 분야에서 다양하게 진행되어 왔다. 여러 문헌과 조사 연구를 종합하여 한국인이 지닌 욕구와 가치관의 특성을 어느 정도 도출해 볼 수 있다. 한국인의 가치관은 에리히 프롬(Erich Fomm)의 분류에 따르면 '생존적 욕구'에 기반을 두고 있는 것으로 보인다. 프롬은 욕구를 생존적 욕구(survival needs)와 초생존적 욕구(tans-survival needs)로 구분하고 있다.[8]

---

8) Erich Fromm, *The Revolution of Hope*, Bantam Books(N.Y; Harper & Row), 1968,

생존적 욕구는 물질적 욕구와 풍요에 의해서 자기의 삶을 지배하는 것이고, 초생존적 욕구는 존재로서의 인간 삶을 실현하는 정신적이고 심미적인 욕구이다. 이러한 프롬의 분류는 매스로우의 욕구 5단계 이론과 결부시켜 볼 수 도 있다. 한국인의 가치관은 5단계 욕구중 하위 단계인 '생리적 욕구'에서 '안전의 욕구' 그리고 '사랑과 소속의 욕구' 순으로 그 비중을 가늠할 수 있다. '존중의 욕구'나 '자아실현의 욕구'처럼 초생존적 욕구의 성격이 강한 것은 비중이 훨씬 떨어지고 있다. 이것은 이미 언급한 다니엘 네틀의 3가지 행복의 유형에서 1단계와 2단계의 행복이 높은 비중을 차지하고 3단계 행복 유형의 비중이 매우 적다는 것이다.

그 대표적인 것이 전통적인 한국인이 지니고 있는 '복(福)'의 개념이다. 한국인이 지니고 있는 복의 대상은 물질적이고 물리적인 것이다. 자식복, 재물복이 대표적이다. 한국의 민간에서 회자되는 전통적인 다섯 가지 복, 즉 오복은 자손, 부부해로, 재물, 치아, 명당에 묻히는 것이다. 이렇게 한국인의 복은 매우 현세적이고 생존적이라고 볼 수 있을 것이다.

이러한 현세적이고 생존적인 한국인의 욕구와 가치는 급격하고 파행적인 사회변화를 거치면서 더욱 강화되었다. 일제 식민지, 해방, 6·25 전쟁 등을 거치고, 1960년대부터 시작한 급격한 산업화 과정 속에서 한국인은 생존하기 위하여, 그리고 이기기 위하여 몸부림쳐왔다고 볼 수 있다. 한국인의 전통적 복관과 파행적인 근대화의 과정을 통해 형성된 한국인의 부정적 의식은 다음과 같이 정리될 수 있을 것이다.

* 정신적 가치의 물화 현상
* 배금주의, 물질만능주의 팽배
* 현세적 쾌락주의 만연

---

p.30.

* 권력과 지위에의 집착
* 자기 정체성 및 주체성 미흡
* 허례와 허식
* 기복적인 종교신앙

상기 내용들이 과연 현존 한국인의 특징적인 가치관이냐 하는 문제는 많은 논쟁점을 가질 수 있다.또한 제시된 한국인의 부정적 의식형태는 계몽적 입장에서 과장된 것이 아니냐 하는 반론도 있을 수 있다. 그리고 현대사회에서 나오는 일반적인 병리현상으로 볼 수도 있을 것이다. 그럼에도 불구하고 한국인의 가치관을 탐색하는 많은 학자들이 공통으로 제시하고 있는 것이 상기의 내용들이다.

이러한 현세적이고 생존적인 가치관들은 한국인의 행복도에 어떤 영향을 미치고 있는가?

이를 탐색하기 위해 가치의 위계질서를 살펴 볼 필요가 있다. 고범서는 틸리히, 프롬, 막스 쉘러 등의 이론을 종합하여 인간존재의 측면에서 본 가치의 위계질서를 다음과 같이 정리하고 있다.[9]

① 종교적 가치, ② 정신적 가치, ③ 심적 가치, ④ 생명적 가치, ⑤ 감각적 가치

상기한 가치의 위계질서는 막스 쉘러가 제시한 다음 5가지 기준으로 만들어진 것이다. 즉, ① 가치는 지속적일수록 높다. ② 가치는 비분할적일수록 높다. ③ 가치는 다른 가치에 근거를 적게 둘수록 높다. ④ 가치는 가치감정의 만족감이 깊을수록 높다. ⑤ 가치는 가치감이 일정한 가치 소지와 적게 상관적일수록 높다.

위의 가치의 위계질서는 만족감 또는 쾌락의 질적 차이를 구분하는

---

9) 고범서, 『가치관연구』, 서울: 나남, 1992, 162쪽.

것이라 하겠다. 행복을 전체적 인격 상태의 표현으로 볼 때, 인간은 위에서 제시된 다섯 가지 가치가 본연의 질서를 유지하고 있는 가운데 조화롭게 충족될 때 비로소 전체적인 인격의 행복을 실현할 수 있는 것이다. 한국인이 지닌 현세적 생존적 가치관은 위의 위계질서로 보았을 때 낮은 단계의 위치에 있다. 오늘날 한국인 삶은 현세적이고 감각적 쾌락에만 몰두하고 있으며 반면 정신적 희락이나 종교적 열락에 대한 감수성이 마비됐거나 둔감해졌다는 사실이다. 행복은 전체적 인격의 상태이기 때문에 인간은 현세적 감각적 쾌락의 충족만으로는 결코 행복해 질수가 없다. 현세적 물리적 쾌락의 추구는 더 강한 쾌락과 색다른 쾌락을 찾아서 방황하다 결국 삶의 파탄을 초래한다. 낮은 단계의 가치는 한계효용체감의 법칙에 걸려 만족도나 행복감이 일시적이고 분할적이며 따라서 만족할 줄 모르고 새로운 쾌락을 계속 추구한다. 반면 높은 단계의 종교적 가치나 정신적 가치는 한계효용체증의 법칙이 적용되어 누리면 누릴수록 그 만족도가 커지는 것이다. 한국인의 종교인구는 세계 최고이지만 현세적 생존적 욕구 충족을 위해 믿는 기복 신앙의 성격이 강하다.

그러면 한국인의 행복을 높이는 방법의 하나는 자명하다. 한국인이 지니고 있는 가치관의 질을 높이는 것이다. 이것은 도덕적 사회를 구현하는 것과 맥락을 같이 한다. Averill과 More는 아리스토텔레스의 주장을 받아 들여 행복을 사회 전체 수준에서 정의하면 바로 도덕적 행동이라고 말했다.[10] 개인이 도덕적 행의를 하면 그것 자체는 그에게 내적 만족과 자아감을 높여주고 그러한 도덕적 행위가 두드러진 사회는 건전하고 행복해 질 수밖에 없다는 것이다. 이렇게 도덕적 사회 건설과 행복은 밀접한 관계를 가지고 있다. 이에 도덕적 사회를 건설하기 위해

---

10) 이훈구, 전게서, 312쪽.

개인윤리적 차원, 사회윤리적 차원, 사회운동적 차원에서 다양한 방안을 모색해야 할 것이다.

VI. 맺음말

지금까지 현존 한국인의 행복도와 행복 현황을 살펴보고 진단해 보았다. 이를 통해 알 수 있는 것은 객관적 삶의 질은 세계 각국과 비교해 볼 때 중상위의 위치를 차지할 수 있으나 주관적 삶의 질과 주관적 안녕은 매우 낮은 수준이라고 평가할 수 있을 것이다.

이러한 결과는 우리 사회가 겪어 온 여러 과정을 되씹어 보게 만든다. 우리는 지금까지 '잘 산다는 것'과 물질적 풍요를 동일시 해 왔다. 이것은 한국의 근현대사가 일종의 결핍의 생존 게임으로 진행되어 왔다는 것을 의미할 수 있을 것이다. 이러한 결핍의 생존 게임 속에서 우리 사회의 공동체가 균열되고 공동체 의식도 마비되어 갔다. 또한 한국인의 전통적인 가족관도 붕괴되어 가고 있다. 이러한 와중에서 한국인이 전통적으로 지닌 현세적, 생존적 욕구와 가치관은 더욱 강화되었고, 낮은 단계의 행복을 추구하기 위하여 치열한 경쟁관계를 형성하면서 발버둥쳐 왔다. 이러한 치열한 경쟁 시스템 속에서 많은 한국인들은 고뇌하고, 불안해하고, 스트레스를 받고 또한 절망하고 있다.

이러한 현상은 자기 자신에 대한 효능감을 상실케 만든다. 자아 효능감은 행복감을 느끼는 제일 중요한 요소이며, 높은 단계의 행복인 자아실현을 위한 필수적인 요소이기도 하다. 현재 많은 한국인들은 자기 효능감에 대한 결핍 증세에 빠져 있다. 이런 상태에서 행복을 기대할 수 없다.

그러면 한국 사회를 행복하게 만들고 한국인이 행복감을 가지게 하는 과제의 방향이 무엇인가. 이에는 크게 두 가지 방향으로 가능할 수 있을 것이다. 하나는 사회윤리적 차원의 처방이고 또 하나는 개인윤리적 차원의 처방이다. 사회윤리적 처방은 삶의 질을 향상시킬 수 있도록 사회 구조와 시스템을 개선하는 것이다. 이는 사회적 환경 및 물리적 환경을 개선함으로써 한국인의 행복을 증진시키는 것이다. 예를 들면, 복지사회, 안전사회, 공해없는 사회, 비전있는 사회의 실현 등이 대표적이다. 이는 국가 정책과 관련하여 논의해야 할 과제가 대부분이다.

다음으로는 개인윤리적 차원에서의 과제를 생각해 보자. 이는 행복에 관한 심리학적인 해결 방안으로 주관적 안녕을 높이는 것이다. 한국인의 주관적 안녕을 높이기 위해서는 우리가 지닌 현세적 생존적 가치관을 축소하고 실존적이고 정신적인 가치를 높이는 것이다. 현세적 생존적 가치관이 주는 행복은 매우 상대적이며, 분할적이고, 오래가지 못한다. 이러한 행복은 한계효용체감의 법칙에 걸려 행복감을 느끼다가도 곧 시들해진다. 실존적이고 정신적인 가치 속에서 나온 행복은 지속적이며, 비분할적이며, 자기 효능감이 매우 높은 것이다. 이러한 행복은 한계효용체증의 법칙이 적용되어 확산된다.

여기에 행복 교육의 필요성이 제기된다. 서구에서는 대학에서 행복학 이론이 인기 과목으로 강의되고 있으며, 평생교육의 차원에서도 행복교육을 매우 중요시하고, 행복증진을 위한 다양한 프로그램도 만들고 있다. 대표적인 것이 영국의 BBC 방송에서 행복위원회를 만들어 '슬라우 행복하게 만들기(Making Slough Happy)'프로그램 제작을 한 것이다.[11] 행복은 슬그머니 찾아오는 손님이기도 하면서 우리가 만드는 것이기도 하다. 행복은 연습할수록 느는 것이고, 행복은 삶의 습관일 수도 있다. 이제 행복 문제에 대해 우리가 항상 대상이 될 것이 아니라 주체가 되어 봄직도 하다.

---

11) 리즈 호가드, 『영국 BBC 다큐멘터리, 행복』, 서울: 예담, 2006 참조.

참고문헌

강대기, 『현대사회에서 공동체는 가능한가』, 서울; 아카넷, 2001.

고범서, 『가치관 연구』, 서울; 나남, 1992.

고영복 편, 『현대사회문제』, 서울; 사회문화연구소, 1994.

구재선・김의철, 「한국인의 행복경험에 대한 토착문화심리학적 접근」, 『한국 심리학회지; 사회문제』 12(2), 2006.

김태길, 『우리현실, 무엇이 문제인가』, 서울; 철학과 현실사, 1991.

김재은, 『한국인의 의식과 행동양식』, 서울; 이대 출판부, 1987.

대니얼 네틀(Daniel Nettle), 김상우 역, 『행복의 심리학』, 서울; 와이즈북, 2006.

이훈구, 『행복의 심리학』, 서울; 법문사, 1998.

이남영 외, 『국민행복 체감지표개발』, 국정홍보처 연구보고서, 2003.

이현송, 『주관적 삶의 구성과 결정요인』, 한국노동연구원 노동패널, 1999.

리즈 호가드, 이경아 역, 『영국BBC 다큐멘터리, 행복』, 서울; 예담, 2006.

박종민・김서용, 「한국인의 삶의 질: 전체, 개별영역 및 비교기준」, 『아시아연 구』 45(2).

방영준, 「한국사회의 도덕성 회복방안」, 『성신여대 교육연구』 30, 1996.

임희섭, 『사회변동과 가치관』, 서울; 정음사, 1990.

미챌 아길(Michael Argyle), 김동기 외 역, 『행복심리학』, 서울; 학지사, 2006.

슈테판 폴게(Stephan Volke), 심원진 역, 『행복지수를 높여라』, 서울; 도솔, 2006.

마틴 셀리그만(Martin E.P. Seligman), 김인자 역, 『긍정 심리학』, 서울; 물푸레, 2006.

통계청, 『한국의 사회지표』, 2005.

필립 반 덴 보슈(Philppe van den Bosch), 김동윤 역, 『행복에 관한 10가지 철학 적 성찰』, 서울; 자작나무, 1999.

E. Diener, "Subjective well-being", *Psychology Bulletin* Vol 95 (1984).

Erich Fromm, *The Revolution of Hope, Bantam Books* (N.Y.; Harper & Row, 1968).

▌필자진

도성달	한국학중앙연구원, 윤리학
류지한	동의대학교, 윤리학
박효종	서울대학교, 정치사상
방영준	성신여자대학교, 윤리교육
손용택	한국학중앙연구원, 인문지리

웰빙 문화 시대의 행복론

인쇄일 : 2008년 10월 23일
발행일 : 2008년 10월 30일
집필자 : 도성달 · 류지한 · 박효종 · 방영준 · 손용택
발행처 : 경인문화사
발행인 : 한 정 희
편 집 : 장 호 희
주 소 : 서울시 마포구 마포동 324-3
전 화 : 02-718-4831~2
팩 스 : 02-703-9711
홈페이지 : www.kyunginp.co.kr | 한국학서적.kr
이 메 일 : kyunginp@chol.com
등록번호 : 제10-18호(1973.11.8)

값 16,000원
ISBN : 978-89-499-0596-9 93110
ⓒ 한국학중앙연구원, 2008